La littérature et sa rhétorique

L'interrogation philosophique

Collection dirigée par
Michel Meyer

professeur à l'Université libre de Bruxelles

La littérature et sa rhétorique

*La banalité dans le littéraire
au XXᵉ siècle*

JEAN BESSIÈRE

PRESSES UNIVERSITAIRES
DE FRANCE

ISBN 2 13 0498604
ISSN 1159-6120

Dépôt légal — 1ʳᵉ édition : 1999, novembre
© Presses Universitaires de France, 1999
108, boulevard Saint-Germain, 75006 Paris

Sommaire

V

Chapitre premier

Modernité et vraisemblable de la littérature

Soit une lecture rhétorique de la modernité littéraire. Cela ne s'entend pas en termes d'une lecture comparative des organisations rhétoriques des œuvres. Cela s'entend en termes de ce que peuvent être les moyens d'une reconnaissance et, en conséquence, d'une lecture continue de la littérature de la modernité – de 1850 à nos jours. Cette reconnaissance doit faire droit aux usuels partages historiques, aux usuelles divisions – modernité, postmodernité, modernisme, postmodernisme –, aux usuelles identifications d'écoles et d'esthétiques littéraires. Elle doit simultanément dessiner un enjeu rhétorique de la littérature ou de ce qui est reconnu pour littérature, où puisse s'identifier le compte rendu de cette continuité. Elle doit enfin caractériser un statut de la littérature, où puissent également s'identifier les diverses stratégies littéraires, celles mêmes qui caractérisent les partages historiques, les divisions esthétiques, poétiques, idéologiques, indiquées. Cela ne fait pas comprendre que la référence à la rhétorique, qui n'a cessé d'être plus ou moins implicite durant la modernité, doive être une référence mono-explicative. Cela fait comprendre que, par une telle référence, la lecture continue de la modernité littéraire doit être lecture qui rende compte des manières diverses et opposées dont la littérature s'expose et dont elle entend se donner pleinement pour elle-même.

1

L'hypothèse de la continuité paraît paradoxale pour une première raison : elle a pour conditions les réalisations littéraires, elle oblige à faire l'hypothèse d'un horizon de la littérature au regard de ces réalisations puisqu'il ne peut y avoir de dessin explicite et réfléchi de la totalité diverse, contradictoire des réalisations littéraires. Dire la totalité contradictoire va de soi. Dire que le dessin réfléchi de ces réalisations littéraires n'achève rien équivaut à identifier le jeu de réflexion de la littérature à une donnée disparate supplémentaire. Cette entreprise de réflexion s'interprète au total doublement : suivant la prévalence du linguistique dans la caractérisation de la littérature, alors rapportée à l'infini du langage ; suivant la complexité de la réflexion dont on peut dire qu'elle dessine une sorte de boîte noire. L'horizon de la littérature est alors impensable. Est-ce là le moyen de noter que dans les livres, il y a le livre ? Mais c'est accepter de laisser coexister des œuvres littéraires incomposables et des mondes littéraires aux références contradictoires.

Cet état contemporain de la littérature traduit que la littérature ne peut se penser explicitement et complètement, qu'elle ne peut être pensée explicitement et complètement, qu'elle est cependant donnée comme littérature. Cela est encore dire que l'affirmation de la littérature sous l'aspect de telle œuvre, de telle série d'œuvres implique l'affirmation latente du remplacement de cette œuvre, de cette série d'œuvres par une autre œuvre, une autre série d'œuvres qu'on laisse de côté systématiquement ; que l'affirmation de la littérature selon ce qui serait son langage propre suppose la négation et la position de l'autre de ce langage – le langage ordinaire ; que l'identification – commune – de la littérature à la fiction suppose encore l'affirmation latente du remplacement de la fiction par autre chose que l'on laisse de côté systématiquement. La pensée de la littérature ne peut être qu'une pensée impure.

La caractéristique de la littérature et de la critique contemporaines est de venir expressément à ce jeu, qui a été dit de bien des manières, mais qui se résume dans un mouvement paradoxal : mener la littérature jusqu'aux mots qui sont les siens, à ces mots qui sont les siens et les mots de tout discours ; mener la littérature à ce point où il n'est pas décidable si elle relève de la représentation de la littérature ou de

2

toute représentation – représentation se comprend comme les implications cognitives que portent les discours et qui supposent donc des présentations ; mener la littérature à ce point où elle exclut sa propre vérité, l'exposé de quelque vérité, et où elle ne se donne pas cependant pour privée de pertinence ; conduire la littérature à partir de ses deux risques, qui la défont : une pureté rigoureuse, un commun, en une alternative lisible déjà chez Flaubert et chez Mallarmé. La conduire de telle manière qu'elle soit à partir de ces deux risques la négation de l'un et de l'autre par leur mise en commun et faire de la littérature comme la figure de la garantie de l'intelligibilité commune et de la possibilité de tout jeu inférentiel qui passe cette intelligibilité commune. Le jeu rhétorique est encore là, doublement compris : comme l'exercice singulier d'une telle garantie, comme la présentation d'une telle garantie. Où il y a la conciliation d'une pratique tropique et d'une reconnaissance du lieu commun, par laquelle la littérature fait son paradoxe et son efficace d'être singulière et quelconque, telle présentation et telle représentation, sans qu'il puisse être décidé si la première constitue la seconde ou la seconde la première. L'objectivité de l'œuvre littéraire est autant de sa forme que de cet indécidable, de cet indissociable d'une créativité et d'un savoir commun. La littérature contemporaine fait de cette objectivité sa propre question, en ce qu'elle fait de sa lettre la présentation de cet indissociable, et la certitude d'une pertinence, pertinence de ce que nous pouvons dire – telle est la créativité littéraire – et pertinence d'un discours qui ne peut récuser l'intuition banale de la pertinence. Par quoi la littérature se suffit encore à elle-même lorsqu'elle vient au discours ordinaire, lorsqu'elle choisit de faire de l'intuition banale de la pertinence une présentation qui mesure les présentations et représentations, lorsqu'elle fait de la présentation de sa créativité la présentation de cet ordinaire, celui du discours, celui de l'intuition banale de la pertinence, celui du lieu commun. En d'autres termes, parce qu'elle joue de cette contradiction et de l'intuition banale de la pertinence, la littérature est selon un vraisemblable constant.

3

VRAISEMBLABLE DE LA LITTÉRATURE

Le vraisemblable de la littérature est ainsi celui de toute démarche rhétorique et de son paradoxe : donner le discours pour lui-même, dans son évidence, selon le pouvoir des lieux communs, le donner selon des lieux qui sont autant des schémas de composition que des schémas d'interprétation. Ce paradoxe se reformule : il n'est pas d'écriture sans ensemble macrostructural, celui de sa forme, celui de son sémantisme ; cet ensemble est pleinement lui-même, il est cependant selon des schémas qui permettront sa reconnaissance. Le lien de l'arbitraire de l'œuvre et de sa motivation est ici constant dans la mesure où la motivation permet de faire apparaître l'arbitraire – celui de la mise en évidence des représentations – et où l'arbitraire est simultanément le support de la motivation – autocontextualisation des représentations. Le jeu de l'arbitraire, de la motivation, de la plausibilité et du vraisemblable de la littérature, lors même que celle-ci est placée dans des cadres rhétoriques contradictoires, correspond à la mise en place de présentations à la fois relatives à l'œuvre et à ce qui n'est pas elle. Le privilège accordé au jeu tropique permet l'exposé de l'alternative que constitue cette mise en place, la négociation du rapport entre lieux communs et lieux communs que présente l'œuvre – qui interroge, par là même, la pertinence de ces lieux communs. Pertinence se comprend suivant le report de ces lieux communs sur les représentations qui peuvent les inclure, suivant leur aptitude à comprendre les intuitions banales, les croyances communes.

Vraisemblable de la littérature se comprend encore : dans les réalisations littéraires, dites littéraires, dans la critique littéraire, le contentieux sur la caractérisation et la reconnaissance de la littérature n'a pas de fin ; la poursuite du contentieux a pour condition un vraisemblable de la littérature. Que l'archaïque et le postmoderne aient, lorsqu'on dit littérature, un air de famille enseigne moins que l'histoire bouclerait sa boucle que ne sont montrés la constance d'un mot et le vraisemblable

4

que porte ce mot. En termes contemporains, cela se comprend : la culture de la littérature a gagné lors même que la littérature, ce qui est dit littérature, est, dans son actualité, un deuil sans fin et une provocation dont l'objet (littéraire) reste incertain. Ainsi noter un vraisemblable de la littérature équivaut à rappeler une autre ambivalence attachée à l'usage du mot littérature. Dire la fin de la littérature – ce qui est une affirmation commune – n'interdit pas de poursuivre avec la reconnaissance, l'acceptation du vraisemblable de la littérature. Il faut ici rappeler le mot de Picabia : « L'art est mort. Je suis le seul à ne pas en avoir hérité. » La notation de la fin apparaît comme une notation équivoque : elle dit la fin, elle dit, de fait, un héritage commun. Cette double façon de caractériser le vraisemblable de la littérature fait comprendre que n'a pas disparu la croyance dans la littérature, mais que le site, l'objet, la fonction de la littérature ne sont plus exactement définissables : l'héritage n'est pas explicitement hérité. La représentation de la littérature est constante ; la pertinence de cette représentation supposée ; les objets de cette représentation sont variables au point que la représentation de la littérature est une manière d'indéfini. La manière dont se pense, se représente la littérature est devenue adéquate à la caractérisation du vraisemblable, telle qu'elle est donnée par l'exercice de la littérature.

Cette représentation indéfinie de la littérature équivaut encore à donner une représentation de la littérature suivant l'indifférenciation de toute représentation que l'on a de la culture. La littérature, faite, en train de se faire, rejoint un territoire plus large – elle voisine avec les objets patrimoniaux, les nouveautés artistiques nationales et internationales, avec les pratiques culturelles. Elle va sans concurrence avec les autres modes d'expression : la littérature et ces modes d'expression forment une manière de tissu homogène, indissociable d'un bain d'imaginaire et d'un passage constant de la communication. Par bain d'imaginaire, il faut comprendre que disparaît toute présentation spécifique. Ou que les présentations, que livrent les moyens culturels, sont dans un tel enchaînement, un tel continu, qu'elles perdent toute spécificité pour se confondre avec la sphère publique qu'elles illustrent en conséquence. Qu'elles vont suivant une réceptibilité constante, qu'elles sont en elles-mêmes une manière de représentation qui est sans question – non parce qu'elles n'exprimeraient aucune question, ou qu'elles récuseraient toute question, mais parce qu'elles rendent inefficace toute question. Le bain d'imaginaire est de tout lieu et, en conséquence, de quiconque, exactement destiné en ce qu'il peut par là permettre à quiconque de se désigner comme sujet en même temps que ce sujet est comme traversé et coloré de ce bain d'imaginaire. C'est ici dire la représentation collective et la possibilité de la représentation universelle sans que le mouvement naturel des sujets soit altéré, et marquer que cette représentation est le résultat du défaut de spécificité des présentations produites. Dans cette hypothèse, les signes littéraires, artistiques, produits, n'appellent pas même une interrogation sur leur motivation, sur leur arbitraire, bien qu'ils soient donnés pour pertinents, pour lisibles suivant des relations à des représentations communes, et qu'ils soient reconnus comme d'une *poiesis*. Il y a là une manière de désymbolisation, si l'on définit le symbole comme ce signe complexe qui joue d'une présentation et d'une représentation, et qui laisse dans l'équivoque le rapport de la présentation à la représentation, et qui peut, en conséquence, se lire selon l'évidence de la présentation, selon celle de la représentation, sans que l'articulation de l'une et de l'autre soit résolutoire.

La littérature apparaît ainsi une fois de plus paradoxale : cela qui se défait, défait sa représentation dans toute présentation du bain d'imaginaire ; cela qui est selon l'exercice rhétorique du vraisemblable. La littérature est, par là, à la fois comme toujours écrire des lieux communs et comme du lieu de la littérature – ce lieu est l'interface de ces lieux. Cela suppose de préserver ce que permet le jeu de l'arbitraire et de la motivation : la présentation du questionnement de ces lieux, des diverses représentations. L'entreprise littéraire – qui peut être une réponse au constat du bain d'imaginaire – de fonder des présentations, la littérature même sur son propre discours laisse apparaître qu'on ne fonde rien sur la représentation que la littérature livre d'elle-même, mais que cela permet d'inventer, de disposer, de négocier des distances à l'intérieur de ce qui est donné – précisément tous les discours, toutes les représentations qu'ils impliquent. Cette négociation peut encore se lire : dans le mouvement d'identification de la littérature au bain d'imaginaire, il n'y a d'imaginaire que de la limite. Lorsque la littérature reconnaît son pouvoir, elle vient aux limites que font les divers discours entre eux, les diverses représentations, impliquées, entre elles, et à l'évidence qu'elle ne peut aller selon la seule représentation collective – le bain d'imaginaire –, sauf à abandonner l'exercice de son propre vraisemblable.

Le moment rhétorique de ce vraisemblable dispose l'identité continue des divers lieux – leur généralité est celle de plusieurs lieux communs qui font la concurrence de plusieurs représentations générales. Ce moment rhétorique suppose encore une autocontextualisation des représentations. Par la concurrence des divers lieux, il ramène ces lieux à leur propre lettre et à la question de la limite de la pertinence de cette lettre, de la présentation qu'elle fait. Ce moment a une condition : l'écriture pénètre librement les lieux communs. Si les représentations doivent être utilisées, il n'y a pas de méthodes qui fonctionnent au-delà des champs sémantiques et syntaxiques. Où il y a la liberté de l'écriture. Cette liberté, parce qu'elle a des moyens rhétoriques, parce qu'elle dispose librement l'extension des identités des diverses représentations et, en conséquence, leurs proximités, leurs distances, leurs différences, leurs similitudes, parce qu'on vient ainsi à la lettre et à sa pertinence, cette liberté donc s'apparente à la modalité du questionnement. Les représentations et lieux communs sont en eux-mêmes la possibilité de l'œuvre ; ils le sont encore par leur autocontextualisation et par le jeu de la pertinence.

Cela a ses fables littéraires contemporaines. Italo Calvino : dans *Les villes invisibles*[1], l'exposition des représentations continues – le savoir et les lieux communs relatifs à la ville – n'exclut pas que ce livre aurait pu être un autre livre, d'autres livres. Les lieux de la culture sont identifiés au cosmos, manière de lieu des lieux, et font jouer ces lieux comme autant de points de vue, et les confrontent comme des possibilités différentes infinies. C'est caractériser *Les villes invisibles* par le questionne-

---

1. Italo Calvino, *Les villes invisibles*, Seuil, 1974. *Le città invisibili*, Turin, Einaudi, 1972.

ment des représentations qu'il recueille, lors même qu'il se donne pour l'épuisement de ses possibilités thématiques ou de ses possibilités de thématisation, c'est-à-dire comme pur signifiant, ainsi que l'indique son titre. Venir au seul signifiant équivaut à récuser la question de la pertinence et, simultanément, à présenter ces présentations de représentations comme exactement relatives les unes aux autres, dans le moment de ces présentations, et à faire de la possibilité de l'œuvre, c'est-à-dire de l'actualité fictionnelle des *Villes invisibles*, la conséquence de ce jeu des représentations et la mesure de leur pertinence. L'intelligibilité commune de la ville est par la communauté des représentations, qui est une fiction et cependant la garantie de la validité de ces représentations. L'intelligibilité commune est exercice singulier, selon des jeux de différenciation et d'identité qui sont autant de moyens de singulariser des villes. Que cette intelligibilité commune se dise par le signifiant est encore marquer qu'elle est sa propre limite, cela qui doit faire revenir aux villes communes.

Daniele Del Giudice : jouer, dans « Evil eye »[1], le scénario, c'est-à-dire le récit écrit, contre l'histoire, celle que répète le récit, les représentations communes, les temps et les lieux des représentations contre le temps et le lieu du sujet, qui sont certes encore des représentations communes, ceux du sujet anonyme dans sa vie anonyme, exclut que ces représentations soient données sans limites. C'est là une façon de répondre de l'usage de la littérature, de son vraisemblable – la littérature peut aller avec n'importe quelle présentation, n'importe quel produit culturel disponibles, comme elle peut aller avec n'importe quelle tradition littéraire, reprendre n'importe quelle forme littéraire, dans ce cas celles du récit et du dialogue, et de la communication – cette communication littéralement indifférente, de n'importe qui, à n'importe qui, n'importe où. C'est reprendre les données de la représentation de la littérature, de la représentation des arts, de la représentation de la culture, de la représentation de la société, toutes figurées par le *web*, et construire ces représentations suivant une dissymétrie rhétorique. Il est

---

1. Daniele Del Giudice, Evil eye, *L'oreille absolue*, Seuil, 1998, p. 64. *Mania*, Turin, Einaudi, 1997.

un récit sans lieu ; il est un récit circonscrit au livre, qui fait donc lieu. Il est cette histoire sans temps ; il est ce scénario qui est d'un temps – d'un « temps achevé ». La dissymétrie est jeu sur le vraisemblable que livrent la culture, la littérature, sur le vraisemblable de la littérature, sur les lieux communs, tellement recevables qu'ils sont d'une assignation indifférente, et de ces mêmes lieux présentés comme dédoublés, mais surtout comme devenus leur propre support et, en conséquence, leur exacte identification, et leur propre limite. La littérature expose et refuse le jeu du comme, qui est la condition de la présentation simultanée du *web* et du lecteur du *web*, des deux univers ainsi désignés, ainsi qu'elle expose et qu'elle refuse une organisation métonymique : elle donne le *web* et son lecteur dans un rapport de quasi-identité en disant le point de contact de l'un et de l'autre par le jeu de la spectacularité ; elle place toute donnée sur le même plan qu'une autre donnée et dit la continuité, le continuum des divers modes d'expression et de représentations. Par cette indifférence rhétorique, la pertinence de la littérature est constante : le récit est adéquat à la représentation du *web*, à la représentation d'un utilisateur du *web*. Elle n'est encore que selon le temps du récit et de la représentation de la pertinence, suivant le scénario que le récit fait de cette représentation, qui ne se confond pas avec l'histoire que porte la représentation, une histoire connue et qui a, pour ainsi dire, toujours déjà commencé, celle de la lutte avec l'ange.

APORIE DE LA LITTÉRATURE, LIEU COMMUN, ORDINAIRE

La littérature de la modernité vient explicitement à ces constats lorsqu'elle marque qu'il n'y a pas de dehors aux représentations dès lors qu'elles sont considérées pour elles-mêmes, qu'il n'y a pas de dehors à la plausibilité de la littérature, et lorsqu'elle fait de ces constats les moyens de négocier le rapport de ces représentations et de cette plausibilité, sans perdre le droit de la littérature. Il suffit de rappeler *Une vie ordinaire* de Georges Perros[1]. La question individuelle, que devient là la littérature – il s'agit ici d'un poète qui dit, dans un poème, sa vie d'homme ordinaire et sa vie de poète –, suppose l'indifférenciation de la littérature ou la littéralisation de la société – autre façon de noter la représentation de la littérature et celle de la culture – et fait du constat de ces représentations le moyen de négocier la différence de la littérature. La littérature ne serait que ce qui a lieu ordinairement et quotidiennement ; l'ordinaire et le quotidien seraient ce qui a lieu littérairement, selon le jeu d'équivoque rhétorique qu'ouvre le titre, *Une vie ordinaire*. La littérature et la vie ordinaire sont exemples mutuels.

Le titre peut s'interpréter d'une manière ironique. Que la littérature fasse droit à une vie ordinaire fait de la notation de la vie ordinaire une antiphrase. Cette antiphrase se lit sur un fond de débats qui placent ou ne placent pas la vie ordinaire dans la littérature et la littérature dans la vie ordinaire. Cette ironie n'est pas dissociable d'un jeu de retournement tropique. Selon une métonymie. La vie ordinaire et la littérature se touchent non pas essentiellement, mais selon le jeu de la cause et de l'effet : celui qui écrit décide de dire sa vie ordinaire dans un poème. Selon une synecdoque. Le titre, *Une vie ordinaire*, ce que dit ce long poème, sont partie de la littérature, comme la littérature est partie de cette vie ordinaire. Selon une métaphorique. S'il y a ainsi débat sur le rapport de la vie ordinaire et de la littérature, autrement dit, sur la pertinence de la vie ordinaire au regard de la littérature, et de la littérature au regard de la vie ordinaire, clore le débat en achevant le poème équivaut à faire du poème une identité plénière – cela qui dit en commun la vie ordinaire et la littérature. Cet *en commun* est la question d'une pertinence réciproque de la littérature et de la vie ordinaire. Ce qui justifie de l'une à l'autre l'implication métaphorique ; ce qui justifie que la littérature et la vie ordinaire puissent être ce tout qui manque respectivement à la vie ordinaire et à la littérature ; ce qui justifie le jeu iro-

1. Georges Perros, *Une vie ordinaire*, Gallimard, « Poésie », 1988. Éd. originale 1967.

nique du titre et du fait du poème ou de la poésie : la poésie est ce qui contracte une responsabilité au regard de la vie ordinaire, comme la vie ordinaire peut être lue suivant un tel contrat au regard de la poésie. Le jeu de l'ironie titulaire est dans ce constat ou cette suggestion que la réalité, la vie ordinaire, et la littérature seraient lisibles des deux côtés à la fois, plus exactement que l'œuvre est lisible des deux côtés à la fois sans qu'il y ait à décider d'une réalité, puisque, par les jeux tropiques, ce sont deux vraisemblables qui sont singularisés et deviennent motivation réciproque. Cette double singularisation est l'exercice de la littérature, dans la représentation de la littérature, dans celles de la vie quotidienne. Cette singularisation est indissociable d'un traitement spécifique de la singularité du poète. Le poème est ici explicitement un poème du « Je ». Il n'est pas cependant un poème lyrique au sens habituel. Le « Je » apparaît comme une limite du monde d'autrui et même du monde[1], en lui-même, par son écriture. Ce « Je » radicalement privé, celui du rêve, celui de l'écriture, n'a pas de critères objectifs pour être reconnu – il est cependant une donnée de la représentation de la littérature, de sa plausibilité. En disant « Je », le poète retrouve la littérature, ces représentations ; il se découvre comme une limite du monde et des représentations du monde. Cet indissociable d'un « Je », limite du monde, et d'un « Je » qui appartient à la plausibilité du discours littéraire, entraîne que la mise en évidence, de la part du poète, d'un « comment suis-je ? » est une introduction à cela qui peut interpréter ce « Je », le monde même, la vie ordinaire, leurs représentations. Le « Je » ne fait pas ultimement identifier le poème à une manière de discours privé. Il traduit simplement l'engagement de l'écrivain dans ce qu'il écrit, et fait de la vie ordinaire ce qui exhibe les nécessaires critères communs pour que cette singularité soit lisible, lisible *comme*, lisible comme quiconque, comme n'importe quel écrivain. Faire de la singularité une singularité quelconque est ici définir le sujet qui entre dans et expose librement les représentations de la littérature, de la culture. C'est encore définir la singularité de l'œuvre littéraire : moins selon la

---

1. *Ibid.*, p. 108 et 176.

forme que selon le souci de jouer du vraisemblable pour le mener jusqu'à sa comparaison avec les représentations qu'impliquent les discours, pour élaborer les comparaisons des représentations suivant les représentations.

Ce mouvement a pour condition que soient reconnues les représentations de la littérature, de la culture – ce qui se dit de la vie quotidienne, ce qui se dit du sujet dans la vie quotidienne –, et que le poème, la littérature soient ce qui vient après cette reconnaissance, par cette reconnaissance. Le jeu ironique du titre est le moyen premier du jeu sur cette reconnaissance. Que la littérature trouve sa pertinence dans le fait qu'elle vienne après le savoir des représentations, après le savoir de la littérature, tient à un mouvement symbolique paradoxal : jouer d'une écriture, celle de la vie quotidienne, qui efface tout symbole métareprésentationnel, tout symbole qui fasse représentation des représentations, qui font elles-mêmes représentations des présentations ; dire le triomphe virtuel d'une vie brute, cependant symbole d'un écrivain vivant ; préserver une sorte de surcharge symbolique – cette vie quotidienne possède les symboles explicites de la vie quotidienne ; cet écrivain possède les symboles explicites de l'écrivain. Ce mouvement paradoxal n'interdit pas que l'œuvre offre des présentations précises qui font revenir à la culture, à la littérature, à la biographie. Il renvoie à une sorte d'avant-symbole : ni le titre, ni le texte de l'œuvre, ni la référence à la vie quotidienne, ni les références aux données biographiques, ni les références aux données culturelles ne constituent ou ne désignent une figure macrostructurale complexe. Par ce vraisemblable de la littérature, celui que supposent les représentations, celui qui suppose que l'œuvre se caractérise par une polytropique, l'œuvre a partie liée à une contre-rhétorique : la littérature ne joue pas nécessairement d'une persuasion ou d'un effet qu'elle calculerait par son projet. Cette contre-persuasion n'exclut pas cependant une manière d'argument : elle renvoie la pensée qui fait reste lorsque la littérature s'expose comme ce qui vient après le savoir de la représentation de la littérature, de la culture, de la société.

La littérature contemporaine n'est pas, soit à cause de son statut esthétique, soit à cause de son statut linguistique, d'elle-même aporétique. Elle révèle les apories d'une pensée de la littérature et les apories des représentations. *Apories d'une pensée de la littérature* : ces apories sont, dans la critique contemporaine, directement conditionnées par une pensée du pouvoir de l'art, qui est finalement contrainte, à l'occasion de la lecture tropique de la littérature, d'identifier ce pouvoir à un impouvoir du sens, ou à un impouvoir de la forme – qui se lirait dans les contradictions tropiques des constructions romanesques et dont serait libre le cinéma parce qu'il fait voir l'image et laisse ainsi libre la position de la subjectivité[1]. Or, à l'inverse de ce que supposent la déconstruction et la thèse du privilège esthétique et critique du cinéma : que la position libre de la subjectivité s'obtient par une manière de régression en deçà de la représentation – la critique linguistique, que la déconstruction propose particulièrement chez Paul de Man, renvoie au constat d'un monde en lui-même, le privilège du cinéma serait celui de la vraisemblance même du visible, antérieure à tout discours –, la position libre du sujet est dans la reconnaissance des diverses représentations, des lieux communs qu'elles portent et dans l'usage tropique de ces lieux communs les uns par rapport aux autres, dans la négociation des distances que cet usage permet, dans une figure de l'énonciateur, précisément ininterprétable en elle-même par ces représentations, mais, parce qu'elle est seulement reportable sur ces représentations, leur limite mutuelle. La pensée de la littérature n'est que la pensée de la négociation qu'elle fait des lieux communs en son lieu commun. L'aporie de cette pensée est par la réalisation de ce lieu : à considérer qu'il soit constitué, que l'œuvre soit explicitement métareprésentationnelle, il subsiste encore le renvoi aux diverses représentations, l'évidence que l'individu suppose la reprise même de la métareprésentation, que cette pensée de la littérature ne peut être sa propre loi, mais qu'elle est certainement pensée commune.

Aporie des représentations : l'histoire de la littérature de la modernité, telle que cette histoire est usuellement dite, est une histoire du pouvoir de la littérature, qui peut devenir un impouvoir. Cette histoire suppose

---

1. Fredric Jameson, *Signatures of the Visible*, Londres, Routledge, 1992.

le pouvoir de l'autre de la littérature, des diverses représentations, des diverses raisons que se donnent ces représentations. Le droit de la littérature serait ce qui va contre un autre droit. La référence à la tropique est habituellement utilisée pour démontrer que le droit de la littérature défait cet autre droit. Tenir pour exemplaires Daniele Del Giudice, Italo Calvino et Georges Perros équivaut à contester ces hypothèses. Les diverses représentations n'ont de pouvoir qu'en tant qu'elles se disent et qu'elles s'appliquent, qu'en tant qu'elles sont figurées relativement à des sujets. Qu'en tant qu'elles disposent les distances et les places des sujets. La réutilisation explicite des lieux communs suivant leur architecture, suivant un jeu tropique, n'est pas tant leur répétition que la négociation de nouvelles distances et de nouvelles places selon une évidence que porte le lieu commun : si celui-ci, comme le montrent Del Giudice et Perros, devient le moyen d'interpréter l'individu quelconque, il n'est pas tant relatif à son propre pouvoir qu'à l'exercice de situation de l'individu quelconque et à l'agent de cet exercice. Si ce même lieu commun devient le moyen exposé d'une intention de communication, il fait, contre la raison de la représentation, de l'intention de communication, la raison de l'exposé du lieu commun, du renvoi à la représentation. Cette intention est, dans *Les villes invisibles*, dans « Evil eye », dans *Une vie ordinaire*, figurée par la citation des lieux communs mêmes. Les représentations sont aporétiques en ce sens qu'elles supposent leur activation – singulière.

Les apories d'une pensée de la littérature, les apories des représentations se réinterprètent. Si du vraisemblable de la littérature, rien ne peut se conclure littéralement, propositionnellement sur la littérature, le vraisemblable de la littérature est peut être la ruse qui fait passer la littérature dans la vie ordinaire. La littérature ne peut être seulement expérience d'elle-même, expérience de son pouvoir ou de son impouvoir ; la reconnaissance de la littérature, de son statut linguistique ne peut être dissociée du droit à l'expérience, à l'expérience existentielle, à cela qui justifie le jeu de la littérature et de la vie ordinaire, et qui exclut que la littérature revienne à elle-même, comme elle exclut que savoirs, croyances, représentations ne reviennent pas à cette vie ordinaire, et à la liberté de son expérience. Si ce vraisemblable de la littérature est ce qui peut se traiter suivant une rhétorique spécifique, ainsi que le montre *Une vie ordinaire* de Georges Perros, qui fait de la littérature ce qui joue de son vraisemblable et d'un renvoi à l'existence, toute pensée littérale sur la littérature et sur le quotidien, qui vaut ici pour toute réalité, est comme un supplément inutile, cela qui n'ajoute rien à la pertinence de la littérature qui vient après le savoir, après sa représentation, après le savoir et la représentation de la culture – ce savoir est explicite dès lors que la représentation est exposée pour elle-même. Pertinence double : la littérature s'écrit, se lit suivant ces représentations ; elle s'écrit, se lit suivant le questionnement que fait la singularité quelconque qui se définit à partir de ces représentations et suivant les limites réciproques qu'elles dessinent à partir de la singularité quelconque.

Jouer ainsi de l'interrogation que porte le vraisemblable de la littérature se comprend suivant deux perspectives, qui correspondent respectivement à la question de la différence de la littérature et à celle de la spécificité de la littérature : 1 / l'œuvre littéraire – ou ce qui est tenu pour tel – et la pensée de la littérature sont le traitement de la distance de la littérature à ce qui n'est pas elle – le discours ordinaire et les représentations qu'il porte, et tout objet pertinent que se reconnaissent ces représentations ; 2 / l'œuvre littéraire – ou ce qui est tenu pour tel – et la pensée de la littérature sont le traitement même de la distance qui sépare les diverses réalisations littéraires, et, en conséquence, l'engagement de l'écrivain, du lecteur, du critique, dans le traitement d'une telle distance. Ces deux traitements de la distance peuvent encore être définis comme le traitement de la *stance* de la littérature et comme celui de la *symbolisation littéraire*. Stance de la littérature : comment la littérature est-elle supposée se tenir, suppose-t-elle qu'elle se tient, compte tenu de ses différences et de la disparité de ses réalisations, dans ce jeu de reconnaissance des lieux et de distance ? Symbolisation littéraire : comment la littérature figure-t-elle la distance à son autre, alors même qu'elle porte l'interrogation sur sa stance, et de quoi fait-elle l'objet spécifique de ses présentations, de ses représentations ?

Pour lire les réponses à ces questions, caractéristiques de l'évolution du statut de la littérature, il suffit de revenir à *Une vie ordinaire* de Georges Perros. *Stance de la littérature* : la littérature s'accorde ici avec n'importe quoi d'autre, qu'il s'agisse de littérature, qu'il s'agisse des thèmes qui vont avec la littérature – la *vita*, la biographie. Cela fait de la littérature quelque chose de complètement ouvert ; cela place l'écrivain dans une situation paradoxale : à la fois créateur, objet de la littérature, et extérieur à la littérature puisqu'il n'est que sa vie ordinaire. La question reste ici de savoir si l'on peut écrire, faire de la littérature comme si l'on était en dehors d'elle. En d'autres termes, reconnaître le vraisemblable de la littérature, écrire comme après le savoir de la littérature, sont gestes qui supposent aussi que ne fasse règle aucune représentation de la littérature. Ce sont encore gestes qui supposent que la littérature n'est que son exercice et que cet exercice a pour condition une attitude spécifique – celle qui fait aller la plausibilité de la littérature avec tout vraisemblable et fait de ce mouvement le questionnement réciproque de la plausibilité et du vraisemblable. Mouvement exactement paradoxal. Aller à la seule plausibilité de la littérature comme aller au seul vraisemblable de la culture, de la société, est faire entendre que la littérature est sans voix, parce qu'elle ne serait que cette norme, sans doute variable, de la plausibilité, parce qu'elle ne serait que selon la norme, sans doute diverse, de ce vraisemblable. Mais cela même n'exclut pas – c'est l'objet d'*Une vie ordinaire* – de revenir à cette plausibilité, à ce vraisemblable, donnés comme des présentations explicites, en un jeu sur la peur du silence et sur la peur de la norme, qui n'est que la reconnaissance de l'ordinaire et de l'engagement du sujet dans l'ordinaire, engagement qui est la mise en évidence des critères de l'ordinaire. Ce qui revient à dire qu'*Une vie ordinaire* se donne pour une manière de synecdoque de la norme que porte la plausibilité de la littérature, de la norme que porte le vraisemblable culturel, social, et comme un jeu de métonymie sur ces mêmes termes : celui qui écrit fait de la littérature, celui qui vit mène une vie ordinaire. *Symbolisation littéraire* : s'il n'y a plus de direction correcte, dite correcte, de la littérature, si sa stance contemporaine peut être décrite dans des termes paradoxaux – ceux qui viennent d'être formulés –, la littérature joue d'un mouvement d'extériorité, d'un mouvement de calcul de sa distance à ses objets, à la culture, lors même qu'elle participe des représentations de la littérature, de la culture. La symbolisation littéraire est par ce geste qui se limite à authentifier ce qui est là, à prendre acte de la disponibilité du sujet, à dessiner la possibilité de l'attention, de se tourner, pour le sujet, vers soi-même et toute chose – ce qui fait précisément le quotidien. La symbolisation joue de manière paradoxale. Elle fait de la plausibilité de la littérature, du vraisemblable de la culture et de la société, d'une part, et, d'autre part, de l'homme singulier, homme cependant selon les lieux communs de la vie ordinaire et de l'écrivain, les contextes de représentation et de lecture du poème, et désigne, par là, leur problématicité.

Dire une telle symbolisation revient à dire un double jeu de la métareprésentation que porte l'œuvre. Métareprésentation : l'œuvre implique et, par là, constitue, par elle-même, la métareprésentation de ces diverses présentations et représentations, au sens où elle les organise, les donne pour mutuellement pertinentes – entre autres, suivant un jeu rhétorique. La métareprésentation est, dans *Une vie ordinaire*, jeu d'au moins deux lieux communs, celui de la vie ordinaire, celui de l'écrivain. Chacun de ces lieux est développé pour lui-même, jusqu'au point où il est montré impliquer l'autre. Il n'y a pas de métareprésentation achevée qui livre la figure capable de prendre et de rendre compte sémantiquement de l'ensemble de l'œuvre. Mais cela n'exclut pas un exercice métareprésentationnel spécifique et limité : l'œuvre est métareprésentationnelle au sens où elle admet, ou fait admettre de son lecteur, le constat des diverses présentations de ce quotidien, de cette vie ordinaire, de leurs représentations, sans supposer une règle générale de présentation qu'elles porteraient d'elles-mêmes. La *stance* de la littérature peut être précisée : l'écrivain écrit ici comme s'il était à la fois dans la littérature – un des éléments qu'inclut le jeu métareprésentationnel – et hors de la littérature – l'écrivain individualisé ne peut être explicitement un agent de l'ordre possible de ce jeu métareprésentationnel, puisqu'il est n'importe quel écrivain. Cette vie ordinaire est celle de l'écrivain, sans conteste. Elle n'est vie dans la littérature que par la question et la distance que fait l'identification explicite de l'écrivain – sous le signe du « Je ». Pour qu'une telle question soit manifeste, il convient de donner l'écrivain, que l'écrivain soit partie de l'implication métareprésentationnelle. Cela se formule encore : la réflexivité qu'implique la *stance* littéraire est une réflexivité limitée, qui ne doit pas aller contre l'exposition des limites mutuelles des représentations.

Cette caractérisation de la stance de la littérature fait comprendre que décider de la littérature, dire la littérature, fût-ce dans une perspective banalement historique, est habité d'un double débat : celui d'une norme de la littérature – il faudrait dire d'un quasi-droit de la littérature, qui subsiste alors que les poétiques systématiques sont défaites ; celui d'une identification de la littérature, qui ne participe pas nécessairement de ce droit, et même le récuse. Soit encore à faire jouer ensemble *Les villes invisibles* et « Evil eye ». *Les villes invisibles* : la littérature peut d'autant plus être placée sous le signe d'objets invisibles qu'elle est bien une invention poétique aux possibilités infinies, qui est la mesure de la reconnaissance des représentations et des lieux communs. « Evil eye » : la littérature serait hors de toute règle, seulement ce discours singulier où se questionnent les lieux communs et la situation existentielle du sujet qui reconnaît ces lieux communs. Soit à marquer qu'*Une vie ordinaire*, sous le signe de la vie ordinaire, présente les deux éléments de l'alternative, que figurent séparément *Les villes invisibles* et « Evil eye ».

IMPASSE DE LA LITTÉRATURE, *QUAESTIO*

Depuis 1850, la création joue de ce double mouvement qui est indissociable d'une récusation de la conception œcuménique de la littérature, – cela revient à défaire la littérature ou à ne l'identifier qu'à ce mot, et ultimement à la contester rationnellement –, et de l'affirmation que la littérature relève d'une manière de proposition initiale – où il y a la question de l'identité de la littérature. C'est donner la reconnaissance de la littérature pour la reconnaissance de l'espace d'un conflit, celui du droit de la littérature – ce droit qui n'est pas nécessairement dicible suivant un ensemble de règles – et de la réalisation de la littérature. Ce conflit concerne aussi ce que l'on entend dire de la littérature et des adhésions et des défauts d'adhésion qu'elle appelle ou qu'elle suscite. Il y a là, par ce jeu sur l'adhésion et le défaut d'adhésion, un débat rhétorique qui ne cesse de poser l'objet tout à la fois récusable et définissable en termes de droit. Ainsi l'interrogation sur la littérature relève-t-elle de la *quaestio*. Cela peut se formuler encore : qu'en est-il d'un discours, qui peut avoir ou ne pas avoir des marques formelles nettes et dont un des éléments reconnus de l'identité est que son identité soit précisément soumise à débat ? Par quoi la modernité est le temps des poétologies, lors même qu'il reste douteux que des poétiques établies soient constamment disponibles.

Au sein de ce conflit sur le droit ou le défaut de droit de la littérature, les diverses assertions esthétiques et poétiques de la modernité, qui témoignent de ce conflit – réalisme, antiréalisme ; symbolisation littéraire, asymbolisation littéraire ; sens, non-sens –, instruisent par leurs oppositions : la littérature peut se reconnaître de toute propriété et de toute impropriété – au regard de la littérature, de la plausibilité de la littérature, au regard du discours commun, au regard des sémantismes et des représentations qu'ils portent. Cette reconnaissance, indissociable de la casuistique que la littérature avoue être, a partie liée à la *présomption de pertinence*, qui va avec l'hypothèse de la littérature.

La présomption de pertinence n'est pas dissociable du caractère linguistique et communicationnel de la littérature. Elle n'est pas, en conséquence, dissociable des représentations qui sont nécessaires à la reconnaissance de la pertinence, représentations de la littérature, de ce monde. Elle va encore avec cela que fait traditionnellement la littérature – jouer de la décontextualisation et de l'autocontextualisation –, avec une capacité métareprésentationnelle – rendre incertaine, par exemple, une représentation (ainsi d'une représentation de la littérature), prendre cette incertitude dans une représentation et maintenir cette capacité métareprésentationnelle ouverte. Les moyens de cette métareprésentation sont rhétoriques – ainsi qu'on l'a suggéré à propos de Daniele Del Giudice, d'Italo Calvino, de Georges Perros – et disposent la pertinence de la littérature. Que ces moyens soient rhétoriques explique que la littérature, ce qui est dit littérature, préserve la littéralité des présentations qu'elle place sous le signe d'une interrogation. Que ces moyens soient rhétoriques explique que la littérature de la modernité, ou ce qui est dit littérature, n'ait cessé de venir à un jeu contradictoire : la présentation, la moins caractérisable, de littérature peut être l'occasion de la métareprésentation de la littérature, de la négociation de cette métareprésentation ; le quotidien, le banal peuvent être l'occasion de la métareprésentation des représentations de la culture, de la littérature, et de la négociation de cette métareprésentation. Comme le montre *Une vie ordinaire*, faire de la vie ordinaire la présentation que propose le poème, et l'horizon de ce poème, revient à en faire les occasions d'une métareprésentation qui ne se comprend que par ce quotidien, par ses présentations, par la représentation qu'il fait, et qui suppose cependant que cette représentation soit mise en débat par le jeu des présentations qui lui sont rapportables.

Ce conflit concerne encore, puisqu'il s'agit du droit de la littérature, la propriété de la littérature au regard de ce qui n'est pas elle. Toute la critique littéraire occidentale n'est, de fait, depuis un siècle, qu'une interrogation sur cette propriété. Où il y a encore une explicite référence rhétorique. Ainsi noter la question de la propriété et de l'impropriété de la littérature équivaut à marquer la distance entre les sujets relativement au constat, à la propriété de la littérature, ou à leurs contraires, et à examiner comment cette distance peut être négociée à partir du constat ou de l'hypothèse de la propriété de la littérature. Par cette interrogation sur la propriété de la littérature, on revient à la constitution et à la rhétorique du débat – à la *quaestio*. Par cette même interrogation, on questionne, de façon intrinsèque et extrinsèque, l'objet donné ou reconnu comme littéraire. La façon intrinsèque renvoie au rapport de cet objet au droit même de la littérature et à l'exposition, la démonstration que l'objet fait de lui-même et de ce droit. Exposition et démonstration sont variables suivant l'esthétique, le genre littéraire. Ils supposent cependant une pensée de la littérature. La façon extrinsèque demande : s'il est un droit de la littérature, quel est le rapport de ce droit aux autres droits ? Chacun sait ces questions qui sont constantes : s'il est une identité linguistique de la littérature, quel est le rapport de cette identité aux autres identités linguistiques ? En d'autres termes : quelles sont l'écriture et la lecture à la fois spécifiques et communes qui peuvent être dites de la littérature ? Les questions peuvent se reformuler : la règle et le droit de la langue sur chacun et sur chaque expression vont-ils avec le droit de la littérature ou le défont-ils ? L'interrogation, précisément rhétorique, revient à demander en quoi un fragment de langue – l'œuvre, le texte – peut être lui-même et partie prise d'un *lieu commun*, la langue, qui n'est que le possible de la littérature ; en quoi l'écrivain et le lecteur peuvent être parties prises d'un fragment de langue, dont on ne sait pas exactement le droit ? Cela équivaut à caractériser la littérature comme le lieu commun qui dit le possible de la langue. La récusation d'un droit de la littérature, le refus de considérer que la littérature puisse faire l'objet de propositions, n'oblitère par cette question de la propriété de la littérature, elle l'accentue même : si ce qui est dit littérature est d'une telle singularité que cela ne relève plus d'aucune proposition recevable, le caractère problématique et interrogatif de cette singularité se trouve explicite-ment lié au fragment de langue qu'elle constitue et à la prise des dis-cours qu'elle assure ou n'assure pas, à la partie prise de ce fragment que sont ou ne sont pas l'écrivain et le lecteur. En quoi la littérature fait-elle lieu en elle-même de lire le possible des lieux communs d'une culture, de discours ?

Il subsiste une caractéristique du geste littéraire, qu'il soit de l'écrivain, qu'il soit du lecteur : geste individuel de choix – de telle écriture, de telle lecture, de tel discours comme cela qui peut être litté-raire. En d'autres termes, ce qui constitue ici la littérature, ce sont cer-tains critères, certaines pratiques scripturaires et la possibilité d'en changer. Dans cette perspective, toute caractérisation de la littérature est relative. Cela exclut la recherche de conditions idéales de la littéra-ture comme la recherche de conditions négatives. Cela rend, de plus, l'approche et la pratique de la littérature congruentes avec une défini-tion philosophique du quotidien : ce qui constitue philosophiquement le quotidien, ce sont précisément nos représentations, leurs critères et la possibilité d'en changer. Hors de toute caractérisation fonctionnelle spécifique, la littérature se définirait comme un des moyens de recon-naître, d'accepter, de changer, bref d'extérioriser ces représentations, ces critères – d'entreprendre de savoir jusqu'où on peut les dire, les lire, jusqu'à quel point on peut en faire son deuil. La littérature se définit alors comme ce qui permet, par la métareprésentation impliquée, d'aller jusqu'au terme du jeu des lieux communs, des représentations, à ce point où l'autre lieu commun, l'autre représentation peuvent apparaître. Dès lors, la littérature est une variante grammaticale parmi les variantes grammaticales et conceptuelles des relations à l'altérité, qu'exposent nos croyances et qui exposent nos croyances à une continue recomposition. La spécificité de la littérature serait dans la métareprésentation : au sein des lieux communs, des discours, elle va jusqu'à exposer leur éventuelle impropriété par le jeu sur sa propre propriété, sur sa propre pertinence, jusqu'à trouer le bain d'imaginaire.

Une telle stance de la littérature entraîne que, quel que soit le codage, décelable dans une œuvre ou dans une série d'œuvres, quel que soit le système d'œuvres caractérisables en termes formels, en termes esthétiques, ou suivant les données dominantes des écoles littéraires, le constat de la littérature n'exclut pas celui d'un défaut de codage ou d'un défaut de systématique littéraires. La réalisation et la forme de l'œuvre, dès lors que celle-ci traite à la fois du vraisemblable de la littérature et du vraisemblable culturel, social, témoignent d'abord du jeu de l'arbitraire et de la motivation qui va avec ce traitement. Elles exposent une pertinence qui suppose ces représentations communes et qui fait droit au littéralisme puisque ces représentations ne peuvent faire règle dans la métareprésentation impliquée dont elles sont cependant les moyens. Le littéralisme de l'œuvre est l'exposition ou la reconnaissance de sa lettre, de son mot à mot, et le moyen de placer toute présentation dans le jeu de la pertinence, de la représentation, de la métareprésentation. Parce que la représentation et son savoir sont à la fois leur propre convention et leur propre disparité, il y a toujours un reste qui fait alternative et question.

Les modes d'implication de la métareprésentation sont divers. Ils font l'histoire de la modernité littéraire. Ils traduisent, par leurs variations dans le jeu des variantes grammaticales et conceptuelles des relations à l'altérité qu'exposent nos croyances, un paradoxe constant. Au sein des discours, des lieux communs, des représentations, l'individu

22

qui écrit, lit, doit se concevoir comme ignorant en principe les limites des champs de ces discours, de ces lieux, de ces représentations, avant même d'exercer leurs possibilités, alors même que la sphère de la communication est une sphère close qui donne notre monde comme habillé de discours, et qui déclenche des discours très vite ininterprétables à cause de leur multiplicité. L'exercice littéraire de la métareprésentation est par ce paradoxe. Au sein de et par ces mêmes discours, lieux communs, représentations, l'individu qui écrit, lit, se définit comme un individu quelconque. L'hypothèse de son individualité engage l'exercice de ces discours, de ces lieux, de ces représentations, en même temps qu'elle place ce sujet, écrivant, lisant, comme à la limite de ces lieux – il est précisément une individualité. La métareprésentation se donne pour pertinente par l'engagement qu'elle fait des représentations communes, par la notation de l'inévitable du bon sens de la pertinence intuitive – cela que supposent la notation de l'individu quelconque et le renvoi à l'existence. L'hypothèse de l'écriture et de la lecture est alors, même dans le renvoi explicite à une intention spécifique, hypothèse de questionnement – ce questionnement dont dépend la constitution de la pertinence et qui explique la rupture de l'automaticité référentielle, la difficulté à distinguer le sens, la littérature même. Poursuivre avec la littérature, fût-ce dans ces équivoques, suppose une omnipotence de la littérature, bien différente de celle que lui prêtait la littérature de la modernité en ses débuts. L'omnipotence de la littérature est désormais par cet exercice qui expose la littérature comme une singularité quelconque, et la place dans une possible intuition de la pertinence. Exposer la littérature comme une singularité quelconque est faire de tout discours un discours littéraire. Placer ce discours dans une possible intuition de la pertinence est lui reconnaître sa fonction de présentation et de représentation. Associer les deux gestes est impliquer la métareprésentation de la littérature et la métareprésentation des représentations qui vont avec la pertinence intuitive. Il y a là une manière de répéter l'ordinaire, de passer l'impasse littéraire que dessinent les débuts de la modernité, et de suggérer le jeu des représentations de la littérature, des autres représentations. La littérature du XXe siècle, malgré les jeux réflexifs qu'elle propose, malgré les transgressions sémantiques qu'elle paraît privilégier, n'exclut pas le bon sens de la pertinence intuitive, ni l'implication de la métareprésentation. La littérature, le discours dit littéraire deviennent ainsi proprement symboliques : ils sont l'illustration (l'échantillon) du discours même ; ils présentent le défaut et la possibilité de l'articulation de la présentation, de la représentation et de la métareprésentation, sans que ce dispositif soit nécessairement explicite, sans que l'inintelligence prévale – il est donné la certitude de la pertinence intuitive.

Identifier le moment rhétorique de l'œuvre au mode de questionnement qu'elle présente au sein même du vraisemblable de la littérature et dont les extrêmes sont définis par les exemples de Del Giudice et de Calvino, revient à placer la littérature hors des jeux qui sont usuellement tenus pour caractéristiques de la modernité.

Partage entre littérature allotélique et littérature autotélique ; partage entre symbole organique et crise apophantique de la littérature ; partage entre une littérature qui suppose la constitution du sujet et une littérature qui l'ignore ; partage entre une littérature de la *mimesis* et une littérature qui la défait, sans que le problème du référent disparaisse – il se définit comme la résistance du réel à la symbolisation ; partage entre une littérature assertorique de son moment et d'elle-même et une littérature de la conscience esthétique qui est à la fois une littérature selon laquelle il n'est de totalité que du langage et une littérature qui reconnaît l'irréductible multiplicité des univers culturels ; partage entre une littérature de la *mimesis* et une littérature du dire – le dire ne peut jamais récupérer la *mimesis*. Partage entre ces dualités, dont les éléments antinomiques peuvent être portés à des extrêmes, et leur effacement. C'est pourquoi la littérature se partagerait encore entre ce qui serait l'ordre de la pure fiction, cette fiction qui ne serait que l'exposé de ces dualités, et celui du passage incessant et réciproque de la vie à l'œuvre, qui serait l'effort pour actualiser cette dualité, ou serait souvent l'allégorie même de ce partage et de ce jeu.

Il reste remarquable que ces diverses caractérisations, par leurs affirmations et par la série historique qu'elles dessinent, supposent mais ne précisent pas qu'il y a un vraisemblable de la littérature, ou, en une autre formulation, qu'il est toujours pensé une plausibilité de la littérature

– que cette pensée appartienne à la littérature ou à la critique. Elles précisent, en conséquence, encore moins que la question de la plausibilité de la littérature est la question de son arbitraire et de sa motivation, et non pas la question de sa vérité, ni celle de son arbitraire seul, ni celle de la fin de la littérature parce que celle-ci ne pourrait plus différencier son arbitraire au sein du bain d'imaginaire, au sein des discours communs, ou qu'elle ne le pourrait que par l'aveu et l'exposé constant de la fiction.

Il reste encore remarquable que, faute que soient précisées la plausibilité de la littérature et sa pertinence suivant le jeu de la métareprésentation et du questionnement, la littérature est caractérisée comme ce qui n'appartiendrait à aucune alternative : elle ferait une manière de dualité radicale avec tout ce qui n'est pas elle ; de cette dualité radicale, elle tiendrait sa propriété esthétique, son pouvoir critique, et la possibilité de sa disparition. Cela est manifeste s'agissant des thèses qui privilégient l'autotélie. Cela est encore manifeste s'agissant des thèses qui s'attachent au réalisme, lorsqu'elles le définissent comme la création de catégories relatives au réel. Cela est tout autant manifeste lorsqu'on débat des critères de discrimination entre discours littéraire et discours ordinaire, ou lorsque, suivant les thèses de la déconstruction, le discours littéraire devient la mesure du discours ordinaire.

Il reste enfin remarquable que les divers partages qui ont été identifiés conduisent à la conclusion que la littérature entreprendrait de fonder des représentations, la littérature même, sur son propre discours, mais que cette démarche est incertaine ou qu'elle mène au paradoxe qu'illustre la déconstruction – la littérature entreprend de fonder sur son propre discours, mais au prix de ne rien fonder –, ou à celui qu'illustre également la généralisation de la notion de fiction – fonder sur la littérature est ici au prix d'une manière d'irréalisation de toutes les représentations et de tous les discours. Il est encore le paradoxe que ces approches de la littérature sont tenues pour capable d'évaluer les autres discours, les autres représentations. La littérature permettrait de rencontrer le langage et, par là, de le dire. Cela peut faire conclure à une perte du réel.

On sait qu'en disant ces dualités, on lit l'histoire littéraire moderne dans la série des esthétiques littéraires, romantisme, réalisme, symbolisme, divers modernismes et postmodernismes, dans l'opposition entre une modernité et une postmodernité, suivant des paradoxes qui permettraient de noter aujourd'hui à la fois la préservation de la littérature et sa fin, les œuvres et le bain d'imaginaire. On sait qu'à ces partages est attaché le constat d'un mouvement tropique de la littérature. Il est constant que ces diverses caractérisations supposent toutes un premier partage qui serait celui du romantisme et de la littérature antérieure, un second partage, celui du romantisme et de la littérature postérieure. En d'autres termes : un premier partage entre littérature allotopique et littérature autotélique dont la première réalisation serait illustrée par la prédominance de la pensée romantique du symbole. Cette pensée commanderait la contradiction du réalisme, et sa seconde réalisation, celle qui vient avec le symbolisme, serait lisible de manière continue et éventuellement contradictoire jusque dans la littérature la plus contemporaine.

Il convient plus simplement de noter : arbitraire et motivation se rejoignent dans la série historique des formes, comme ils se rejoignent dans les définitions formelles de la littérature. La forme est à la fois la marque de l'arbitraire et celle de la motivation. La définition formelle reste caractérisée à l'intérieur de la continuité de cette plausibilité de la littérature. Il convient de noter qu'arbitraire et motivation sont le jeu de la métareprésentation et des représentations. Pour caractériser le moment rhétorique et tropique et ne pas le réduire à un exercice de démotivation, ni l'amplifier dans un geste d'autocréation, il suffit de dire et de corriger telle caractérisation de la parabole, usuelle dans la critique contemporaine. La caractérisation est contradictoire : comparaison développée dans un récit et servant à présenter un enseignement ; comparaison qui contribue à une expression voilée, qui laisserait incertaine la lettre de l'enseignement. De cette contradiction, il se conclut au mystère de la parabole. Il peut tout autant se conclure : la mise en situation, par la comparaison, d'une certaine leçon, d'un certain sens, n'est ni l'achèvement de cette mise en situation, ni l'achèvement de cette leçon, mais leur mise en situation *actuelle* qui suppose à la fois la plausibilité de la leçon et celle des moyens de la mise en situation. Il y a moins un mystère de la parabole qu'il n'y a l'évidence des conditions suivant lesquelles une communication a lieu, et qui est un double jeu : la leçon motive la comparaison ; la comparaison motive l'exposé de la leçon. Ou encore : la leçon doit venir aux lieux communs et de ces lieux faire ses propres lieux.

Dans une perspective historique, il convient moins de reconnaître la continuité d'une influence de la pensée romantique du symbole et de la littérature que de marquer : le passage du romantisme au réalisme et au symbolisme engage explicitement la question de la pertinence de la littérature. Le romantisme ne se sépare pas d'une utopie de l'imaginaire. L'objet idéal, attendu, dans l'irréalité, dans l'histoire à venir, est irréalisable comme tel ; il peut être cependant imaginé. Le réel peut avoir raison de l'idéal, mais il ne peut l'emporter sur la présence du discours, sur la pertinence que celui-ci prête à cet objet idéal. Cette utopie de l'imaginaire est certes limitée et comprend sa propre critique, mais la pertinence de ce discours qui a partie liée avec l'imaginaire n'est jamais explicitement défaite ou déconstruite. En récusant cette utopie ou en la soumettant à une perspective critique, réalisme et symbolisme disposent explicitement la question de la pertinence actuelle de la lettre, et font de leurs esthétiques et de leurs poétiques les moyens de cette exposition. Faire de la question de la pertinence une question actuelle revient enfin à abandonner la figure de l'écrivain, adéquate à cette entreprise de dire toute pertinence à venir. Romantisme : la littérature est pertinente par la subjectivité de l'écrivain, du poète, dépositaire du droit littéraire et du droit public de la littérature – l'expression et la liberté dans les arts, telles qu'elles sont données par un individu singulier, sont bonnes pour toute la société et pour chacune des classes de la société puisque cet individu reconnaît l'utopie de l'imaginaire et dit toute pertinence. Réalisme, symbolisme : il n'y a plus de détenteur prééminent du droit de la littérature. Si la littérature est une *praxis*, au sens aristotélicien, comme le savent les réalistes et les symbolistes du XIXe siècle, elle est essentiellement le droit de la littérature à travers le droit de la lettre – ce droit qui donne un droit égal à l'écrivain et au lecteur, confondus dans l'écrivain halluciné qui écrit. Cela équivaut à prêter à la parole du sujet, identifié spécifiquement sous les traits de l'écrivain, le pouvoir d'être à la fois elle-même et celle de quiconque, dans ce qui serait la singularité rhétorique de cette parole et dans la récusation d'une utopie de l'imaginaire. Ainsi débattre du droit de la littérature, ce n'est jamais que débattre des différences de la littérature – jusqu'au point de nier celle-ci – et de l'aptitude de la littérature à traiter des différences – de la littérature même et de cela qui est son objet : le discours et les représentations. Dire ainsi droit et différence revient à engager le débat sur le statut idéologique de la littérature – non point tant suivant les termes de l'expression d'une idéologie que suivant la question de la pertinence publique de la littérature. Quand l'utopie de l'imaginaire est récusée, ainsi que le sujet romantique, est aussi récusée la possibilité de faire de la métareprésentation de l'œuvre une représentation interactive des représentations communes, autrement dit un véritable lieu commun. Ce véritable lieu commun doit être de la construction de la littérature quand même la littérature ne le propose plus parce que la culture n'offre plus la différence qui permet de figurer la question de la pertinence.

Les débuts de la modernité littéraire font de ce *commun* une question : jusqu'où peut-on écrire, lire ? Jusqu'à l'objectivité de la lettre ; précisément, c'est la question du réalisme – on ne sait si la lettre s'ajoute au réel dans l'essai d'une illusion parfaite ou si elle tue l'illusion en profondeur. Jusqu'à l'explicite de l'art ; précisément, l'illustration de l'art par lui-même ne fait pas revenir nécessairement au fait même de l'art. Jusqu'au mystère des lettres ; précisément, il n'est pas lisible. Ou faut-il lire jusqu'au lecteur ? Mais, suivant la forte suggestion de Mallarmé, cet ordinaire que peut figurer le lecteur, est de fait lu par le rôle que tient le lecteur – par la lecture de l'œuvre. Ou jusqu'au quotidien même ? Mais cet ordinaire n'est que ses changements de critères et de paradigmes, ainsi que le montre le langage – que les mots soient impurs témoigne qu'ils sont de ce quotidien. Ou jusqu'à la littérature ? Mais la littérature n'est que ce qui ouvre à ces questions ; elle lit dans ces questions son mobile et l'exposition des changements de critères et de paradigmes qui font les mots, les discours et le quotidien. Le moment rhétorique de l'œuvre n'est pas encore identifiable à un questionnement. Ce moment est cependant la contradiction de l'intention littéraire. Flaubert : il faut croire au seul livre, et il est cependant le droit laissé au lecteur qui lit, entre autres choses, de faire de la lettre et de la réalité que figurerait cette lettre, son rêve, et d'engager la propriété ou l'impropriété du réalisme. Art pour l'art : on peut croire à la littérature, et cette croyance n'est que la croyance du commun dans le langage commun. Mallarmé : dans la poésie, retirer sa confiance aux mots ordinaires, et cependant faire confiance au lecteur qui est d'abord lecteur des mots ordinaires.

Cela fait comprendre que la littérature de la modernité, en ses débuts, ne peut pas même se réclamer de ce qu'elle reconnaît – le lieu commun. Supposons que n'importe quel roman soit d'un argument conclusif et convaincant précisément parce qu'il jouerait de la construction des lieux : il ferait taire présentement tout autre roman. Supposons que le rite de la messe, qu'évoque Mallarmé, soit un rite général : le lieu commun ne serait plus l'occasion de débats, ni d'écriture ; il serait constamment sa propre actualité. Cette limite, la littérature de la modernité ne la démontre pas : elle l'expose. Elle l'expose en montrant ses limites cognitives : il suffit de répéter que, dans tel poème de Théodore de Banville[1], l'alliance des règnes animal et humain n'est pas concevable ; il suffit de marquer que l'hypothèse du réalisme est la limite du réalisme, au sens où le réalisme, dans le jeu de sa pertinence, vient à l'indifférenciation de cette pertinence, qui peut être autant celle de l'imagination. Il suffit de marquer que le symbolisme joue autour du mot d'attracteurs surnuméraires qui sont autant de limites cognitives. Ce qui est le paradoxe de la désignation de la pureté : « établir des identités secrètes par un deux à deux », dans les termes de Mallarmé, est à la fois tenter cette désignation et placer dans le texte une limite cognitive. La pertinence est tenue pour exposable afin de démontrer qu'elle n'est pas de la lettre qui l'expose. La littérature de la première modernité fait encore comprendre qu'elle fictionnalise des différences réelles, celle des identités, celles des divers règnes, celles des diverses pertinences.

Ces équivoques commandent une position de lecture forte. Celle même que se reconnaît Flaubert lorsqu'il dit l'imagination du vomisse-

1. Th. de Banville, *Le sanglier*, *Les exilés*, Orphée, « La Différence », 1991, p. 30. Éd. originale 1867.

ment. Celle même que suppose Mallarmé dans « Mimique ». Celle qu'implique l'alliance de divers règnes, dans le poème de Théodore de Banville. Cette position de lecture forte s'interprète comme la conséquence du jeu sur la pertinence et sur la lettre. Elle est encore le redoublement du paradoxe de la littérature, qui fait la *quaestio*. Réalisme et lecture : le lecteur, dans l'objectivité du réalisme, est supposé jouer de deux regards. Il regarde ce qu'il ne voit pas parce que il n'y est pour rien en tant que lecteur ; il voit ce qu'il ne regarde pas parce que il y est, en tant que lecteur, pour tout. Symbolisme et lecture : la lecture est d'abord un geste oculaire qui, quel que soit le degré d'autonomie prêté aux mots, voit ces mots comme un spectacle ; le lecteur lit ce dont il ne participe pas ; il lit ce dont il participe par son acte de lecture ; il est cet esprit que figure les mots. La littérature s'écrit suivant deux perspectives, suivant deux mondes. A supposer que ces deux mondes puissent être dans la perspective l'un de l'autre, aucun de ces deux mondes ne peut être occupé complètement : ils sont en conséquence dans une perspective trompeuse. C'est pourquoi le réalisme vient à une casuistique ; le symbolisme au mystère ; l'art pour l'art à sa propre négation.

Ces constats se résument : comment peut venir à la littérature l'idée de montrer à quelqu'un ce qu'il ne peut pas voir, de lui dire ce qu'il ne peut pas comprendre, de lui démontrer ce qu'il ne peut concevoir ? La réponse est : celui qui voit est, en lui-même, de lui-même, le spectacle ; celui qui ne comprend pas est celui même qui parle ; celui qui ne peut démontrer est celui qui conçoit. Il y a là comme une inversion de la polarité de la communication qui est explicitement tue parce qu'elle suppose le spectacle partagé, le langage partagé, l'intelligence partagée, parce qu'elle suppose le lieu commun qu'elle ne peut dire, sauf à défaire la position de l'auteur qui ne peut disposer ce lieu qu'énigmatiquement s'il entend être l'auteur singulier, sauf à défaire le jeu de la *quaestio* : les différences sont fictionnalisées dans une identité trompeuse, l'œuvre, le lecteur, pour ne pas dire le langage commun et le lieu commun qui les ont toujours dites.

L'inversion de la polarité de la communication de la littérature témoigne d'une distance, qui n'est pas maîtrisée, de la littérature à ce qui peut être ses lieux. Dans la réversion des pôles de la communication, subsiste cependant la présomption de pertinence – qui trouve une formulation paradoxale : la possibilité de ressemblance, pour un sujet, entre un discours – dans ce cas, celui de la littérature – et les représentations de ce sujet, est à la fois ce que *suppose* et ce que *dispose* la littérature. Où il y a l'équivoque de l'écriture comme de la lecture : s'il y a supposition, la disposition ne peut être dite clairement. Le pouvoir de la sensation et de l'imagination – se sentir, s'imaginer empoisonné – renvoie, de fait, au pouvoir et au mythe de la lecture : cet empoisonnement qui est écrit, qui est en train de s'écrire, n'est que l'empoisonnement écrit qui se présente là où je ne suis pas, contingent à mon égard, et qui est lisible au point du vomissement parce que si l'écrit me donne à la fois l'apparence et la lettre de la réalité, il ne me donne pas la règle de prédiction de l'une à l'autre – la lecture suivie de l'imagination donne seule la pertinence de la lettre. Mallarmé ne peut écrire suivant une règle de prédiction de la nécessité du vers à la nécessité du monde : cela commande d'allier la notation du mystère du vers et celle du hasard, sans que la lettre commune de ces deux notations soit exclue – le passage du hasard se lit dans la singularité du poème ; la lecture du poème est aussi celle de la nécessité et de la pertinence du poème. Telle est l'impasse de la littérature des débuts de la modernité : la pertinence et le lieu commun ne peuvent être que l'épreuve ou l'idéal de l'œuvre. La littérature n'est pas sa propre totalité ; elle est un tout manquant ; elle s'écrit et se lit par rapport à cet autre tout manquant, dans l'œuvre, le lieu commun, ainsi que le sait Mallarmé, ainsi que le marque le réalisme par sa casuistique, ainsi que le traduit l'intention qui fait de l'art et de l'esthétique une finalité, par la limite que porte cette intention. Le tout manquant est n'importe quelle chose, n'importe quel discours, qui, parce qu'ils sont quelconques, sont aussi la figure du tout manquant.

La littérature de la première modernité est ainsi une littérature qui, dans ce jeu équivoque du lieu commun, vient à une manière de *littéralisme* – les mots du réalisme sont les mots du réalisme, ils peuvent éventuellement être lus suivant une correspondance du mot à la chose ; à un *affaiblissement du codage littéraire* – ce qui est la conséquence de la difficulté qu'il y a à maîtriser les lieux communs et à les rendre fonctionnels

31

dans l'œuvre, ce que traduit, dans le cas de Théodore de Banville, l'impossibilité de maîtriser l'ordre symbolique que le poème se donne ; à un exercice du *médium de la littérature comme porté à sa limite* – ce qu'illustre Mallarmé. Cette littérature de la première modernité pose implicitement la question de la limite du lieu commun dès lors qu'elle désigne le lieu commun comme son autre.

La littérature de la première modernité désigne encore sa propre limite. Qu'il s'agisse du réalisme ou du symbolisme, la supposition du réel et des autres discours est obligée pour servir de toile de fond ou de moment d'arrêt à l'émergence d'un objet mental – précisément l'objet littéraire. Sans cette hypothèse, l'œuvre serait sans doute forme, par définition, sans complément, mais aussi la monstruosité de son sémantisme, qui deviendrait comme l'objectivité de l'œuvre, et le jeu de son imagination et de l'imagination qu'elle induit, sorte de multiplication libre d'entités. Sans cette hypothèse, l'œuvre, dans son caractère imaginatif, dans son caractère de fable, n'apparaîtrait pas pour ce qu'elle est : l'affirmation latente de son remplacement par une autre chose que l'on laisse de côté systématiquement, et qui peut être une autre œuvre, une autre fable, ou simplement cela qui n'est pas cette œuvre, ce qui n'est pas cette fable.

L'inversion de la polarité de la communication explique que, de la *quaestio* ainsi tue et cependant exposée, naisse l'interrogation sur l'usage de la littérature. Cette lecture, par le littéralisme, est contingente au regard de toute situation. Cette lecture, par le littéralisme même, n'est pas distincte, de droit, d'une lecture ordinaire, qui participe usuellement d'une situation. *Madame Bovary* peut et peut ne pas être lue comme une atteinte à la morale. Cela fait entendre qu'il y a un droit de la littérature et qu'il n'y a pas de domaine spécifique de la littérature. Cela fait entendre que le littéralisme, la littérature permettent indifféremment de maintenir, d'accroître ou de diminuer l'adhésion au littéralisme. Et de laisser ouverte la question : que peut être le droit de la lettre littéraire (ou reconnue pour telle) dans les discours communs ? Ou en d'autres termes : comment la littérature peut-elle se réapproprier l'ordinaire en préservant un droit de la littérature ?

LITTÉRATURE, MÉTAREPRÉSENTATION, INTUITION BANALE DE LA PERTINENCE

La littérature du XXe siècle vient explicitement à ces constats, les expose. Elle reprend de manière fonctionnelle les impasses de la littérature de la première modernité littéraire. Le *littéralisme*, l'*affaiblissement du codage littéraire*, le *médium de la littérature comme porté à sa limite* deviennent ses moyens et sa finalité. Par là, elle dispose la question de l'arbitraire de la motivation de l'œuvre, la question de la métareprésentation que cette œuvre implique – question de sa pertinence. Elle fait du moment rhétorique de l'œuvre le moyen d'inscrire dans l'œuvre la figure du tout, qui peut être celle que livrent les lieux communs ; elle limite cependant cette figure par le jeu de l'implication de la métareprésentation. Elle ne fait pas de ce jeu un jeu qui deviendrait une involution, et mais un jeu selon le commun, selon ce sur quoi il émerge – toute réalité, tout discours, toute expérience existentielle. Par quoi elle poursuit avec la plausibilité et l'équivoque du droit de la littérature. L'inversion de la polarité de la communication n'est que la figure du jeu à venir du bain d'imaginaire.

Il faut répéter Del Giudice, Calvino, Perros. Del Giudice : la littérature commencerait par un paradoxe. Écrire à partir du *web*, ce n'est qu'écrire à partir du flux représentatif qui fait voir l'imagination comme passage à l'autre, à n'importe quel autre, à cet autre qui se donne, par ce flux même, comme un tout – cette histoire qui a toujours déjà commencé. C'est encore écrire au plus près de ce qui est donné, cette histoire, dans une manière de littéralité. Mais cela suppose que l'écrivain dise la proximité de ce flux, de ce tout, de cette histoire, qu'il retourne le constat du tout, à la fois dans un jeu purement métonymique, marqué par l'enchaînement temporel, et dans un jeu de synecdoque – ce tout du *web* se lit comme la partie qui figure le récit même. Le jeu sur le lieu commun est explicitement jeu sur le risque d'une désindividualisation, et jeu, selon le procès d'inversion des pôles de la communication, sur la métareprésentation de ce lieu commun. La littéralité exclut d'arrêter un codage strict du récit – par quoi on revient au jeu de la métonymie et de la synecdoque. Elle suppose que le médium de la littérature, ici figuré par le *web*, par l'histoire déjà commencée de la lutte avec l'ange, ait été figuré à ce point où il dessine une manière de lien absolu et l'impossibilité de tout lien – toute histoire est reprise singulièrement, ainsi que le tout qu'elle figure, elle n'est lien et lieu que par le constat de ce passage à la limite, et par la limite de ce passage. Calvino : la reconnaissance des possibilités infinies de la littérature, qui est la reconnaissance des lieux communs, est reconnaissance des limites que suppose la métareprésentation. Ces limites se disent selon la limite des modèles cognitifs – un modèle de ville à partir duquel déduire toutes les villes possibles, et qui inclut les exceptions à la norme, un modèle de ville tout à fait improbable qui, pour être appliqué, suppose que l'on soustraie les exceptions, et où le vraisemblable ne doit pas contredire le vrai, c'est-à-dire laisser ouverte la question de la métareprésentation. Perros : l'écrivain, en se donnant explicitement pour la figure de l'écrivain, pour l'homme qui vit une vie ordinaire, dit les limites à l'intérieur desquelles il écrit, et les modèles, les lieux qu'il écrit. C'est choisir explicitement le lieu commun et sa totalité. C'est encore choisir le maximum de littéralité – les mots de l'écrivain, de ces jours. Où commence l'incertitude des codes de présentation que supposent ces limites et ces modèles, alors que le texte ne dit pas même le fantasme du passage de ces limites. Cela ouvre à la question de la pertinence du poème, au regard des limites qu'il reconnaît, au regard de la littérature.

La situation ainsi prêtée à la littérature est doublement paradoxale. Suivant les antithèses qu'expose l'œuvre – les représentations de la littérature, les représentations du quotidien, les mots de l'écriture, les mots de tous les jours. Suivant les antithèses que suppose le jeu de la littéralité – jeu explicite sur le lieu commun, jeu sur la possibilité de la métareprésentation. Cela peut se lire à la fois comme le dessin d'une fin de la littérature – le projet littéraire serait seulement concevable sous le signe d'un idéalisme (Calvino) ou sous celui de sa quasi-négation (Perros), sous celui de l'inscription dans le tout discursif ou sous celui de la figure de la limite de ce tout discursif, qui est une figure temporelle (Del Giudice) – et comme une poursuite circonscrite de la littérature, par, grâce à ce face-à-face avec ce qui la limite. L'idéalisme se dit sous l'aspect de l'imprésentable – les villes invisibles ; dans le bain d'imaginaire, l'imprésentable devient présentable, apparemment hors du jeu d'une invention, d'une création. C'est ici suggérer, avec Del Giudice, la vanité, l'illusion contemporaines que la littérature et l'art pourraient être ces présentations nouvelles comme hors du présentable, comme hors du lieu commun. C'est au total inscrire dans le vraisemblable de la littérature une stratégie équivoque : dessiner une manière d'incommensurable dans le langage de l'écrivain (Calvino) ; redécrire l'expérience dans les termes de l'écrivain, personne privée, qui ne sont pas nécessairement incommensurables (Perros), ou qui ont affaire avec l'incommensurable que constitue le bain d'imaginaire dès lors que celui-ci est considéré dans la perspective de l'écriture (Del Giudice) ; et, en conséquence, caractériser la littérature comme l'entretien d'une différence qui ne prend pas partie contre ses lieux communs.

Il est cependant dans ces exemples littéraires une constante : ils reconnaissent explicitement les modes d'identification sociale, culturelle existants, parmi lesquels il faut compter les modes d'identification de la littérature et de l'écrivain ; ils ne tentent pas de suggérer, contre cette reconnaissance des modes d'identification, une reconnaissance du futur – ils ne disent aucun passage temporel de ces modes d'identification. Par cette reconnaissance des modes d'identification et par ce défaut de reconnaissance d'un futur, par le fait qu'une œuvre est produite, ces exemples littéraires attestent : ces lieux communs que sont les modes d'identification sont un possible, en un sens proprement rhétorique – la possibilité d'encore écrire. Encore écrire est précisément retenir tous les modes d'identification, ceux de la communauté et ceux de l'individu, ceux de la raison et ceux du devenir, ainsi que le fait Calvino dans *Les villes invisibles*, et comme les interner dans l'œuvre, où le « tout est dit » va avec la notation que quelque chose se dit, fût-elle seulement notation suivant le mode d'identification de la singularité, celle même de ce dire, et ainsi de suite. Dessiner de cette manière les lieux communs, les modes d'identification, y compris ceux de la littérature, dans une même œuvre revient à fictionnaliser leurs différences. Cela que fait comprendre l'invisibilité des *Villes invisibles*, cela que fait comprendre le défaut de réflexivité d'*Une vie ordinaire* – le défaut de réflexivité revient à donner les différences pour elles-mêmes, le sujet et son œuvre pour la fiction de ces différences. Le vraisemblable de la littérature est une de ces différences et, inévitablement, sa propre fiction. Celle-ci mesure le vraisemblable de la littérature aux autres modes d'identification. Soit le dilemme du vraisemblable : la prémisse du probable n'est pas nécessairement vérifiée – c'est pourquoi les villes sont invisibles, la littérature se confond avec la vie ordinaire, et l'histoire qui a toujours commencé n'est pas répétée. Soit la question de la pertinence dont ce dilemme n'est pas dissociable.

Jouer ainsi des représentations de la littérature, du quotidien revient à dire qu'il est des vraisemblables récusables, ceux qui appartiennent au seul vraisemblable de la littérature. Ainsi : aller du connu à l'inconnu – ce qui est l'impossibilité des *Villes invisibles* ; faire du connu un lieu plénier – ce qui est l'impossibilité de « Evil eye » ; faire du sujet le lieu qui peut jouer de ces vraisemblables jusqu'à ce qu'ils se dessinent comme autonomes, comme riches de leur propre imagination – ce qui est l'impossibilité d'*Une vie ordinaire*. Cela revient encore à marquer que l'impasse littéraire de la première modernité est précisément par la croyance dans la possibilité de faire œuvre que porte le vraisemblable de la littérature. Il est une littérature du XXᵉ siècle, qui sait cette impasse de la première modernité, et qui réfléchit sa propre impasse dès lors qu'elle continue de jouer du vraisemblable de la littérature. La fable de la mémoire n'est chez Proust que la notation de la vanité d'aller du connu à l'inconnu et l'effort pour maintenir la digression du connu à l'inconnu. Choisir la fable de la fiction explicite, faire apparaître la fiction comme fiction, équivaut à la fois à figurer le lieu du connu et à marquer qu'il ne peut être dit où ce connu réside – dans l'*Ulysse* de Joyce, le monologue intérieur est la figure de cette fiction qui figure le connu, qui joue d'elle-même puisqu'il s'agit d'un monologue intérieur, et qui ne peut cependant, à cause de ce même monologue intérieur, figurer l'exact lieu de ce connu. Faire du sujet le lieu des vraisemblables comme riches de leur propre imagination appelle le jeu déréglé des rapports imaginaires, suivant les termes de Pavese[1], et la question de l'adhésion qu'ils peuvent susciter – le jeu du vraisemblable ne peut aller sans sa propre justification, qui peut être précisément le sujet lyrique. Mais le critère d'opportunité du jeu de l'imagination n'est pas décidable. Il est donc une impasse de la littérature lorsqu'elle ne réfléchit pas ses limites de pertinence.

Ces traits de la littérature du XXᵉ siècle traduisent son originalité face aux définitions usuelles de la littérature relatives à son statut au regard de la pensée de la vérité – la littérature s'égale à l'infini du concept, elle est rapport à une vérité qui lui est extérieure –, au regard de la communication collective. La première modernité se caractérise par sa rupture avec la pensée romantique du concept et de la littérature, avec une dépendance de la littérature à une vérité donnée. Elle pose explicitement la question de la pertinence de la littérature et vient à l'impasse de la littérature qui figurerait complètement sa pertinence. La seconde modernité fait de la pertinence une question, sa question, en lisant l'impasse de la première modernité sous le signe d'une problématicité[2] et en faisant de la pertinence ce qui relève à la fois de la singularité de l'œuvre littéraire et ce qui expose ou mesure les conditions de la communication collective – où l'on retrouve la question du vraisemblable de la littérature. Dire que la littérature est une affaire de pensée, ce n'est que dire qu'elle se sait cette question de la pertinence, qu'elle en fait sa motivation. Et constater que l'effort de la première modernité – faire de la littérature cela qui porte une vérité qui lui soit propre et qui soit cependant une vérité reconnaissable – a été déplacé : la question de la littérature devient question de sa propriété à la fois par l'impropriété cognitive qu'elle se reconnaît et par la limite qu'elle met à cette impropriété. Il faudrait lire les orientations critiques dominantes du XXᵉ siècle, marxisme, psychanalyse, herméneutique, déconstruction, comme la reprise constante d'un débat sur la vérité propre de la littéra-

---

1. Cesare Pavese, *Travailler fatigue. La mort viendra et elle aura tes yeux*, Gallimard, « Poésie », 1979, p. 177. Éd. originale 1943.
2. Sur ce point, voir Michel Meyer, *De la problématologie*, Bruxelles, Mardaga, 1986, et *Langage et littérature*, PUF, 1992.

ture, sur le rapport à une vérité externe, sur la contradiction que font les termes de ce débat, sans que soit marqué que la littérature est précisément, depuis un siècle, essai pour sortir de ces débats. Il faudrait lire les paradoxes de l'esthétique contemporaine, qui se résument dans le constat de l'involution linguistique de la littérature et dans celui de son indifférenciation linguistique et discursive, comme les indices que la littérature joue de son caractère singulier et commun – ce jeu qui fait revenir à la question de la pertinence. De Proust et Joyce jusqu'à Perros et Del Giudice.

Chapitre II

La pertinence de la littérature :
ses moyens et sa démonstration

Pertinence se comprend : ce qui se donne pour littéraire a toujours une valeur d'information, fût-ce seulement sur la littérature ; comme toute expression, l'expression littéraire comporte sa propre présomption de pertinence et, par là, équivaut à une demande de compréhension et à la promesse d'un effet. Ce n'est là que définir la visée et l'efficacité rhétorique en les spécifiant : en même temps qu'elles sont affirmées, elles portent la possibilité de leur propre échec. Que le projet de suasion puisse échouer est un acquis de la rhétorique. Que la possibilité de cet échec soit interprétée en termes de pertinence ou de défaut de pertinence est une caractéristique de la modernité littéraire, qui lie ainsi rhétorique et statut de la littérature, rhétorique et intelligibilité de la littérature, pour noter que le processus rhétorique est indissociable de la question qu'il fait, de l'interrogation sur la propriété de la métareprésentation que constitue l'œuvre. Pour que cette interrogation devienne explicite, il faut que le jeu rhétorique soit considéré comme un inachèvement assertorique, qui trouve cependant, par là, une manière de pertinence. Visée réaliste et symbolisante, telles qu'elles sont reprises dans la littérature contemporaine, deviennent emblématiques de cet inachèvement dont il faut dire néanmoins une propriété, par la question qu'il fait. Réalisme : la métareprésentation littéraire peut-elle inclure des présentations, des représentations qu'elle n'a pas initialement incluses ? Symbolisme : la métareprésentation littéraire peut-elle inclure ce qu'elle n'a pas explicitement entrepris de symboliser ? En témoigne tel poème de Nuno Judice : « A honfleur quand/ il pleut, les bateaux sont-ils/ plus bleus ?/ Au danemark, sans/ hamlet, les châteaux sont-ils/ d'une autre marque ?/ Ne réponds pas à/ des questions sans réponse ;/ les fleuves n'en coulent/ pas plus vite pour/ cela. »[1]

Ces questions sont sans réponse. Une réponse mettrait fin à l'entreprise littéraire, non parce que la littérature serait mensongère, se confondrait avec la lettre d'un échec rhétorique, mais parce, dans l'hypothèse réaliste comme dans l'hypothèse symboliste, elle est la question de la pertinence de sa métareprésentation. Questions, ainsi que le dit le poème, de lieux, questions de savoir si le réalisme et le symbolisme appartiennent aux lieux communs, doublement compris – ceux-là qui font les présentations de l'œuvre, ceux-là que constitue l'œuvre par sa visée rhétorique et par sa métareprésentation. Le réalisme et le symbolisme peuvent appartenir aux lieux communs de ne pas répondre de ces questions ou d'en répondre doublement : suivant la possibilité, suivant l'impossibilité de la pertinence de la métareprésentation. Cette possibilité et cette impossibilité ont une double efficacité : elles suggèrent la certitude et l'inaltérable du monde puisque leurs questions sont relatives au monde en ce que celui-ci peut ou peut ne pas relever de cette métareprésentation ; elles suggèrent que ces questions sont le propre de l'œuvre et de la lecture, par quoi l'œuvre est indissolublement elle-même et le pouvoir qu'a le lecteur de reprendre ou de ne pas reprendre cette métareprésentation. Cette double aptitude, tel est le sous-entendu de Nuno Judice, est réponse à la double aptitude de la littérature, qui est de répondre et de ne pas répondre du monde – à tout le moins en termes extensionnels. Que la question de la littérature soit ici définie en termes extensionnels renvoie à la validité de la métareprésentation et à l'interrogation sur le jeu rhétorique : jusqu'à quel point le lieu commun peut-il être le lieu de toutes les identités qu'il peut faire communes ? Jusqu'à quel point

---

1. Nuno Judice, Énigmes, *Un chant dans l'épaisseur du temps* suivi de *Méditations sur des ruines*, Gallimard, « Poésie », 1996, p. 113. *Um canto na Espessura do Tempo*, Lisbonne, Quetzal, 1992.

peut-il défaire la distance de ses représentations, de ses présentations, de ses objets et de sa métareprésentation ? Une rhétorique des lieux n'implique-t-elle pas une rhétorique des tropes, qui rendrait manifeste la question que porte la première ?

Au-delà de la première modernité littéraire, la littérature contemporaine a pour caractéristique de faire de ces questions de la pertinence les questions de la littérature, celles des définitions de la littérature, telles qu'elles sont impliquées par les œuvres, telles qu'elles sont formulées par la critique. Les versions de ces définitions vont encore, en conséquence, d'une affirmation du sens à un refus du sens, d'une reconnaissance à une récusation des fins de la littérature, d'une détermination à une indétermination (au moins relative) de son genre, du dessin d'une histoire explicite de la littérature à la suggestion que la littérature n'appartient plus ni à une histoire explicite – la série des styles, des formes, les ruptures que cette série implique –, ni à la pertinence que trouverait la littérature dans cette histoire. Dans une attention ou une indifférence à l'essence de la littérature et à ses jeux de convention, la littérature est, chaque fois, donnée selon une situation paradoxale : sa différence ou sa relative indifférenciation font la question de sa distance et celle de sa pertinence au regard de ce qui serait encore les représentations, l'histoire de la littérature, au regard de ce que sont les pertinences des discours communs.

L'important n'est pas dans les termes des antinomies, mais dans ce fait : chacun de ces termes rapporte la reconnaissance de la littérature à une même hypothèse de pertinence, et à un même geste double d'interprétation. Chacun des termes des antinomies suppose que la communication de la littérature *per se* constitue un champ de pertinence minimal et que, par là même, l'écriture possède une pertinence certaine, c'est-à-dire la possibilité de communiquer lors même qu'elle ne serait pas pleinement encodée et pas entièrement paraphrasable, lors même qu'elle ne porterait pas les marques explicites de la littérature, lors même que subsiste la question de la propriété du sens qui est reconnu à l'œuvre, à la littérature. Interpréter revient à choisir le contexte d'interprétation qui permet de tirer de l'information donnée – cela est de la littérature, de l'écriture, telle est l'information minimale – le plus grand nombre d'inférences, et de procéder, à partir de là, dans l'interprétation, suivant l'effort cognitif moindre, suivant une économie dans la reconnaissance des connexions, internes et externes au texte. Chacun des termes des antinomies fait l'hypothèse que la réalisation de l'écriture – ce terme vaut également pour littérature et œuvre – participe de ces mêmes procédures. La littérature de la modernité est d'abord la question de l'œuvre, de l'écriture, qui font, en elles-mêmes, cette double interprétation. Qui faisant, en elles-mêmes, cette double interprétation ne procèdent nécessairement ni à une auto-identification ni à une déqualification de la littérature, ni à quelque recherche du sens, ni à quelque constat du non-sens, mais à la mise en œuvre explicite des conditions et des limites de sa pertinence. Cette mise en œuvre suppose que le texte littéraire se donne comme une métareprésentation et fasse de la distance de cette métareprésentation à ses représentations, à toute représentation et à toute présentation, une variable qui justifie un jeu tropique. Ce jeu tropique est jeu sur les représentations communes. Il désigne les représentations communes comme son possible contexte d'interprétation ; il fait caractériser, dans l'œuvre, la métareprésentation comme le contexte de ces présentations, de ces représentations. Ces possibilités ne sont pas conduites à leur terme. C'est pourquoi la poursuite de l'écriture, de la littérature est un mouvement réflexif, celui de la présentation à la représentation, celui de la représentation à la métareprésentation, et le retour à l'intuition banale de la pertinence que suppose la présentation.

Cette variable joue entre deux extrêmes. Premier extrême : la métareprésentation que constitue la littérature ne peut dessiner le lieu commun explicite de ses représentations ; elle donne la littérature pour explicitement séparée et sa métareprésentation pour la désignation d'un lieu commun qui est une attente de lieu commun : elle donne droit de cité finalement au geste même de cette métareprésentation. Deuxième extrême : la métareprésentation que constitue la littérature joue explicitement de sa lettre pour revenir aux mots communs, à leur lettre, au fait d'exposer ces mots pour eux-mêmes par le jeu tropique, au fait de ne pas dissocier ce jeu tropique d'une tropique de nature – dire la tropique de nature revient à dire la présentation dans le jeu tropique. Ainsi la métareprésentation ne se sépare pas d'une intuition banale de la pertinence – du jeu de la représentation qui revient à la présentation, à une présentation qui ne défait pas la possibilité de la représentation. Dessiner le lieu commun est selon une double disposition de la métareprésentation – passage des représentations, retour aux représentations par l'exposé de l'intuition banale de la pertinence. Noter ces deux extrêmes revient à dessiner une évolution du jeu rhétorique de la littérature contemporaine. Cette évolution a pour condition que l'œuvre, sa métareprésentation se donnent comme le comparant du jeu tropique, de ce jeu qui est d'abord l'interrogation de la propriété de la pertinence.

Ces deux extrêmes, qui caractérisent respectivement la littérature postsymboliste et la littérature la plus actuelle sont reprises de la question de la littérature, telle qu'elle est issue du réalisme et du symbolisme, et telle que la formule Nuno Judice. Le paradoxe de la représentation et de la métareprésentation qui prétendent à une pertinence, est qu'elles ne permettent pas de prévoir leur pertinence, ni de faire des croyances qu'elles supposent une lecture continue du réel. Lorsque la poésie dit l'énigme, ainsi que le fait Nuno Judice, dès lors qu'il y a cette question de la pertinence, la littérature ne doit pas procéder comme si elle proposait la reconnaissance de diverses présentations, mais comme si elle jouait du mouvement des présentations aux représentations pour se faire métareprésentation et pour faire des représentations la question de leur possible pertinence et de leur possible lieu commun.

IMPOSSIBILITÉ ET VANITÉ DE LA MÉTAREPRÉSENTATION
FLAUBERT, MALLARMÉ, VALÉRY, STEVENS, BLANCHOT

Donner droit de citer au geste même de la métarepésentation suppose que la métareprésentation littéraire, poétique, soit devenue question de sa propre pertinence, qui se formule d'abord selon un jeu de renvoi au réel, tel qu'il est l'objet d'une intuition banale, telle que cette intuition est reprise dans la représentation. Un tel droit de cité se lit comme la réponse à l'impossibilité d'établir la pertinence suivant l'intuition banale, suivant la représentation, que démontrent le réalisme et le symbolisme.

On peut, comme le font Paul Valéry et Wallace Stevens, dire une convention, une certitude de la littérature, et cependant disposer, de façons exactement symétriques, la question de la pertinence de la littérature. Valéry : séparer la littérature, la poésie équivaut à noter que la question de la pertinence de la littérature est dans la distance qu'elle dessine entre les essences – le midi – qu'elle formule[1], et ce qui est resté dans l'existence du temps fini. Se précise ainsi la question qui caractérise l'horizon de la poésie – celle-ci peut-elle devenir une manière de métareprésentation qui rende compte d'elle-même et de cette distance ? Wallace Stevens : la proximité de la poésie, qui se sait poésie, fiction – « La croyance ultime consiste en une fiction que l'on sait être une fiction »[2] –, à toute réalité est par la réalisation des mots de la fiction. La pertinence du poème est dans ce dont il s'absente. La poésie est implicitement métareprésentationnelle : les conditions de la poésie sont celles qui lui permettent de s'écrire et d'impliquer les autres représentations, sans que soient défaites ses propres conditions ni son autarcie. Ces deux propositions sur la poésie définissent la poésie comme ce qui sépare les expressions symboliques élaborées par la poésie et les discours, expressions symboliques, représentations, qui viennent de la communauté, dans le débat sur la métareprésentation qu'est la poésie. Pour que la question de la métareprésentation de la poésie soit posée, il faut que la poésie soit dite suivant l'inachèvement de sa métareprésentation ; il faut encore qu'à partir de cet inachèvement, la poésie situe son univers symbolique face aux autres univers symboliques, représentations, discours.

1. Paul Valéry, Le cimetière marin, dans *Charmes*. Pour un commentaire sur ce point, voir Yves Bonnefoy, Valéry et Mallarmé, dans Jean Hainaut (éd.), *Valéry : le partage de midi. Midi le juste*, Honoré Champion, 1998, p. 59-72.
2. Wallace Stevens, *Opus posthumus*, New York, Alfred A. Knopf, 1957, p. 163. Éd. Originale 1954.

Le jeu de réponse est un jeu tropique. Valéry : la poésie n'est que dans un jeu de contiguïté avec les autres univers symboliques, parce qu'elle n'est pas la maîtrise de ces univers. La métareprésentation n'est telle que par les ruptures qu'elle suppose avec les symboles, avec les représentations, les présentations, qui lui sont disponibles – ainsi du soleil. La poésie n'est que la contrepartie d'un rêve de cohérence et de système qui ne pouvait ni être pensé – la métareprésentation n'est pas achevée – ni être contesté. Elle est l'exercice d'une recherche de la pertinence qui paradoxalement montre sa distance avec l'intuition banale et ne peut conclure sur sa propre situation. La diversité esthétique devient l'équivalent d'une alternance de dessins et d'ornements. Wallace Stevens : quel que soit le pouvoir propre que se reconnaisse la poésie – elle dit ainsi sa fiction –, elle est dans un rapport synecdochique avec les autres univers symboliques. La métareprésentation est toujours relative : elle revient tangente à nos représentations. Le poème ne peut ajouter, en conséquence, à sa fiction sa propre allégorie : il ne peut présenter la figure de la pensée de sa fiction puisque la pensée de cette fiction n'est pas pensée qui lui soit propre, mais pensée selon le rapport que fait la synecdoque. Affirmer la poésie et son autonomie à travers son assimilation à une fiction suprême, identifier cette fiction à ce que voit l'esprit et qui est aussi réel que ce que l'œil voit, équivaut à reconnaître un jeu de ressemblances – possible à la fois par la pensée du poète, du locuteur, et par le fait que, dans l'acte poétique, l'esprit ne se réintègre pas en lui-même, mais constate, comme le suggère « The Man with the Blue Guitar »[1], l'interposition que constitue le poème et qui arrange les apparences selon le poème, suivant ce dont celui-ci s'absente – les présentations de la réalité – et suivant le retour qu'il suppose à la réalité. Il faut d'abord caractériser le poème comme une manière de vaste identité – cela que désigne le terme de fiction. Cela qui fait passer le jeu de la métonymie – le poème et sa fiction sont donnés comme des contiguïtés aux présentations du réel aux discours –, à la synecdoque, puis à la métaphore globale. Mais la fiction du poème

---

1. Wallace Stevens, The Man with the blue guitar, *Collected Poems*, New York, Alfred A. Knopf, 1955, p. 176.

est autant cette ressemblance de toutes choses selon l'intelligence qu'une ressemblance suivant une protension, suivant une projection sur un futur ou sur un monde, qui n'est cependant que projection dans l'esprit. La ressemblance suppose l'identité des identités et ne peut situer cette identité. La ressemblance suppose l'actualité du poème et l'explicite du jeu du passé et du présent, du présent et du futur, et laisse le présent dans une manière d'irréalisation, d'inactualité, dans la lettre seule. Il faut, en conséquence, lire, dans la notation de l'analogie – celle de l'esprit au monde, du monde à l'esprit –, l'hésitation entre une caractérisation métonymique et synecdochique du poème et de sa fiction, et, dans le poème, dans sa fiction, le dessin de l'esprit et le dessin de ce qui est pris dans une contradiction temporelle, celle que font le dessin d'un possible ensemble pertinent et le dessin d'un ensemble dont l'impertinence est dans l'impossibilité qu'il se donne ou se lise comme un tel ensemble face à toute réalité. Il reste seulement à lire la métonymie. La pertinence de la métareprésentation ne peut être inscrite nulle part, dans aucune représentation qui nous appartienne communément. Cela fait de la poésie une pure fiction. Subsiste l'ambivalence de cette notation : le pouvoir de la fiction laisse entière la question de sa pertinence. La fiction se caractérise ici par le fait qu'à la présentation achevée qu'elle constitue ne correspond pas l'engagement d'une métareprésentation achevée. L'analogie, que dit Wallace Stevens, se réinterprète comme la simple correspondance des présentations du poème avec les présentations disponibles du réel.

Dans les dispositions symétriques prêtées à la poésie par Paul Valéry et par Wallace Stevens, la pertinence est selon l'esprit ou selon les présentations. Elle n'est pas selon le jeu qui lierait, dans l'action poétique, la métareprésentation que constitue le poème et les représentations et présentations disponibles. Le terme de fiction, appliqué à la poésie, traduit la difficulté qu'il y a à faire un tel lien. Il y a cependant dans l'aveu de l'esprit, dans la reconnaissance de la fiction, la récusation que la littérature serait la voie de la pertinence selon les simples présentations du réel, ou de la littérature.

Ainsi réalisme et symbolisme font l'hypothèse de l'intuition banale de la pertinence – condition de l'esthétique réaliste, condition que précise le symbolisme en assimilant la lecture à une perception puisque le lecteur « perçoit [les mots] indépendamment de la suite ordinaire, projetés en parois de grotte »[1]. Mais réalisme et symbolisme, loin de conclure certainement à l'intuition banale de la pertinence, vont suivant la possibilité qu'ils soient l'invention d'un lieu, un lieu possible, seulement possible, fût-il œuvré par la fable, fût-il œuvré par la reconnaissance explicite du réel, fût-il œuvré par la conscience de l'arbitraire de sa construction. Un lieu seulement possible et, en conséquence, sa propre question à tout moment, selon la contrainte interne à la vérité qu'il choisit de prendre en charge. A évoquer ainsi le réalisme et le symbolisme, on dit que l'œuvre littéraire est là, suivant les moyens qu'elle a choisis pour dessiner ce là, et qu'elle n'est pas à sa place puisque ce là peut investir, embrasser d'autres lieux et notre vie. Ainsi pourrait s'achever le mouvement de la question, de la pertinence, qui fait du réalisme et du symbolisme des manières de grand réalisme – par lesquelles n'importe quelle clarté pourrait être toujours déclarable.

Le paradoxe de la pertinence, dans l'esthétique réaliste, est plus spécifique en ce qu'il engage une hésitation rhétorique entre métonymie, synecdoque et allégorie. Le réalisme est la recherche du mot juste, du savoir juste, au regard de la réalité. Cette justesse correspond à la caractérisation de la littérature comme une manière de mot dernier, qui clôt la littérature et le réel – que cette clôture soit accompagnée d'une donnée argumentative qui dise le réel et le possible confirme cette qualité finale que se reconnaît le réalisme. Dans ce mouvement, le réalisme construit l'ambiguïté de sa pertinence. Les mots ne peuvent être seulement eux-mêmes et présentations précisément parce qu'ils entendent être seulement eux-mêmes et présentations ; les mots du réalisme ne peuvent dessiner, en eux-mêmes, dans leur série, une continuité figurative – ou cette continuité n'est que de pensée, précisément selon la possible pertinence. Souligner le souci de la phrase et du style, comme l'a fait Flaubert, que les mots sont dans les choses, puisque le mot peut être l'imagination de la chose, n'est que souligner que le mot juste n'est

---

1. Stéphane Mallarmé, Le mystère dans les lettres, *Œuvres complètes*, Gallimard, « Bibliothèque de la Pléiade », 1945, p. 386.

pas suffisant, que la présentation de la réalité est tout autant un détour de la réalité. Le détour fait comprendre que s'il n'y a point d'épaisseur translucide entre la pensée et l'objet, la littérature, le roman ne sont plus qu'histoire, tableau de mœurs, anecdotes. Le réalisme n'est à faire lieu que par la question qu'il laisse, cette question qu'entretiennent l'ironie de Flaubert ou le nominalisme que supposent l'imagination de saint Antoine ou le délire de Félicité.

Que la présentation, dans l'aveu de sa justesse, soit ainsi avide de son impossibilité, ou de sa difficile possibilité, n'a pas affaire avec le paradoxe du déni de l'être que constitueraient cette recherche ou cette pratique du mot juste, mais avec la rhétorique paradoxale du mot juste : juste pour ceci, juste pour toute chose équivalant à ceci, et, en conséquence, dessin de la singularité universelle et dessin de la métonymie, c'est-à-dire de la justesse du mot et de la présentation suivant des jeux de la représentation de la liaison – cause, effet, lieu – dans les présentations. Il faut comprendre : du réalisme, manque toujours le tout du tout-venant, le tout du quelconque auquel il s'attache de façon seulement singulière. La certitude du mot juste est celle d'un savoir. Ce savoir donne sur le tout-venant qu'il choisit ; le tout de ce tout-venant qu'il choisit, donne encore sur ce savoir. La métareprésentation que constitue l'œuvre réaliste, parce qu'elle entend être juste, ne devrait être que synecdochique, moins lecture possible du tout qu'indication du passage obligé à ce tout, et du lieu restreint que dessine l'œuvre. De fait, la possibilité de la pertinence se limite à une manière de tautologie. Il est dit ce qui est su de tel être singulier, de telle chose singulière. Le savoir est savoir qui indique un passage de la singularité dans la seule mesure où ce savoir est exacte étiquette du sujet, de la chose singuliers, et où, par lui-même, il fait jouer représentation et métareprésentation suivant l'équivoque précise du réalisme : donner ce qui est à la fois une intention de réalisme et une intention d'allégoriser cela qui est représenté, le singulier – il suffit de répéter Madame Bovary, saint Antoine, Félicité.

A ne retenir du symbolisme que les données les plus manifestes, particulièrement chez Mallarmé, le paradoxe rhétorique apparaît dans l'aveu que la construction du poème, la notation de ce qu'il entend dire sont hypothétiques. L'hypothétique, comme le montre le sonnet

« A la nue accablante tu »[1], est dans la double écriture et la double lecture qui sont proposées. La double écriture et la double lecture sont la constitution du symbole – d'un navire à une sirène, d'une sirène à un navire – qui fait valoir le tableau et pour la sirène et pour le navire, et fait ainsi la question de la métareprésentation que forme le sonnet. Plus se construit la possibilité de la double lecture, c'est-à-dire l'efficace de la métareprésentation, plus se soustrait la certitude du dire. Ce dire peut apparaître construit comme un jeu métaphorique – le rapport entre bateau et sirène. Ce rapport ne dessine pas même son lieu, puisque le navire et la sirène ne peuvent aller ensemble, ou s'ils vont ensemble, ils ne vont que par l'indécidable de l'événement qui a eu lieu, qui n'a pas eu lieu. La métareprésentation porte comme sa propre impossibilité. Elle joue d'une ironie spécifique. Le « cela a été » – un navire qui sombre, une sirène qui disparaît – interdit d'abolir le passé. Le ici et le maintenant, précisément le lieu de cette mer, le lieu de ce poème, parce qu'ils composent deux figures interdisent de mythifier, de symboliser ce passé – ce qui reviendrait à l'éloigner. La contradiction et l'indécidabilité que se reconnaît la métareprésentation, font de cette métareprésentation une actualité et une exigence de maintenant, qui se fait voir dans le poème par l'intemporalité de l'indécidable, un navire, une sirène. Le paradoxe de la pertinence se formule : le poème dit qu'il ne peut rien savoir de ce qui est arrivé ; il est cependant une œuvre de connaissabilité. La mise en mouvement de la mémoire ou du témoignage sous le signe du figuratif, un navire, une sirène, permet le temps du retour au lieu et le retour au lieu – la mer. Le lieu est à la fois une image dialectique, celle d'un passé et d'un maintenant, qui exclut de retenir le passé comme de se rassurer du présent, et la seule façon de dire la pertinence de l'écriture : elle est l'interrogation de ce lieu qui est donc, dans ce poème de Mallarmé, un champ ouvert, figuré de manière visuelle. Le champ visuel ouvert n'est encore que la figure du jeu rhétorique paradoxal. Si le lieu est, par définition, la possibilité des synecdoques qui lui sont relatives – un navire, une sirène –, il est, par

---

1. Stéphane Mallarmé, *Œuvres complètes, op. cit.,* p. 76.

là, la contradiction de ces synecdoques. S'il n'est ultimement, dans l'écriture, que le lieu, et si l'écriture se donne comme un tel lieu, c'est encore, paradoxalement, que tout a été ruiné et encore que rien n'a bougé. Où il y a la figure de l'équivoque et de la possibilité de la pertinence. Où il y a encore la figure du jeu dialectique : l'événement qui a eu lieu n'est pas saisissable non parce qu'il y aurait quelque insaisissable de l'événement, non parce que la construction symbolique irait vers son propre symbole où s'effacerait la notation du navire, mais parce que le passé et le présent sont dans une relation de consécution et de spécularité, de métonymie et d'identité – dans une relation qui dit à la fois une temporalité et une possible pertinence de la lecture de cette temporalité ; mais la possible pertinence est le constat du défaut d'alliance de la métonymie et de l'identité, du passé et du présent, de ce présent qui est bien cependant le recueil et l'identité du passé. Que le poème se place explicitement entre allégorie et vérité, entre passé et présent est la figuration de la question de la pertinence qu'il fait, la figuration de l'improbabilité de tout lieu commun, la figuration de l'impossibilité d'identifier le lieu que se donne le poème à la possibilité d'y représenter toutes les différences et de rendre ces représentations lisibles de façon partagée et suivant les intuitions qu'elles supposent – un navire sombre, une sirène disparaît – et qui renvoient à des histoires ou des fables communes.

Sauf à venir à une affirmation tautologique de la littérature qui définirait la pertinence du texte par son genre, précisément littéraire, le texte littéraire, ainsi qu'il se conclut des contrastes du réalisme et du symbolisme, entend marquer ici sa propre pertinence par un jeu tropique : passer du métonymique au synecdochique ou à son substitut – tel est le jeu d'allégorisation du réalisme, telle est la constitution du lieu mallarméen. Marquer la pertinence suppose encore que la différence s'inscrive explicitement dans l'identité – ainsi des jeux métaphoriques qui font d'un navire et d'une sirène une possible scène unique, ainsi ceux qui font d'un homme un univers, d'une femme une manière de monde, que l'on dise Madame Bovary ou saint Antoine. Ce mouvement est contradictoire qui donne l'identité singulière comme une impossibilité – un homme, une femme ne peuvent être un monde ; les évidences et les vestiges de la mer ne peuvent être à la fois ceux d'un navire et d'une sirène ; la poésie – Paul Valéry et Wallace Stevens – ne peut être que séparée. Le lieu commun de l'œuvre, confondu avec la visée de la pertinence, se dit paradoxal : s'il continue de marquer explicitement la distance – le « midi » de Paul Valéry, la « fiction suprême » de Wallace Stevens –, de jouer de l'indécidable dans le lieu – Mallarmé –, ou de la possible réduction du passage du métonymique au métaphorique – tel est le sens de l'affirmation du lieu par Mallarmé, du rappel du temps fini par Valéry et de la définition de la poésie suivant le seul acte poétique par Wallace Stevens –, il dessine l'évidence du lieu commun possible – rappel de la question de la pertinence, qui est le mobile de l'écriture. A retenir Mallarmé, Paul Valéry et Wallace Stevens, la question de la pertinence de la littérature n'est que la question de son retour possible dans un lieu, celui qu'elle figure comme un espace, celui même qui se serait le savoir commun où se conclurait la pertinence. Telle est l'énigmaticité de la littérature : dire que ce retour et sa possibilité sont à raison d'une présomption de pertinence que la littérature ne cesse de questionner dès qu'elle entreprend de marquer sa propre pertinence. Telle est encore l'énigmaticité de la littérature : ne pas dissocier la question de la pertinence de la question de ce retour est ne rien conclure relativement à la métareprésentation, mais aussi marquer la possibilité de faire jouer dans la métareprésentation les figures du lieu commun. Le lieu commun est soumis à une contradiction tropique qui le récuse moins qu'elle n'en fait le moyen de mettre à jour ce qui manque à ce lieu commun, dès lors que la littérature en fait son objet impossible ou son objet de débat : permettre à la littérature de marquer que sa tropique est une tropique de nature, une tropique selon les représentations communes, selon l'intuition banale, l'intuition qu'assurent ces représentations communes.

   La littérature de la modernité, qui entreprend de noter une perte de la pertinence, une perte de la présomption de pertinence est l'exact et extrême développement de cet exposé de la pertinence et de ses paradoxes, que donnent à lire le réalisme et le symbolisme. Il suffit de lire ce passage de la métaphore à la synecdoque, ainsi que le lit le symbolisme, comme une invalidation des termes, des thèmes, qui sont l'objet du passage. Il suffit de lire l'inscription de la différence dans l'identité comme l'équivoque de toute identité et, en conséquence, de tout savoir, de toute pertinence qui puisse aller avec la métareprésentation que fait le texte. Telle est la composition paradoxale de la figure du lieu que propose *Aminadab* de Maurice Blanchot[1]. Lieu se comprend comme ce lieu – une maison – que se donne ce roman. Lieu se comprend suivant la figure que fait ce lieu romanesque – lieu où se rencontrent un grand nombre de raisonnements, qui sont ceux des agents romanesques et qui sont presque constamment liés à ce lieu, la maison. Le lieu peut se lire en un jeu rhétorique sur les possibles, suivant la dualité du grand et du petit, des contraires, des semblables, des définitions. Le lieu est encore ici le dessin de la série des pièces, des passages d'une pièce à l'autre, la possibilité de reconnaître dans une de ces pièces la figure du tout du bâtiment, et de marquer que ce mouvement est réversible ou applicable à un autre parcours pour suggérer l'arbitraire de la pertinence qui serait attachée à une telle composition, à un tel jeu tropique, métonymie – série des pièces –, synecdoque – telle pièce est bien ce qui renvoie au tout de la maison –, métaphore – le bâtiment est l'identité des pièces. Ne retenir que le lieu – le bâtiment – dans son caractère énigmatique – suivant le terme de Blanchot, est une manière de dire la vanité de la pertinence que désigne le jeu tropique et équivaut à faire jouer, dans la suite du symbolisme, les différences hétérogènes, assemblées dans une même identité, ce bâtiment. Cependant que Maurice Blanchot conclue *Aminadab* par une question explicite et par une attente de clarification traduit, dans les termes de Blanchot, la reconnaissance des équivoques, construites, de la figuration de la pertinence, et que cette construction n'est que par la question qu'elle suppose et qu'elle oblitère d'abord de façon constante, par l'alliance et le retournement des organisations tropiques du réalisme et du symbolisme. Le dispositif de ce roman se reformule aisément : dans la mesure où il est une définition disponible du lieu, ce lieu est sa propre question

---

1. Maurice Blanchot, *Aminadab*, Gallimard, 1942.

puisqu'il ne peut satisfaire à sa définition qu'en disposant la limite de sa définition ; les règles lues, entendues, les discours lus, entendus, le sont littéralement, mais cette littéralité n'ouvre qu'à la question de leur pertinence ; les personnages familiers ne le sont que selon l'ici et le maintenant qu'ils figurent, mais cette actualité est la désignation, hors d'une symbolisation explicite, d'un passé qui fait retour de manière non littérale dans les discours, les règles, lus, entendus.

Il faudrait dire chaque fois un jeu de distance inconséquente – une distance qui n'exclut pas la proximité, une proximité qui n'exclut pas la distance. Cette distance inconséquente fait du lieu à la fois la figure, l'objet, et la chose du propos que se donne le roman. *Figure* : parce que ce lieu ne cesse de désigner localement, dans son ici, ce qui est dit hors de toute représentation d'une pertinence – retournement de la tropique réaliste ; ou selon la seule contradiction ou la seule hétérogénéité – retournement de la tropique symboliste. *Objet* : parce que ce lieu est la question constante du roman – ce que le roman interroge sans cesse en contrepoint des questions et des réponses des habitants. *Chose* : parce que le champ visuel que dessine l'évocation du bâtiment, du lieu, trace une bordure présente autour de cette chose, ce lieu inimaginable parce qu'il est hors de toute pertinence.

La construction de cette limite mise à la figuration de la pertinence est encore un geste de pertinence. Disposer le lieu en figure, objet et chose, revient à en faire la figure à la fois du dedans et du dehors, de la responsabilité à l'égard du dedans, à l'égard du dehors, la figure de l'ensemble, auquel on ne peut se soustraire, sans lequel il n'y aurait plus de pertinence, et qui est cependant donné, par sa disposition, comme un lieu qui se réfléchit, et comme un lieu où aucun regard ne se voit jamais, comme le lieu métareprésentationnel qui exclut que soient figurées cette métareprésentation, sa pleine fonction. Qu'il y ait là toujours un mur, que la question, dans la certitude de la clarté, soit finale, font entendre que l'enclos du roman, de la langue est aussi la figure du monde de la pertinence, et que la nomination de ce monde – la question – commence lorsqu'a été achevé le constat de l'enclos, constat du lieu et de toutes les figures qu'il porte. Le constat de l'enclos est explicite : celui du bâtiment, celui du discours qui s'y disent, s'y entendent et qui sont circulaires – par la rupture de l'allégorisation, par la réversion constante à laquelle ils sont soumis. Le constat des figures est encore explicite : du passage de la métonymie à la synecdoque qui joue, dans la présentation finale de la femme, à la fois de l'allégorisation et de la monstruosité du jeu de l'identité ; de l'inscription de la différence dans l'identité, ainsi que se lisent la même figure de la femme et les figures des étrangers qui acquiescent à ce bâtiment ; le lieu n'est que le lieu où s'abolit et se rappelle la différence – le lieu n'est que par le signe de la différence, par son retournement. Ce lieu est la somme d'un jeu tropique ; il se définit comme une manière de lieu commun selon la pertinence : celle-ci doit être le compte rendu de tous les dispositifs tropiques ; elle ne peut être dessinée ; il faut cependant répondre d'elle – ce que l'œuvre figure par la notation de la responsabilité à l'égard du dedans, du dehors, c'est-à-dire par l'interrogation sur ce que peut être la pensée de ce lieu.

Ce dessin, sous forme de reprise, des limites de la métareprésentation réaliste et symboliste, suggère un pas au-delà de la notation et de la représentation de ces limites, telles que les caractérise Nuno Judice dans « Énigmes ». Indiquer la seule question de l'extension possible de la lettre littéraire ignore une fonction de cette lettre dont *Aminadab* livre la fable explicite. Dans une perspective rhétorique, ce lieu somme des tropes construit une manière de jeu dialectique sans conclusion entre ce qu'il dispose comme métonymie et comme synecdoque, comme dessin du possible ensemble pertinent et comme ironie. Cela permet de relire la figure du lieu commun comme une telle interposition paradoxale chez Mallarmé : ce qui rapproche et ce qui éloigne navire et sirène. A nouveau comme une telle interposition paradoxale dans les façons, converses, dont Paul Valéry et Wallace Stevens caractérisent la poésie. Le « midi » du premier, la « fiction suprême » du second sont une telle interposition dans la mesure où ils sont les conditions, pour le premier, du jeu de contiguïtés de la poésie avec les autres univers symboliques, et, pour le second, du rapport synecdochique avec les autres univers symboliques. Que le lieu devienne véritablement lieu commun dans *Aminadab*, la femme apparaît comme « le corps triste et énigmatique du bâtiment qui semblait se confondre avec le sien [le corps de la femme] »[1], et l'achèvement tropique est celui de l'identité, une, monstrueuse, identité inconclusive, puisque la réalisation de l'identité ne défait pas l'énigmatique. Par sa caractérisation métaphorique, le lieu est lieu inconséquent.

Dans cet examen, implicite, explicite, de sa pertinence, dans ce jeu qui reprend les leçons du réalisme et du symbolisme, la littérature se donne comme une manière d'impasse et comme ce qui communique une impasse – l'insituable de la pertinence, le défaut de pertinence. Communiquer une telle impasse suppose que le texte, l'écrivain, tel qu'il se figure dans le texte, ne cessent d'examiner la possibilité de la pertinence. Cet examen est la condition de l'énigmatique réaliste ou symboliste, comme il est la condition des caractérisations de la poésie par Paul Valéry et par Wallace Stevens, comme il est la condition de la représentation et de la métareprésentation du lieu dans *Aminabad*. Cet examen peut être pris dans l'inachèvement tropique – ce qui est illustré de Mallarmé à Wallace Stevens et justifie le titre, *La fiction suprême*[2]. Il peut s'exposer pour lui-même dans ce roman où tout est remis en doute, un roman obligé d'inventer et de vérifier à mesure sa propre expérience et le milieu où elle s'accomplit. Il reste cependant compris dans l'horizon de l'inachèvement tropique, donné, construit comme congruent avec ce mouvement d'invention et de vérification. C'est là, de fait, faire du roman une double possibilité de pertinence, qui irait selon le jeu dialectique des tropes et selon ce jeu réflexif, et faire de chacun de ces jeux le lieu commun de l'autre. Lire le jeu réflexif sur le fond du jeu tropique revient à faire du premier jeu le dessin vain d'une pertinence possible. Lire le jeu tropique sur le fond du jeu réflexif revient à caractériser ce dernier jeu suivant l'indétermination que dessine le jeu tropique et à l'assimiler à une manière de pensée indéterminée qui porte la désignation de sa possible pertinence, celle d'une existence indéterminée, la figure de l'impasse de l'existence, puisque la pensée réflexive est encore celle d'un sujet, puisque toute tropique est

---

1. *Ibid.*, p. 226.
2. Dans Wallace Stevens, *Collected Poems, op. cit.*

aussi une tropique de nature – ainsi que le montre la notation finale sur la femme et sur le bâtiment.

L'échec rhétorique, attaché au jeu réflexif, est double. Ce jeu ne peut venir à la justification de ce qu'il donne pour être son occasion – l'évidence de nature, l'intuition banale. La vision de la femme est monstrueuse. Le jeu réflexif est placé sous le signe d'une communication inconséquente – rien n'est ultimement intelligible, bien que tout, dans le roman, soit littéralement compréhensible. Il figure cependant un jeu de communication complet – communication d'individu à individu, communication collective. Moyen de rompre avec l'impasse réaliste, l'impasse symboliste, il est cependant sa propre impasse parce que, en même temps qu'il récuse une pertinence suivant la correspondance du mot et du réel – réalisme –, suivant le lieu pur – symbolisme –, il ne met aucune limite au jeu inférentiel qu'il ouvre. Tout mot est rapport avec n'importe quel autre mot, toute présentation avec n'importe quelle autre présentation. Faute qu'il y ait une telle limite, l'évidence de nature, la présentation banale deviennent parties de ce jeu inférentiel, sans qu'elles puissent être rapportées à une fonction qui caractériserait ce jeu réflexif. Il est ainsi une impasse supplémentaire dans l'indication de la pertinence : celle-ci est à la condition que ne soit pas rompue sa reconnaissance commune, collective. Celle-ci n'est possible que par la limitation du jeu inférentiel – elle est le moyen de cette limitation.

Paul Valéry, Wallace Stevens, Maurice Blanchot : passer l'impasse de la première modernité littéraire ne peut être seulement suivant le pouvoir de la pensée, suivant le pouvoir de la fiction, qui joue explicitement de l'analogie avec les présentations communes, de l'exposé du moment réflexif. Cela ne peut être seulement suivant la seule disposition métonymique, selon la seule disposition analogique qui suppose une métaphore globale, selon la seule disposition suivant l'identité métaphorique. Il faut que métonymie et métaphore soient passages mutuels, ainsi que doivent l'être le pouvoir de la pensée, le pouvoir de la fiction, et le moment réflexif et les présentations, les représentations qui leur sont attachées. L'achèvement de la pertinence a pour condition que rien de ce qui fait le retournement de l'impasse réaliste, symboliste, ne soit perdu puisque cette impasse se lit, si l'on revient au poème de Nuno Judice, « Énigmes », à la fois selon la question du retour aux présentations, selon la question de la possibilité qu'a une représentation d'inclure toutes les présentations qu'elle suppose.

Le paradoxe de la reconnaissance de la pertinence se reformule. Valéry propose explicitement cette reformulation : si la littérature doit être figures, elle doit l'être pour elle-même et selon le monde et la nature. Cela même pose une question : la dialectique tropique est-elle celle d'un esprit errant, ou fait-elle aussi un symbole de nature, qui est comme le salut de l'esprit errant ? Qui n'est que la question du retour au lieu de la pertinence. Encore lisible dans cette existence indéterminée dont Maurice Blanchot donne la figure, et qu'il dit être la recherche de ce monde et de ce corps, énigmatique, selon son mot, parce que la métaphore n'est pas donnée pour venir à la certitude de ce monde. Cette recherche doit être dite littéralement. Elle doit être caractérisée aussi comme la recherche d'une pertinence qui corresponde à une intuition et à des croyances ou des pensées qui relèvent de l'intuition de base, de la connaissance commune de ce monde. Elle a pour condition que le jeu rhétorique devienne le moyen d'une évidence, au sens de la rhétorique et suivant les lieux communs. Ce jeu a pour condition que la littérature contemporaine fasse des impasses de la pertinence son point de départ et son exposé explicite, et de ce geste de communiquer des impasses son mobile. Ce point de départ acquis, l'œuvre se donne en un mouvement réflexif qui n'est plus tant selon le moyen ou l'accompagnement des tropes et de leur dialectique que selon une comparaison introduite pour mesurer la pertinence, la comparaison considérée seule, pour faire de toute comparaison une comparaison qui puisse être traitée comme une comparaison de nature. Il n'importe plus de jouer de l'énigme, de considérer la propriété ou l'impropriété du réalisme ou du symbolisme selon leur extension, mais de défaire le contexte possible du jeu tropique pour lui substituer un contexte qui est comme le résidu de ce jeu et vient après lui. Reprendre les paradoxes de la pertinence qui se donnent à lire de Mallarmé à Blanchot, de Flaubert à Wallace Stevens, privilégie la figuration des impasses exemplaires – les tropes qui sont indissociables de l'impossible retour au lieu, de la pensée réflexive qui exclut le jeu de l'évidence. La littérature s'écrit alors comme le comparant de la métaphore, de la synecdoque, du mouvement réflexif attaché à la littérature et considéré en lui-même. La limite de la pertinence que figure le jeu tropique le cède à un exposé littéral de la pertinence suivant les intuitions de base et les représentations communes de ce monde.

La question de la pertinence ne se définit plus par l'interrogation sur la propriété et l'extension des termes de la littérature, mais par l'évidence que la littérature ne peut être, sauf à choisir explicitement le défaut de pertinence, que selon ce qui donne à reconnaître les représentations communes, selon la permanente actualité de ce monde, et selon l'écriture de ces représentations.

Tenir, comme le fait Maurice Blanchot, que l'écriture est d'un espace vide, qu'elle s'identifie au refus de toute médiation, qu'elle est une manière d'anticonscience, et qu'elle exclut l'accomplissement de ses symboles, dispose l'écriture comme une donnée argumentative, d'une part, et, d'autre part, équivaut à la caractériser, dans sa réalisation, comme ce qui traite des termes de la médiation et de ceux de la symbolisation, c'est-à-dire de la question de la pertinence de l'écriture. Dans la modernité, la littérature entreprend d'aggraver la question de sa pertinence pour désigner, dans les termes d'Yves Bonnefoy, une impraticable clarté, qui n'est elle-même que la désignation de l'inachèvement et de la propriété, par là, toujours possible, mais seulement possible, de la littérature. Marquer la question que font le réalisme et le symbolisme revient à marquer que la littérature, dans son efficacité, peut être veuve de toute représentation – il suffit de déplacer le temps et le lieu de la littérature ; ou, plutôt, dans un repli, celui même de la pertinence assurée, cette pertinence assurée qui serait celle même du poétique, qui fait son réalisme ou son symbolisme, la littérature se livre au paradoxe de s'ouvrir dans son repli, et d'exposer, dans une reprise des termes de Nuno Judice, les énigmes de son lieu, de ses lieux. Cela suppose de passer la lettre de certaines œuvres de la modernité et de certaines thèses critiques contemporaines – cette lettre et ces thèses qui disent l'incertitude et l'obsolescence de la littérature, son moment négatif, le simple jeu du signifiant, la réduction du moment littéraire au moment de l'*aisthesis* –, et de marquer que chacune de ces notations entend perdre la présomption de pertinence et le questionnement, indissociable de cette présomption, mais qu'elle ne peut pas les perdre.

PARADOXE DU LIEU COMMUN,
POUVOIR DU QUOTIDIEN
JOHN ASHBERY, BOTHO STRAUSS,
ANTONIO TABUCCHI

Tel poème de John Ashbery, « Touching, the similarities »[1], joue du passé et du présent, du présent et de son évidence, de la banalité de ce présent. Prêter une pertinence à ce présent suivant l'hypothèse d'un jeu tropique, ce n'est que venir à trois constats : celui d'un poêle (funéraire), celui de la monstruosité de la comparaison, celui de l'ininterprétable de cette monstruosité, et placer la possibilité de la pertinence sous le signe de la mort, de la monstruosité, de l'obscur. Toutes choses qui peuvent faire conclure à la négation de la pertinence, qui sont cependant comme l'ultime commentaire de la limite que se reconnaît la pertinence. *Le poêle et le signe de la mort* : la possibilité de la pertinence n'est pas seulement interrogation de la validité de la métareprésentation que font le texte, le poème ; elle retourne le monde de la pertinence dans une manière de seuil improbable, cela qui fait passer de la présence à l'absence, cela qui fait de l'absence le recueil de la présence, cela qui est une manière d'indéterminé, et définit le jeu de symbolisation comme un arc qui va de l'antithèse à la comparaison implicite. Mais tel mouvement est résiduel au regard de toute approche du jeu tropique comme un jeu de nature – il faut revenir au titre « Touching, the simi-

---

1. John Ashbery, *Can You Hear, Bird. Poems*, New York, The Noonday Press, 1997, p. 134.

larities. » *Le poème, les comparaisons et la monstruosité* : cela peut s'interpréter littéralement – toute comparaison est monstrueuse, où il n'y a qu'une définition du déplacement sémantique de la comparaison. Cela peut encore s'interpréter comme le mouvement inévitable du poème pour faire voir ce que seule la vision peut faire voir – le monstre est une manière de phénomène objectivable. Les deux interprétations jouent ensemble : l'impossibilité du monstre n'est qu'à être évidente, ainsi que l'est la comparaison ; l'évidence du monstre n'est qu'à être impossible ainsi que l'est l'évidence de la comparaison.

Le scénario d'un retour à la notation de la banalité fournit un comparant pour mesurer la possibilité de la pertinence, pour constater la monstruosité des comparaisons, pour marquer la vanité de placer la possibilité de la pertinence dans la figure de la mort. L'ultime pertinence est celle de la littéralité de ce qui est là et nommé – un mur, des choses. La question de la pertinence va jusqu'à défaire la symbolique que l'exposé de la pertinence a pu soutenir – le poème seuil et recueil de la présence de l'absence, de l'actuel et du passé. Défaire la symbolique est revenir au lieu qui a été celui de cette pertinence, celui qui est le possible de la vie, de la naissance, de la mort. Ce lieu est retournement du monde du poème, pour que ce monde fasse face dans sa seule clarté inexplicable : celle du quotidien. Reste cependant – et c'est pourquoi cette clarté est inexplicable – la disponibilité de ce quotidien, qui est la transgression du savoir et de la pertinence que s'est donnés le poème. Le passage de la comparaison à la lettre du quotidien se fait en une consécution. La lettre du quotidien apparaît comme l'antithèse de l'élaboration du poème.

S'il est ainsi un monde du poème et une clarté de ce monde, lors même que le poème inscrit la mort du sujet, la pertinence se caractérise autant par la question qu'elle fait que par un triple effet : laisser son objet en débat ; faire du difficilement paraphrasable ou encodable, les comparaisons dans les termes de John Ashbery, ce qui vaut par sa lettre et, en conséquence, par rapport à toute lettre, au sein de toute lettre ; faire que l'objet et le jeu de la pertinence et la métareprésentation subsistent lors même que le sujet qui les soutient est donné pour passé ou mort. Si le passé fait du poème une manière de tombeau, cela n'exclut pas l'actualité de la métareprésentation, la reconnaissance du lieu que font le poème, le texte en eux-mêmes, comme un retour sur le présent. C'est là reprendre exactement les questions de Nuno Judice et les reformuler : la pertinence de la monstruosité que peut être le texte est sans doute par la question de l'extension applicable à son sémantisme. Elle est aussi la question constante que fait une pertinence qui se construit et s'expose suivant le repli du texte, du poème, suivant ce qui ferait du poème le recueil de toute chose et de tout temps dans la métaphore identifiante de la vie et de la mort. La pertinence se dessine, dans les termes du poète, suivant deux types de face-à-face : celui de la monstruosité, celui du quotidien. Suivant une mise en congé de la pertinence rapportable au faire du poète – les comparaisons. Suivant le temps commun de ce qui est rencontré là, dans le quotidien. La poésie et ses comparaisons ne font pas le temps commun, cela seul qui est encore capable d'assembler. Le face-à-face avec le quotidien, que le poète dit *in fine*, ne peut ainsi rendre compte de lui-même – le temps commun du quotidien est le garant inexpliqué de la pertinence.

Ce constat que fait la littérature, suppose que la présentation de cela qui est disponible, le monde, le réel, l'autre, ne soit pas la présentation de cela qui est l'objet et le garant de la pertinence de la métareprésentation. La présentation de cet ici, de ce maintenant, de cette chose, de ce geste humain, est seulement la figure de la pertinence qui n'est que le savoir du temps commun, celui de ceux-là auxquels le tout manque, et, par là, la représentation de l'espace commun des singularités. Le possible est selon le quotidien. Cela que faisait entendre Mallarmé en disant un navire et une sirène ; cela qu'il ne faisait pas entendre en laissant jouer, par la métaphore – navire et sirène – la possibilité d'une totalité hallucinée, celle même que suggère le sonnet, « Ses purs ongles très haut ».

Évidence, intuition commune : il n'y a pas d'autre déclinaison possible de la pertinence. La présentation du quotidien, dans sa singularité, est le seul lieu et le seul possible de la pertinence. Il peut donc y avoir une absence du monde, des êtres, au moyen du langage, non suivant l'arbitraire du signe, mais suivant la loi des idées, qui est un oubli de la question de la pertinence et une ignorance de la motivation de la littérature par le retournement du jeu de la pertinence. Lire la lettre est certainement lire l'idée que porte la lettre, c'est encore être comme regardé par cela que présente la lettre et qui fait l'interrogation de la lettre. La pertinence de la littérature est ce retour sur la singularité sans que soit défaite la métareprésentation, parce que la littérature, quelle que soit son projet esthétique, ne peut programmer la catégorie du réel, de la singularité, de la représentation, sauf à se nier comme littérature, sauf à entreprendre de démontrer pourquoi telle catégorie du réel, de la singularité, fait défaut, sauf à se donner explicitement et systématiquement pour un jeu d'illusionnisme que la lecture peut défaire.

La littérature devient question du singulier, question de tout visage, question de tout ce qui se voit, sans qu'elle puisse aller au-delà de cette question qui accompagne l'intuition de base et la connaissance de ce monde. La singularité est le temps du spectacle d'elle-même, temps de son seul présent, et seul temps de la pertinence. Le temps commun inexpliqué est temps selon la mémoire, selon le présent, temps selon les lieux qui sont la mesure de ce temps. S'il faut aller selon la connaissance commune de ce monde, il n'y a pas de science du lieu commun, ainsi qu'il n'y a pas de science du visage humain. Comme le note Botho Strauss : « Dans ce champ des signes sans mensonge, toute mesure de détail se heurte à la totalité hallucinée d'un être vivant. Et pourtant, nous allons à la rencontre de l'autre visage, du mystère extérieur avec un inlassable désir de savoir et juger, nous essayons d'abord de le percer par le jeu des stéréotypes, le mélange à haute densité de fragments du semblable et du général, pour ensuite tirer rapidement nos conclusions sur les particularités, le "contenu" d'un être humain. » La pertinence va ainsi avec la ressemblance, en même temps qu'elle exclut le tout de la ressemblance et qu'elle sait son paradoxe : valoir pour le tout-venant alors qu'elle ne peut valoir pour le tout que fait et avec lequel va ce tout-venant. Que Botho Strauss souligne que « le visage *est* la langue du rêve dans chaque rencontre »[1], fait du visage cela qui est face ou masse d'ombre et qui tient en respect par son étrange stature. La repré-

---

1. Botho Strauss, *Couples passants*, Gallimard, 1983, p. 68. *Paare, Passanten*, Munich, Carl Hanser Verlag, 1981.

sentation de l'autre, par le visage, devient l'aveugle question de la pertinence, inscrite dans le texte, cela qui articule la pertinence. Cela qui
fait du visage ce qui installe l'expectative de savoir comment réinventer
un lieu de savoir et de singularité, de faire du visage un espace. Plus
essentiellement, la rencontre, la représentation de l'autre sont une
transgression cognitive ; elles ne supposent pas la pratique de la comparaison monstrueuse, mais le savoir objectif qui, avec la recherche de la
pertinence, trouve ici l'exemple de sa limite. Thématiser la rencontre
du visage place le jeu de la métareprésentation sous le signe d'un désir
et d'un deuil de la pertinence. Il faut comprendre que, dans la littérature de la modernité, il n'est pas un abandon de la référence anthropomorphique, mais sa conversion en un jeu de regard abrupt qui ne peut
se rattacher à quelque allégorie visible ou dicible. Le visible – le
visage – peut devenir une manière d'invisible ; il peut transformer sa
propre évidence dans la mise en face d'un masque et d'une totalité. Un
masque : comme le visage qui ne relève ni de la connaissance ni de
l'imaginaire ; totalité : comme le visage qui est son propre tout et ce
qui fait face. La notation du visage, du visible, telle qu'elle se caractérise
ici, fait entendre que la pertinence est selon le paradoxe de la singularité
et le retour à la représentation du quelconque. Telle est la suggestion
de Botho Strauss : l'essentielle teneur anthropomorphique réside dans
ce pouvoir paradoxal qu'a la référence humaine de susciter l'impertinence de sa pertinence. Dire les yeux, ce n'est que dire le retournement paradoxal du jeu de la pertinence : cela qui est pertinent, cela à
quoi il est donné une pertinence a finalement ce pouvoir de nous fixer,
comme nous, écrivains, lecteurs, fixons les énigmes de Nuno Judice.

Il faudrait lire le jeu tropique, lorsqu'il entend être sa propre
démonstration, par exemple dans l'hypothèse de la redescription, le jeu
explicite de la pertinence, comme les vaines imitations de cela que
montrent l'homme et la nature, et qui fait la seule pertinence de
l'écriture. Il faudrait lire l'hypothèse du comme si, qui est plus que
l'hypothèse du comme, comme une manière de perversion : cela qui
ferait lire constamment la pertinence selon la reconnaissance de
l'illusion, selon le pouvoir de l'idée qui irait avec les mots. Il se conclut : la question de la pertinence devient question de ce que ne peut

abandonner la littérature, cela qui serait lisible sans revenir ultimement à la seule discontinuité tropique – la métaphore monstrueuse –, à la seule continuité tropique – la série métonymique –, au seul jeu de l'idée : cela qui figure à la fois le singulier et le en commun, le questionné même de la pertinence. De même que la singularité est la limite de la pertinence qui entreprendrait de se dire, de même, le possible du quotidien est la limite de la pertinence que peut se donner le jeu réflexif en littérature. Cette limite qu'approchent Paul Valéry et Wallace Stevens, sans cependant aller jusqu'à noter que le défaut de pertinence achevée n'est pas séparable de la reconnaissance de toute réalité quotidienne, qui est à elle-même son possible et sa pertinence, et, en conséquence, la figure du questionné de l'œuvre. De ce retournement, implicite ou explicite, le récit est une exacte illustration.

Le récit suppose une pertinence par rapport à ce qu'il ne peut explicitement dire – le passé manquant ; il la figure suivant l'identité de l'histoire et du hors-histoire, en même temps qu'il discrimine cette histoire et ce hors-histoire puisqu'il doit se donner comme une métareprésentation. Il peut être dit, dans le récit, la dialectique expresse du passé et du présent, de l'histoire du récit et du hors-histoire de ce récit, la dualité de ce récit qui établit le renvoi du présent au passé et réciproquement, de l'histoire au hors-histoire et réciproquement, le présent même de ce récit qui n'est que le temps de cette dialectique : s'excluent et se confondent passé et présent, objet du récit et récit. La pertinence du récit, supposée par ce mouvement, n'est pas exposable même si le récit va sans mystère explicite. Serait-elle exposable qu'il n'y aurait plus de jeu dialectique, ni l'évidence du lieu commun de l'histoire et du hors-histoire, par lesquels la pertinence apparaît cependant toujours possible. Le mouvement réflexif du récit – auquel renvoient toutes les modalités, dans la critique, de caractérisation du narrateur – est indissociable de cette figuration de la pertinence, de son impossible exposition et, par là, de sa possibilité. Le récit contemporain, particulièrement le récit autoréflexif qui expose son défaut de pertinence, joue de ce mouvement et vient explicitement à la question du lieu. Par le jeu autoréflexif, le récit dissocie l'histoire et le hors-histoire, et distingue la mise en évidence de ses contraintes structurelles et la question de sa pertinence, la présentation qu'il fait de ses actions, de lui-même, et la présentation du possible – de cela qui est impliqué par la supposition inévitable de la pertinence, l'intuition de ce monde et de ses possibles en termes passés, actuels, futurs, alors seulement citable contre ou hors du jeu réflexif du récit. Une forme littéraire, le récit en l'occurrence, ne figure pas nécessairement d'elle-même sa pertinence ou la question de sa pertinence ; une forme littéraire construit vainement les moyens de mesurer, de « regarder » la pertinence.

Une telle élaboration du récit, qui peut, bien évidemment, être récit romanesque, en fait apparaître l'enjeu rhétorique. Dire ce qui a été ne peut se dire que par l'hypothèse de la possibilité de ce qui a été, possibilité comparable à celle qu'exposent d'autres récits, ou à la série avérée d'événements et d'actions passées. L'hypothèse de cette possibilité est donc entièrement relative à la façon dont le récit construit la possibilité d'une comparaison commune de son jeu dialectique. Que ce récit rapporte sa possibilité à un jeu principalement littéraire, la possibilité de la comparaison commune disparaît. Ce n'est là, comme le montre *Nocturne indien* d'Antonio Tabucchi[1], que la mise en évidence du jeu dialectique de tout récit, qui n'a pas formellement de solution si ce n'est dans l'achèvement du récit où viennent ensemble passé et présent, objet du récit et récit, c'est-à-dire à la fois le défaut et la possibilité de la pertinence : défaut de pertinence par ce recouvrement du récit et de son objet ; possibilité de pertinence par ce recouvrement qui permet d'interroger le rapport de l'histoire et du hors-histoire. Ce mouvement est banal, sans intérêt, comme Tabucchi le fait dire à un de ses personnages, puisque c'est la butée de tout récit.

On peut donc dire, dans *Nocturne indien*, le nocturne et l'ombre, ces autres appellations de l'énigmatique ; on peut encore dire un jeu sur l'apparence ; on peut encore marquer le désir d'être présent et d'être absent à soi et à autrui, et lire tout cela comme l'impossibilité que le parlant se voie parlant, comme la notation que la nuit et l'ombre sont les éclipses d'une telle impossibilité. Où il y a la récusation de la perti-

1. Antonio Tabucchi, *Notturno Indiano*, Palerme, Sellerio, 1984.

nence du jeu réflexif caractéristique du récit. Le narrateur ne peut avoir voulu simultanément l'histoire et le hors-histoire, comme il ne peut avoir voulu simultanément le lieu de ce récit et la totalité de ce lieu – l'Inde – qu'implique le possible du récit. On peut encore lire là qu'un récit n'est pas la construction d'un monde, ni la projection d'un monde – il n'est que l'interrogation sur son possible que les hypothèses de la construction ou de la projection d'un monde contribuent à masquer. Ce possible, lorsque le récit, par son jeu autoréflexif, défait toute comparaison du possible selon le récit même, se donne sous l'aspect des présentations les plus explicites du quotidien : la récusation ultime du jeu dialectique, l'interrogation sur la validité de la métareprésentation appellent la simple notation du quotidien, du banal – un homme, une femme –, un hôtel, la présentation de l'Inde.

La présentation de l'Inde, caractérisée en termes habituels, va suivant l'argument du récit – la recherche d'un homme. Comme cette recherche est organisée de telle manière qu'elle démontre son défaut de pertinence, le lieu indien se dit suivant les équivoques argumentatives que porte le récit. Puisque cette recherche d'un homme est à la fois possible et impossible, le lieu apparaît comme riche de faits existants et inexistants, comme dicible suivant le plus et le moins, la série et la somme des lieux. Ce ne sont là que les possibles usuels du lieu commun. Ainsi de l'analogie : il peut être deux présentations de l'Inde, également banales, celle d'un touriste, celle que l'Inde livre disparatement d'elle-même. Ainsi de l'identité et de ses variantes : les passants, le monstre, cette pure vision, qui va contre la probabilité, cela que seule la vision peut faire voir et qui est une action de l'histoire humaine. Ainsi du grand et du petit, de l'invisible et du manifeste : l'Inde a comme une capacité de paraître plus à partir d'elle-même, de se montrer plus ou moins. Ainsi de la métonymie et de la synecdoque : lieu de la contiguïté – les lieux du lieu –, et le lieu du tout où tout fait partie, un lieu qui n'est que l'espace de ces possibilités de sa composition et de son exposition. La limite de la pertinence est enfin figurée par le lieu qui ne peut figurer le partage de l'histoire et du hors-histoire. L'espace du récit est congruent avec l'impossibilité du récit ; il est cependant donné pour lui-même – le possible du récit est ce qui n'appartient pas en propre au geste narratif ni à l'action qu'il représente : ce lieu dont l'évocation relève d'une polytropique, et qui n'est dit que banalement parce qu'il est le seul possible et le résidu du jeu réflexif.

La pertinence du récit au regard de ce qui a lieu, de ce qui advient, importe moins que les possibles de son lieu, constitué comme un lieu commun, qui sont la possibilité même du passé, du présent, des actions qu'il narre. Ce qui est inverser l'interrogation de Mallarmé sur la scène maritime qui fait cependant supposer de tels possibles. Ce qui est mener à son terme l'énigme que font, dans *Aminadab,* un corps de femme et un bâtiment : il ne faut pas ici dire une énigme mais que le lieu, en tant qu'il est représentation commune, est les possibles mêmes du récit qui le prend pour objet. Ces possibles sont suivant les dichotomies de la rhétorique, possible et impossible, existant et inexistant, antécédent et conséquent. Le lieu est la figure du lieu commun, réalisée par un espace national quotidien. Le récit s'applique à la pluralité du temps ; il est, par sa construction, de pertinence incertaine. La question qui, là, peut questionner sur la réalité du passé, réel ou imaginé, devient question qui interroge moins le dehors temporel du récit qu'elle ne se donne sous l'aspect de ses conditions de possibilité : toutes celles qu'inclut le quotidien, toutes celles qu'inclut finalement une topique des lieux communs, qui n'est pas seulement une topique à finalité argumentative, mais aussi à finalité présentationnelle et tropique, dès lors qu'elle doit installer la pluralité du temps. Ou encore : l'inconséquence inévitable de tout récit fait son questionné suivant le lieu commun, qui est à la fois une donnée structurante de ce récit et la présentation d'un lieu possible, par le jeu rhétorique même, retour sur le possible du quotidien. Ce n'est que porter dans la littérature contemporaine à l'extrême le jeu de l'encadrement d'un récit – qui est bien désignation de ce lieu par lequel est possible la narration du récit –, à l'extrême encore l'hypothèse réaliste – le récit est moins réaliste par les jeux de références qu'il implique que par le dessin des possibles que fournit la constitution de son lieu –, à l'extrême finalement le rapport de tel lieu et de la lettre – la question de savoir l'extension de la lettre fait de tout lieu quotidien et banal la figure du lieu commun et de ses possibles. Le récit n'est pas à être dit avoir toujours commencé – cela même qu'implique le paradoxe de sa pertinence – tant par le jeu de l'histoire et du hors-histoire que par celui du lieu commun. Il n'est, en conséquence, rapportable à une refiguration du temps que selon l'enveloppe que constitue le lieu commun. C'est le paradoxe du récit autoréflexif contemporain, particulièrement tel que l'illustre Antonio Tabucchi, de moins déconstruire le récit que de le reconstruire suivant la condition de son lieu, qui appelle les possibles, la mémoire des possibles, les autres lieux, et la banalité que fait dès lors cet appel même.

Le déplacement de la question de la pertinence se résume : l'élaboration littéraire et tropique du texte est en elle-même une manière de monstruosité ou de vanité, qui ne peut, par son jeu réflexif, que marquer la limite de la pertinence – John Ashbery, Botho Strauss, Antonio Tabucchi. La notation de cette limite ne vaut pas là pour elle-même, alors qu'elle vaut pour elle-même, de Flaubert et Mallarmé à Valéry et Stevens, Blanchot et Nuno Judice. Elle ne vaut que par la notation de ce qui fait reste au regard de cette question de la pertinence : l'objet que se donne le texte ; cet objet est objet singulier et commun – des scènes quotidiennes, un visage anonyme, un lieu qui n'est que lui-même et commun. Il est, par là, hors l'exposé d'un savoir – cela n'exclut pas que des éléments de savoir subsistent comme les indices du jeu de la pertinence –, et comme hors du mouvement d'un imaginaire – cela qui le ressaisirait suivant la syntagmatique de l'écriture et ferait de cette syntagmatique ce qui vaudrait pour une synecdoque du tout, de tout ce que peut être l'imaginaire. La pertinence serait ainsi question et dialectique par l'énigme de l'extension du verbe, par la rupture du lieu synecdochique que peut exposer le texte, et par ce qui est la conséquence de cette énigme et de cette rupture : la pertinence figure sa question de manière interne au texte, en faisant du texte le repli et la figuration du temps de la pertinence et, par ce mouvement, en donnant l'objet du texte pour commun et singulier, celui qui peut être de toute pertinence et qui échappe cependant à tout jeu réflexif que fait le texte, et est, par là, une composante de la méta-représentation. Dans son jeu et son interrogation de la pertinence, la littérature de la modernité inverse la proposition initiale du réalisme et du symbolisme, ces littératures de la première modernité : la lettre n'est pertinente que par le retour à un lieu, qui est mouvement vain.

Cette inversion a pour condition que le jeu tropique, associé à l'exercice de la possible pertinence, soit mesuré selon l'intuition de la pertinence, celle que livrent le sens commun et l'expérience de ce monde. Faire jouer la réflexivité que portent le jeu tropique et la forme littéraire, contre l'évidence de la pertinence ou selon l'évidence de la pertinence, instruit que la littérature ne cesse de faire de la pertinence un objet de pensée, l'objet de sa pensée, et qu'elle maintient un jeu tropique dans la précise mesure où ce jeu peut être un jeu de nature, des choses et du temps manifeste.

Ce jeu reste cependant équivoque : il échappe à la limite du jeu de l'exposition de la pertinence ; il n'exclut pas l'énigmatique. Que le manifeste de la pertinence soit le face-à-face d'un visage, l'innombrable de l'Inde, l'évocation du mutisme d'un soir, fait, à sa manière, un inachèvement, parce que ce retour à ce qui est d'une intuition banale et qui ne fait pas question, est repos hors du symbole explicite. Ce retour ne se caractérise pas comme le moyen de régler l'œuvre sur le monde. Faire du lieu commun ce qui s'identifie à l'intuition banale de la pertinence et aux possibles qu'elle porte, est jouer avec l'équivoque de la littérature de la modernité : aller jusqu'à la pensée pour tenter de retrouver le monde, par exemple à l'occasion de l'exercice réflexif du récit, et, dans ce mouvement, laisser la pensée dans l'équivoque de sa pertinence, puis passer cette équivoque en disposant la pertinence contre la loi de la raison, de la pensée, qui est d'oublier l'homme, le monde tels qu'on les voit, et selon l'intuition banale, les cadres de pertinence qui vont avec cette intuition. Cela est encore un exercice tropique. Revenir à l'intuition banale de la pertinence est sans doute supposer que tout signe, fût-ce le signe littéraire, se lève sur notre monde et sur notre intelligibilité, c'est-à-dire sur la métareprésentation qui résulte du jeu de ce monde et de cette intelligibilité. Mais cela équivaut aussi à disposer la possibilité de la métareprésentation suivant les possibilités les plus larges d'inclure des représentations. Ce que fait entendre l'exercice du lieu commun et des tropes dans l'évocation du banal. Ce que fait entendre la singularité qui peut être la figure d'une pertinence parce qu'elle est la possibilité de l'association de toutes différences, comme l'est le rêve. Ce que fait entendre l'exercice comparant qui prend pour objet la métaphore, en défait la tropique, a pour conditions une rhétorique temporelle : celle-ci dessine le possible du temps dès lors que le temps est vu selon une manière de en-commun, de lieu commun ; ce possible du temps est lui-même une contradiction qui fait l'en-commun, par l'évidence de l'actuel qui est aussi l'évidence de tout passé et de tout possible de ce passé. Le tout du lieu commun ne dessine par là aucune totalité, ni aucun jeu inférentiel sans limites. C'est pourquoi il peut être selon le quotidien et la banalité, selon leurs changements de critères.

LIEU COMMUN, LITTÉRALISME, STATUT DU MOT : NATHALIE SARRAUTE, RAYMOND QUENEAU

Dans cette mise en perspective rhétorique de la question de la pertinence, les notions contemporaines d'écriture et de lecture, issues de la déconstruction, seraient à lire contre les usuelles définitions et analyses qu'elles proposent ou qu'elles appellent. Caractériser, sous le sceau de la modernité, la littérature comme un signe fonctionnant malgré l'absence du sujet par-(delà) la mort[1], et marquer que la littérature peut alors être dite écriture, revient à supposer que la littérature et l'écriture, dans un jeu de décontextualisation, doublement compris – lié à la permanence de l'écrit et à la capacité de l'écrit à fonctionner en dépit de l'absence de référent et d'un sujet qui puisse cautionner l'écriture et la référence –, sont constamment pertinentes. C'est supposer à la fois une manière de matérialité et une manière de spiritualisation de la littérature, de l'écriture, une idéalité des contenus de sens – même si l'on conclut au non-sens puisque ce non-sens est tenu pour constant –, et enfin un dehors itérable, celui qui est nécessaire à la formulation de

---

1. Daniel Giovannangeli, *Écriture et répétition. Approche de Derrida*, UGE, « 10-18 », 1979, p. 140.

l'absence de référent, de l'absence du sujet, de la pertinence continue. Littérature et écriture sont ici données comme des exercices d'omnipotence : elles se communiquent d'elles-mêmes et supposent la limitation du sujet écrivant – qui doit disparaître –, du sujet lisant – dont toute tentative pour suppléer à l'absence du sujet est vaine. Ce sujet, écrivant, lisant, est une part singulière et mineure dans la continuité scripturaire. Cependant, il écrit, il lit suivant la reconnaissance de cette omnipotence de la littérature, de l'écriture, suivant l'inévitable de cette pertinence que suggère la double caractérisation du signe : celui-ci fonctionne par-delà la fin du sujet, et dans un dehors itérable, constant par ses actualisations.

Cette thèse de l'omnipotence de la littérature et de l'écriture, de leur pertinence continue, commande de reconsidérer deux de ses corrélats. Premier corrélat : que le signe puisse fonctionner en l'absence du sujet dispose que le sens peut être pragmatiquement partagé en l'absence du sujet, c'est-à-dire de façon contingente. Deuxième corrélat : le signe qui fonctionne par-delà la présence du sujet, relève d'une pertinence toujours possible et cependant toujours limitée et, par là, multiple. Au total, il n'est de pertinence du signe que spécifique – à tel moment, en tel lieu. L'exercice de la pertinence est ponctuel et contingent. Il n'est paradoxalement de pertinence que selon la reconnaissance d'un non-sens : il y a, par définition, une limite des capacités interprétatives, liée à la multiplicité des réseaux qui sont le support et l'objet de l'interprétation ; noter le défaut de sens, revient à noter que le degré de pertinence prêté à la littérature, à l'écriture, peut être d'une ampleur telle qu'il y ait parasitage des réseaux de signification.

Aussi contingente qu'elle soit, aussi disparates que soient ses réalisations et ses lectures, l'écriture n'exclut pas que les contingences, ses réalisations, ses lectures, constituent un champ commun. Dire l'omnipotence de l'écriture revient à dire un lieu commun – les possibles et les probabilités de la pertinence. Dire la pertinence, constante et cependant de réalisation toujours limitée, revient à dire que toute écriture est exactement une situation dans ce lieu commun et que, dans leur série, ces situations sont corespensives. L'hypothèse de la pertinence constante a encore pour condition que le signe soit implicitement caractérisé comme une manière de lieu commun – sur le signe sont reportables diverses actualisations du dehors et diverses pertinences. Le lieu commun n'exclut pas le dilemme puisque tout exercice de pertinence est exercice limité. Cette approche se résume en une double proposition : le signe peut toujours être objet d'un exercice de pertinence ; il fait fond à tout exercice de pertinence qui lui est appliqué. Citer le signe équivaut ici à sortir de la sémiotique – l'interrogation ne porte plus sur ce pour quoi le signe vaut. Plus précisément, indiquer la constance de la fonction du signe et la constance de la pertinence revient à suggérer que le signe répond toujours de sa propre situation, qu'il est une manière de question-réponse : toute situation prêtée à l'écriture est une situation pertinente. Cela suppose que ne soit pas spécifiée la question qui entraîne que l'écriture réponde de sa propre situation – c'est cette absence de spécification que fait entendre la notation de la fonction du signe par-delà la mort du sujet. Ainsi, le contingent – la littérature, l'écriture – ne paraît renvoyer à aucune question. Reconnaître le contingent suppose de le considérer comme une *question-réponse*. Il répond de sa propre situation – cela est congruent avec la notation de l'autonomie de l'écriture, de la littérature. Cette réponse est indissociable du fait que ne soit pas spécifiée la question qui entraîne que l'écriture entre dans ce jeu de répondre, en tout moment et en tout lieu, de sa propre situation.

Que l'écriture, dans une telle approche déconstructionniste qui place le signe hors de sa propre genèse, hors de sa propriété contextuelle, soit identifiable à une performance, tant dans le moment de l'écriture que dans celui de la lecture, ne défait pas l'hypothèse de la pertinence. La performance est la représentation actuelle de l'écriture ; elle vaut aussi comme une manière de métareprésentation de n'importe quelle situation du signe, de l'écriture, de n'importe quelle présentation que font ce signe, cette écriture. Sont en question la distance, la diversité des représentations que vise, ne vise pas la performance, qui peut être aussi performance d'elle-même – cela se constate, ainsi que le savait Mallarmé, et a encore pour conséquence un jeu de représentation et de métareprésentation, figure même de ce que fait la performance. Que l'écriture, dans une telle approche déconstructionniste et dans une telle notation de la performance, soit écrite, lue comme auto-suffisante, ne défait pas les significations, mais les soumet à un transcodage constant, ou réduit la signification à la simple série des mots. Il y a là encore le jeu de la métareprésentation – le transcodage ou la série – et de la représentation – ces mots qui sont donnés à l'écrivain, que celui-ci donne au lecteur. Subsiste la question de ce jeu, qui peut être dit esthétique et relever d'un eudémonisme. Reconnaître cette esthétique et cet eudémonisme désigne encore le problème de la métareprésentation en suspendant tout jugement sur la validité de la métareprésentation et à la donner comme une métareprésentation libre. L'écriture qui se veut ou qui devient présent pur – ce signe qui fonctionne par-delà la mort du sujet –, participe, de fait, d'un moment critique : elle est le temps d'un retour au lieu, non pas le lieu passé assignable au signe qui fonctionne par-delà la mort, mais au lieu qui interdit d'oublier l'avant, qui interdit de livrer le présent au seul futur, et qui fait du présent un exact présent et une légende – cela qui doit être lu. Lire n'est que revenir à la question de la pertinence de ce présent et l'interrogation sur ces représentations dont sa représentation est le seuil et, par là, le lieu.

La construction explicite de l'œuvre suivant un tel savoir du lieu commun, suivant un tel savoir du paradoxe de la pertinence fait de l'œuvre non pas ce qui expose sa propre impossibilité mais la banalité et l'impropriété de son discours. Banalité : le lieu commun suppose le commun des discours. Impropriété : ce lieu commun, s'il doit être encore lieu d'un jeu dialectique par lequel il expose ses conditions, fait du langage commun une manière d'impossible et une manière de singularité commune. Le texte littéraire ne peut sans doute valider sa métareprésentation ; il peut cependant placer cette métareprésentation dans le paradoxe de la pertinence, en se tenant aux jeux de langage les plus quotidiens, ou à l'écriture qui ne porte pas d'explicites marques littéraires formelles. Cette exposition proprement littéraire de la pertinence, de sa question, trouve son semblable dans telle définition de l'écriture, celle que propose la déconstruction, en termes de rhétorique paradoxale et de contrepartie de toute figure et de tout discours possibles, et qui renvoie à la possibilité de toujours écrire et lire suivant une pertinence minimale, c'est-à-dire suivant un principe de connexion qui peut participer d'un écart maximal, celui du jeu tropique, celui du fonctionnement du signe par-delà la mort du sujet. C'est là, d'une part, marquer : l'écriture, fût-elle grammaticalement correcte, n'est pas pleinement encodée et n'est pas entièrement paraphrasable, et, d'autre part, noter une conséquence de l'implication de la pertinence rhétorique : il n'y a pas de calcul certain ni de l'effet littéraire, ni de la pertinence de la littérature – pas même de sa pertinence minimale : « Cela est de la littérature qui se communique comme telle. » Mais c'est là suggérer que la littérature est questionnement et négation de la distance – dans la métaphore par exemple – avec ce qui est complètement encodé et paraphrasable. Par quoi la littérature se caractérise comme l'interprétant de ce codable et de ce paraphrasable, au sens où elle le met en débat, et où elle en constitue, par là, une représentation et un défaut de représentation.

Ces caractérisations de la littérature et de l'écriture sont indissociables de la rupture de l'automaticité du référent, cette rupture qu'implique la notation de la disparition du sujet. Cela que l'écriture construit expressément en jouant des ambivalences sémantiques, actantielles, narratives, des équivoques de la référence. Ces caractérisations sont donc paradoxales. D'une part, elles supposent que le discours constitutif de la littérature, de l'écriture, n'indique pas les stratifications de ses degrés de pertinence et de communication. D'autre part, elles ont pour condition l'hypothèse que ce paradoxe peut être choisi – on peut écrire suivant ce paradoxe –, qu'il peut être la résultat de la réduction de la graphie à sa fonction de signe sans sujet – toute lettre trouvée peut exemplifier cette réduction.

Écrire cela qui est du seul quotidien, de la seule banalité, des seuls intuition et sens communs, sans le soumettre à un jeu tropique, à un jeu réflexif, sans le placer dans l'indissociable d'un jeu tropique et d'un jeu argumentatif, suivant le mouvement de venue au quotidien que font lire John Ashbery, Botho Strauss, Antonio Tabucchi, ne défait certainement pas l'explicite de la pertinence commune, mais ouvre à la question du statut de son évidence et de cette écriture qui, à faire ainsi pertinence, ne peut valoir pour elle-même, ou si elle est donnée pour valoir pour elle-même, fait la question de la fonction d'une telle pertinence manifeste, la question de la pertinence même.

Cette question de la fonction et de l'usage de la pertinence manifeste devient patente lorsque l'on considère l'interrogation que fait le discours quelconque, manifestement pertinent et placé dans un cadre littéraire. Ce discours, discours commun et à la pertinence manifeste, ne se donne pas seulement selon cette pertinence. Le caractère manifeste de la pertinence a deux conditions : que ce discours fasse sens, c'est-à-dire qu'il soit lisible selon des représentations ; que ce discours, sauf à ce qu'il soit tenu pour un discours strictement privé, participe de la communication collective. Pour qu'il soit dit participer de cette communication, il faut qu'il soit reçu suivant trois fonctions : il constitue un signal de communication ; il traduit une intention communicationnelle ; il fait sens dans la mesure où il suppose la limite des interprétations possibles et disponibles. La reconnaissance de l'intention de communication a pour condition un jeu réflexif de la part du récepteur ; la limite des interprétations a pour condition que ce discours soit rapport avec un savoir commun. Faire d'un tel discours l'occasion de l'interrogation de la pertinence manifeste revient à déclarer qu'il peut être lu et, en conséquence, exposé suivant la possible dissociation de ces trois moments. Cette exposition a, en littérature, deux voies prévalantes : la présentation du discours quelconque comme littéraire ; le traitement tropique de la lettre, qui est le moyen d'exposer ces trois moments de l'exercice communicationnel.

Présentation du discours quelconque comme littéraire. Ce discours n'est pas altéré formellement, il est donné comme littéraire. Qu'il soit donné pour littéraire dispose une intention de communication manifeste et précisément littéraire, qui joue comme un cadre réflexif par rapport à ce discours et à sa pertinence manifeste. Par là, ce discours peut être traité comme un signal littéraire, comme l'objet d'un jeu inférentiel qui concerne à la fois la lettre de ce discours et cette lettre rapportée à la littérature. Il n'en reste pas moins que ce discours ne dit que ce qu'il dit et qu'il est rapportable à un savoir commun. L'interrogation de la pertinence du discours commun dans un cadre littéraire met en évidence les strates communicationnelles, est jeu sur le discours suivant ces strates, et limite à ce jeu par le savoir commun.

Passer les impasses de la première modernité littéraire, si l'on considère à nouveau John Ashbery, Botho Strauss, Antonio Tabucchi, est exercice suivant une telle exposition des strates du jeu communicationnel. Donner certainement droit de cité au quotidien, au banal, est façon de placer l'œuvre sous le signe du savoir commun. Donner cette œuvre comme cela qui n'est pas constamment l'explicite de ce savoir, la donner suivant sa forme littéraire, suivant une évidence que figure, dans les termes de Botho Strauss, le visage humain, revient à la donner comme un signal de communication. Ce signal et la pertinence commune, telle qu'elle est dite littéralement, impliquent un jeu réflexif qui peut être thématisé par l'œuvre – ainsi de la comparaison de la comparaison, du mouvement réflexif du récit. Ce jeu réflexif, qui expose l'intention littéraire, est lui-même selon le savoir commun. L'énigmatique n'est plus dans la possibilité ou l'impossibilité d'assigner la représentation à des présentations, dans le jeu réflexif livré à son propre mouvement – Maurice Blanchot –, mais dans le double usage de l'évidence commune, – qu'elle relève des représentations communes, des représentations de la littérature reçues, par exemple, le roman policier –, soumis au jeu réflexif et à la limite du jeu inférentiel. La pertinence acquiert ainsi une double face. Cela entraîne qu'elle ne soit ni identifiée au tout que figurerait l'œuvre – réalisme –, ni à la figuration du langage suivant la reconstruction de ce tout – Mallarmé –, ni que la dualité qu'introduit le jeu réflexif, devienne seulement l'occasion de l'œuvre : celle-ci apparaît alors, au regard de l'évidence de la pertinence, comme un mouvement arrêté.

Traitement tropique de la lettre. Il suffit de jouer, en littérature, de manière commune, d'un mot commun, entendable de chacun – par exemple, amour. Si je dis amour, je dis tout ce qu'inclut l'amour, mais je dis tout autant tout ce qui va avec l'amour, par exemple, l'ennui, comme je dis ce dont l'amour peut être, suivant les circonstances, la cause ou l'effet – ainsi de la tristesse ou du malaise, comme je dis encore ce qui ne va pas avec l'amour, l'amour-haine. Écrire est faire aller les mots suivant d'explicites variations tropiques. Comme l'écrit

Nathalie Sarraute dans « Le mot Amour »[1], ces variations sont bien toutes de l'amour, de son mot, de sa littéralité, et qui font apparaître cependant le mot amour dans sa seule identité, dans sa seule différence. Écrire n'est que répéter la littéralité du mot amour et faire varier le statut du mot. Reconnaître cet exercice littéraire, et ne pas le séparer de la notation, venue de la déconstruction – le signe fonctionne par-delà l'absence, la mort du sujet –, revient à marquer que l'écriture, dans la modernité, expose divers types de pertinence de la lettre, que ces divers types de pertinence sont indissociables, parce que toute trace de la position des destinateurs et des destinataires est incertaine, ou parce qu'une telle incertitude est figurée – est ainsi exclue l'énonciation amoureuse dans « Le mot Amour ».

Marquer le jeu de l'énonciation, comme le fait ce même *Usage de la parole* dans la pièce intitulée « Je meurs », dispose une situation rhétorique similaire. S'il est une telle énonciation, « Je meurs », elle est, de principe, une énonciation sans recours et sans appel. Elle est aussi proprement impensable en tant qu'énonciation puisqu'elle suppose le savoir exact de sa mort par le sujet. Voilà donc une énonciation qui peut être dite précisément assertive et ironique. Voilà donc une énonciation qui, présentée comme une assertion, se donne comme une synecdoque – elle n'est que l'expression qui désigne sa cause, le savoir d'un médecin, celui qui sait la mort et donc sa mort propre. Elle joue encore comme une métonymie : l'expression prononcée en allemand est une expression dans la langue de l'autre et qui va donc avec l'autre ainsi qu'elle va avec quiconque l'entend. Cette énonciation de Tchékov fonctionne par-delà la mort du sujet, de l'énonciateur : le récit présente la réitération de cette énonciation. Celle-ci est réitérable parce qu'elle est parfaitement singulière et audible suivant un jeu rhétorique commun. Paradoxalement, elle mène par un jeu de métaphore et de métonymie à la notation de la communauté : « Il n'y a pas de "je meurs" entre nous, il n'y a que "nous mourons"... »[2] L'ironie, qu'il y a

---

1. Nathalie Sarraute, Le mot Amour, *L'usage de la parole*, Gallimard, « Folio », 1983. Éd. originale 1980.
2. *Ibid.*, p. 15.

dans « Je meurs » – le terme d'ironie est utilisé dans le texte – est à la fois le retournement de toute figure et leur désignation. L'impossibilité du « Je meurs » constitue un signal communicationnel et suppose un jeu réflexif que le récit expose. Ce récit se développe à partir de cette parole, est la reprise de ce signal ; il est un tel signal, un tel jeu réflexif, qu'il restreint au constat commun de l'expression de la mort.

Dans cette perspective, le défaut de sens littéral de la métaphore doit être réinterprété. Ce défaut ne résulte pas du jeu infini et des strates de la ressemblance – la métaphore vive et la métaphore usée –, mais plutôt du fait : la métaphore, de manière paradoxale, n'est pas essentiellement un exercice de ressemblance ; celle-ci découle de l'interprétation métaphorique et ne la fonde pas. En d'autres termes, l'écriture de la métaphore est geste constructiviste, qui, à ce titre, a une fonction et une valeur propres : il procède au changement de statut des termes considérés, marque que les points de pertinence jouent les uns par rapport aux autres, se ramènent les uns aux autres, sans que la lettre textuelle puisse être récusée. La métaphore est, en elle-même, un exercice d'auto-contextualisation, et, par là, un exercice d'anticipation de sa propre pertinence. Cette pertinence est par les possibilités d'application de la métaphore ; il y a, dans cette application, un principe d'économie, au sens où la règle d'application n'est donnée ni *a priori*, ni avec la métaphore, mais celle-ci se lit suivant le degré maximal d'efficacité par inférence, c'est-à-dire suivant la limitation des inférences à celles qui permettent une représentation explicite. Le paradoxe reste, en une confirmation des notations de John Ashbery, que la métaphore fait de l'homme un monstre et une contradiction et de la nomination de l'homme l'occasion de nommer toutes choses du monde.

La présomption de pertinence peut être, dans un texte, très étendue : dans le poème de Raymond Queneau, « L'explication des métaphores »[1], cette présomption fait lire, par le jeu, des métaphores, le monde entier. Cette pertinence, ainsi que précisément l'explique le texte, est provisoire – aucune littéralité n'est défaite, le passage de la

---

1. Raymond Queneau, L'explication des métaphores, *L'instant fatal* précédé de *Les Ziaux*, Gallimard, « Poésie », 1992, p. 75. Éd. originale 1943.

présomption de pertinence à la reconnaissance de la pertinence est d'ordre interprétatif. Que l'écriture et la lecture cessent, cette reconnaissance disparaît. Il ne peut y avoir d'enchaînement continu de la pertinence ; est exclu un exercice systématique de cette pertinence. Dans ces conditions, le questionnement, indissociable de la reconnaissance de la pertinence et de l'interprétation attachée à la métaphore, a pour fonction de faire se communiquer des impasses – les diverses nominations et représentations de l'homme, ces diverses nominations et représentations et celles du réel même, ces nominations et représentations et les divers discours. Où l'on retrouve qu'il peut y avoir un bon usage de l'indistinction, de principe, du littéral et du métaphorique. Le littéral va avec la métaphore : cela est la condition du jeu sur les impasses. L'économie d'une telle entreprise – écrire et lire, faire de l'écriture la lecture, selon la possibilité d'une pertinence, de son propre littéral – se définit par le fait que si je dis cet homme générique, j'entre dans un jeu de pertinence qui passe le nom de l'homme et ouvre au nom du monde, aux noms de ce monde. Le lecteur seul – et ici, l'écrivain lecteur Queneau – crée la métaphore par son interprétation, et dit ces pertinences qui passent et préservent le nom d'homme, littéralement. Il subsiste ultimement la présomption de pertinence et la question que fait le nom d'homme dans tout contexte de noms et de mots, qui conservent leur propriété littérale.

Le paradoxe est là : parce que l'exercice de la métaphore ne défait aucune littéralité, l'écriture, dans l'exercice de la réponse-question sur l'homme, devient un lieu commun. Exactement : l'écriture et le nom de l'homme, parce qu'ils exposent des termes littéraux et la question qui peut engager l'exercice de pertinence par lequel seront apparentées ces littéralités, font fond à tout mot, à toute représentation, en même temps qu'ils marquent les distances et les impasses de ces mots, de ces représentations. L'écriture rend un lieu impossible réel : celui où les mots et les représentations de l'homme et du monde iraient suivant une corrélation – celle que dit l'exercice de la pertinence. L'exercice de la pertinence n'est que la désignation de ce lieu. Les jeux tropiques exposés par Nathalie Sarraute et Raymond Queneau font de la question de la pertinence celle du jeu de la pertinence quelconque dès lors qu'il est supposé que l'exercice de la pertinence n'est caractérisable que selon une tropique qui fait du jeu de la pertinence un lieu commun – qui peut se réduire à un mot, amour, homme, à la condition que le mot dessine moins une identité qu'il ne joue comme le mot qui renvoie à la mention d'autres mots et, par là, de toute représentation, et qui fait de cette mention une mention recevable suivant la pertinence du lieu commun.

La venue à la pertinence que suggèrent une lecture des thèses de la déconstruction, l'exercice sur le mot et le littéralisme, est encore paradoxale. Je ne puis penser l'écriture en elle-même, le mot amour, le mot homme en eux-mêmes, sauf à les perdre. Littéralisme, tropique, lieu commun de l'écriture sont la réponse à cette impossibilité parce qu'ils conduisent à une pertinence. Cette réponse est réponse contre la pensée du signe, de l'amour, de l'homme ; elle n'est pas réponse suivant une indétermination de la pensée, celle à laquelle conduit le jeu réflexif exposé pour lui-même ; elle n'est pas réponse suivant une codification du sens ; elle est réponse selon l'énigmatisation du lieu commun : celui-ci peut être le moyen de la pertinence comme il peut être le moyen de produire de nouvelles mentions. Le jeu sur le mot est cet exercice même, qui n'exclut pas la pertinence, la métareprésentation que ne peut faire aucune pensée de l'homme, de l'amour.

Cela exclut que la métareprésentation que fait le texte se donne comme une manière de maîtrise de la question que fait la pertinence – on est ici hors du jeu des « énigmes » que décrit Nuno Judice, comme hors du mouvement réflexif que suppose l'interrogation sur la pertinence que portent réalisme et symbolisme. Le mot (amour, homme) reste également étranger au déchiffrement qu'il suscite et qui peut prendre l'aspect de l'usage de la parole ou celui de la métaphore. Mais à passer ainsi de Maurice Blanchot à Nathalie Sarraute, à Raymond Queneau, en rappelant ce qui se lit chez John Ashbery, Botho Strauss et Antonio Tabucchi, se note également que restent toujours la lettre et la possibilité de l'exercice nominaliste qui lui est attaché. La pertinence du texte littéraire revient au *il y a* – dont la meilleure illustration est le singulier, commun et banal ; parce qu'elle fait ce retour, elle est coextensive à toute représentation de cet *il y a* et de cette singularité commune. Les gestes tropiques converses que construisent réalisme et symbolisme et cependant interprétables de manières concurrentes, sont la possibilité de cette coextensivité, dès lors qu'est abandonné le mouvement réflexif, implicite, explicite, du réalisme et du symbolisme. Le *il y a* et le retour au singulier et au banal sont encore selon une tropique qui est une tropique de nature. La tropique de nature est ainsi selon la même logique que l'exposition de la lettre, du discours quelconque. Par l'équivoque qu'elle fait, elle est signal de communication ; par le jeu tropique, elle engage un jeu réflexif ; par la notation de l'évidence de nature, elle est la limite de cette dualité et le moyen de placer l'expression littéraire tropique sous le signe de l'évidence, entendue en un sens rhétorique.

QUESTION DE LA PERTINENCE,
EXPOSÉ DE LA COMMUNICATION,
PENSÉE DE LA COMMUNICATION

Ce passage de l'énigmatique du réalisme et du symbolisme, ainsi qu'il est marqué par Nuno Judice, ainsi que le supposent Paul Valéry et Wallace Stevens, a pour condition que l'écrivain écrive en tenant compte de ce qu'il restitue – précisément l'écriture – et de ce qu'il n'a pas voulu – la langue et tout ce qu'elle porte avec elle. Cette attitude double doit être caractérisée de la même manière lorsque l'on considère, non plus le médium, mais les jeux de présentation des contenus. Ainsi des esthétiques de la *mimesis* : dire que la littérature « représente », c'est dire que l'écrivain tient compte de ce qu'il restitue comme vision et de ce qu'il n'a pas voulu – le réel. Reste exemplaire la question de la présentation du visage, de la singularité : le temps commun du spectacle de la singularité, de ce qui est reconnaissable mais non connaissable comme tel, est cela que figure le texte et qu'il ne peut faire sien en termes de pertinence, sauf à ne pas tenir compte de ce qu'il n'a pas voulu. Cela se reformule : on ne peut activer simultanément, en termes d'écriture et de lecture, un nombre infini de mentions et de représentations, sauf à défaire le processus d'intelligibilité et de pertinence, qui est à la fois exercice de restituer une pertinence et exercice de savoir ce que l'on ne peut ou que l'on ne peut vouloir restituer. Ces mentions et représentations sont l'horizon de la lettre qu'elles peuvent partiellement « interner », comme l'est ce monde même et ses singularités dans la tropique qui est de nature.

Ce même passage instruit que l'énigmatique du réalisme et du symbolisme doit être réinterprété : l'activation d'un nombre fini de mentions et de représentations, corrélées, ne se fait, à cause de cette corrélation, que tropiquement. Cela équivaut exactement à jouer d'une impertinence et d'une possibilité de pertinence. D'une impertinence : précisément la donnée scripturaire se sait partielle au regard de l'engagement linguistique, cognitif, représentatif. D'une possibilité de pertinence : cette impertinence, qui se dit, se lit par la contradiction, par l'inférence, que permettent les termes littéraux, mentions, représentations, est aussi, par là, la désignation en creux de toute figure, la possibilité d'une pertinence s'il est engagé un jeu tropique, le dessin d'un lieu commun qui ne défait aucun terme littéral. Du nom d'homme à « Je meurs », la réalisation littéraire opère comme un réducteur universel — ramener les noms des scènes du monde au nom d'homme, les noms des scènes de la vie quotidienne au « Je meurs », et, simultanément, parce que cette réduction se fait de manière polytropique, faire de cette réduction le dessin explicite de la disparité, autrement dit de la limite du jeu des mentions et des représentations. La littérature de la modernité réfléchit son statut de réponse à la limitation de l'entreprise de dire, de représenter. Réfléchissant ainsi son statut, elle vient au nominalisme et à la notation de la singularité commune — cela qu'elle ne peut avoir voulu dans son jeu de pertinence. L'écriture réfléchit son statut de réponse à la fonctionnalité du signe, de l'énoncé, de l'énonciation, par-delà la mort du sujet — cela fait entendre que signe, énoncé, énonciation peuvent aller en nombre infini de mentions —, par la notation explicite de l'anonymat (Nathalie Sarraute), par la construction du récit qui demeure étranger au déchiffrement qu'il suscite — le récit ne peut prendre en charge la série des mentions qu'il induit –, par la singularisation de la métaphore sous le signe du monstrueux et de l'inexplicable – le jeu de la différence dans l'identité place la maîtrise des mentions sous le signe de la singularité. Il y a là la clarté impraticable de la modernité qui traduit la distance qu'expose le texte : de ce que restitue l'écriture à ce qu'elle n'a pas voulu.

A partir de ces constats, le principe de pertinence attaché à la littérature et à l'écriture peut être caractérisé plus généralement. L'hypothèse, l'assertion, la reconnaissance de la communicabilité de la littérature et de sa présomption de pertinence deviennent, une fois qu'elles sont acquises, partie du jeu inférentiel offerts au lecteur. Écrire, offrir un texte littéraire revient à proposer au lecteur un ensemble d'inférences, auxquelles il faut ajouter les inférences tirées de la reconnaissance de l'intention littéraire ou de l'identification de tel énoncé comme écriture dans le texte. Cette intention et cette identification renvoient à l'ensemble total des inférences possibles. Il est impossible de calculer la littérature. Qu'il soit impossible de la calculer n'est encore qu'une réponse de la littérature à la question et à la limite de sa pertinence. Où il y a une caractérisation contrastive de la littérature. Dans le discours « normal », le locuteur renonce à pouvoir contrôler d'avance l'effet de communication qu'il produit sur l'auditeur, il retient essentiellement l'effet informatif, ou dispose, de plus, les moyens de négocier cet effet. Dans le discours littéraire ou identifié comme tel, l'hypothèse de l'effet informatif n'est pas exclue, mais elle est encore soumise à la variabilité du statut des termes du texte littéraire et au jeu de réciprocité que portent les inférences induites par le texte et par l'identité ou la reconnaissance de ce texte comme littéraire. Il faut, par là, comprendre que la littérature de la modernité redouble la question de sa pertinence. Elle fait de la métareprésentation une question au regard de la lettre même, et de cette métareprésentation le moyen d'ouvrir à la question de la pertinence de sa lettre. Il suffit de rappeler John Ashbery.

L'exemple extrême de cette situation rhétorique de la littérature est proposé par les œuvres autoréflexives. Celles-ci, en effet, se donnent pour littéraires et pour entièrement prises dans les limites et les rapports inférentiels de leurs discours, de leurs mentions et de leurs représentations internes, et incluent dans ces limites leur caractérisation d'œuvre littéraire. Dans cette économie, il y a la réponse à ce qui limite le geste de l'écrivain : la limite à la possibilité de multiplier les mentions et les représentations. Dans sa limite, dans la limite de ses présentations, l'œuvre autoréflexive a pour condition que n'importe quoi peut être redécrit, redit, narré à nouveau, par rapport à n'importe quoi d'autre dans l'œuvre. Le texte littéraire ne s'enchaîne que par ses impropriétés : il est, par là, la possibilité de toute représentation, de toute pertinence, dans le caractère provisoire de cette pertinence. Tabucchi figure ce caractère provisoire par le jeu de l'enquête, qui est elle-même impertinente, et qui mesure la distance de ce qu'entend d'abord dire le récit à ce qu'il n'entend pas dire – sa banalité, toute banalité. L'hypothèse de l'écriture identifiée à un signe qui fonctionne par-delà la mort du sujet, propose une caractérisation textuelle qui est le symétrique des caractérisations offertes par les œuvres autoréflexives : tout discours, dans un état de défaut de sujet et, en conséquence, de référence qui soit activement assignable, peut être pris dans tout jeu de rapports de pertinence, comme il peut être le fond de tout jeu de rapport de pertinence. Cela fait entendre une trivialité : l'écrivain et son contemporain, le lecteur, sont aveugles à la pertinence à venir, à ce que l'avenir rendra lisible dans l'œuvre. Cela fait encore entendre que la redescription (à venir) de la pertinence n'est que la reconnaissance de l'écriture et de son effet de banalité – l'écriture peut être de n'importe quelle redescription.

Le propos critique de la modernité peut être reformulé. L'affirmation de la littérature et de l'écriture répondrait, suivant les exposants des références à la rhétorique les plus fréquentes, à une double finalité : disposer une communicabilité littéraire propre – en disant l'intransitivité, on dit cela même ; conserver les dichotomies et les contradictions du langage – elles sont communes. Mais cette double finalité n'est pas analysée suivant la pertinence qu'elle suppose. Or il importe de distinguer entre une caractérisation de la littérature et de l'écriture, qui est indissociable d'une imagination de la littérature et de l'écriture – ce à quoi reviennent les notations de l'intransitivité et de la métaphore dans la mesure où elles sont définies comme les moyens de l'écriture –, et une caractérisation qui prend en compte la pertinence rhétorique de ces notions mêmes. Cette pertinence se note explicitement : l'hypothèse de la communicabilité de la littérature et l'hypothèse d'une différence maximale de l'écriture sont l'hypothèse d'une contextualisation et d'une interprétabilité constantes. Ce qui se formule relativement à la notation suivant laquelle les dichotomies et les contradictions de langage doivent être conservées : il n'y a pas de principe qui puisse les défaire, elles sont, en conséquence, pertinentes, de la même manière que, s'il n'est pas possible d'établir une distinction de principe entre le littéral et le métaphorique, l'interrogation sur cette distinction doit être abandonnée, et le littéral et le métaphorique sont également pertinents. Cette égale pertinence permet, dans la communication littéraire, le changement de statut des termes du texte, de l'œuvre, de la communication.

La littérature est une communication dont les termes peuvent changer de statut ; par cette variation possible du statut de ses mots, elle figure que toute trace de position des destinateurs et des destinataires est effacée, que les divers degrés de pertinence des termes de la communication se ramènent les uns aux autres. Affirmer la littérature, c'est affirmer cela même. Cela peut encore se formuler : dans la critique contemporaine, telle celle de Blanchot, la littérature est définie de manière si vaste que sa vastitude la cache. C'est dire que la littérature n'est qu'un lieu commun, dont précisément les termes peuvent changer de statut et qui suscite des attitudes diverses d'adhésion, suivant que ces termes sont traités comme des signaux de communication, comme les parties d'un jeu inférentiel, comme les indices du lieu commun. Cela explique la notion d'écriture générale, telle qu'elle est définie par la déconstruction : cette notion suppose initialement une identité minimale et, en conséquence, une différence maximale de l'écriture, qui est, par là, opposable à la quasi-totalité des écrits, qu'en conséquence, elle désigne. Par ce jeu de désignation, l'écriture, est ce qui, au sein des discours, peut changer de statut, et retrouver ainsi les conditions spécifiquement rhétoriques de la littérature – sa possibilité est une possibilité précisément rhétorique : selon les lieux communs, selon leur savoir que l'on a d'eux, selon leur disparité. C'est pourquoi la littérature ne peut exposer sa maîtrise que selon ces lieux et leur disparité.

Dans son littéralisme – ce jeu sur tel mot, homme, mort –, dans son travail sur la limite du *médium* de la littérature – il se conclut à la monstruosité sémantique –, dans le défaut d'encodage comme de systématisation qu'elle suppose – ainsi, le récit ne peut être son propre déchiffrement –, l'œuvre, qui se donne pour sa propre lettre, ne cesse de désigner l'allégorie de la littérature comme une, et elle ne cesse simultanément, par une manière de dénégation de cette allégorie, de marquer un pouvoir de l'œuvre singulière. Cette singularité est alternative dans la représentation de la littérature, qu'elle figure par ce jeu d'alternative et dont elle se donne cependant pour distincte. Elle est la répétition du lieu commun, dont elle entend se séparer cependant et qui se figure par la question. Ainsi l'œuvre se construit à la fois dans le rappel de son lieu, qui peut être d'une stricte intertextualité, se présente comme une singularité scripturaire et comme une lettre commune, et dessine par là la possibilité de la pertinence.

Cela fait considérer la *stance* moderne de la littérature moins comme une stance d'auto-identification que comme cela qui s'épuise inépuisablement à donner contenance à la vie de la pensée, suivant l'économie de la question et de la multiplicité des réponses, suivant un jeu tropique de nature, suivant la désignation qui fait reste dans l'écriture et au regard de l'écriture : tout discours, toute banalité, toute présentation, toute représentation. C'est pourquoi la littérature contemporaine a pour condition le savoir explicite des représentations, de ses propres lieux, non pas pour les déconstruire, mais pour les disposer à la fois comme une inévitable présentation dans l'œuvre et comme ce qui par le jeu de la pertinence, tel que l'œuvre l'expose, acquiert un double statut : ils sont présentés, ils sont la voie de la pertinence. Ils apparaissent cependant comme un en deçà de la pertinence : celle-ci est par la métareprésentation que fait l'œuvre et qui s'identifie au mouvement de la pensée, de cette pensée indissociable du vraisemblable qu'elle reconnaît, qu'elle se donne.

Le retournement de l'exercice de la pertinence par rapport à la première modernité se lit aisément. Dans la première modernité et jusque dans la notation de l'énigme que propose Nuno Judice, les représentations, la représentation de la littérature, la pensée, la pensée de l'écriture, sont toujours un reste face à toute chose et face au mouvement de l'imagination, où il y a l'impasse de la pertinence. C'est pourquoi la fiction de Wallace Stevens est à la fois une fiction de la poésie et une fiction de la séparation de la poésie. C'est pourquoi, dans le partage usuel du modernisme et du postmodernisme, la littérature est simplement décrite comme ce qui était capable de s'instaurer sans que les caractérisations usuelles du modernisme considèrent cette impasse de la pertinence en elle-même, et comme ce qui ne serait plus capable de s'instaurer, sauf à faire de ce constat sa propre motivation, sauf à marquer qu'elle va avec toute différence, avec toute contradiction, sauf à confondre la littérature et le bain d'imaginaire.

De fait, l'exercice de la pertinence dans la littérature contemporaine est exercice qui procède à un internement spécifique des différences, celles que font les diverses représentations entre elles, comme le font les divers discours entre eux, celles que font les divers moments du temps. L'énigme, telle qu'est caractérisée par Nuno Judice, fait comprendre que l'impasse de la pertinence est la conséquence de la visée de la pertinence, de l'effort monstrueux qui lui est attaché, comme le marque John Ashbery, de la cécité qui en résulte, des possibles proprement rhétoriques du récit, comme l'indique Tabucchi. La solution au problème de la pertinence est dans le paradoxe même de la pertinence : elle suppose le rapport de la lettre aux représentations communes, de tel moment, de telle culture ; elle suppose que ces représentations ne fassent règle que dans la mesure où elles laissent libre le jeu de l'intuition banale de la pertinence ; elle suppose que la pensée que portent les *doxa* et la littérature, soit pensée suivant la lettre de la littérature, suivant ces *doxa* et suivant l'intuition banale de la pertinence. En ce sens, il ne peut y avoir d'hyperécriture identifiée à une maîtrise de ce mouvement de la pertinence, contrairement à ce que dit, par exemple, la vulgate critique à propos de Borges ; ou d'écriture identifiée à l'indifférence de la question de la pertinence – indifférence se comprend comme une indifférence à cette question ou comme la notation que les divers jeux de pertinence sont indifférents les uns par rapport aux autres –, contrairement aux lectures tout aussi banales qui reconnaissent, dans la littérature contemporaine, un mouvement singulier d'autocréation ou à celles qui identifient un mouvement qui va selon les représentations variables et selon des pratiques faibles de la raison, ou d'une raison qualifiée curieusement de transversale. Pratique faible de la raison, raison transversale : par cette terminologie, on entend que la littérature, en tant qu'elle relève de la communication, ne se distingue pas de la raison communicationnelle, et qu'il ne faut pas traiter l'écrit esthétique comme autonome de cette raison et de la raison même. Le problème n'est pas cependant de décider quel est le rapport de l'esthétique et du rationnel, particulièrement dans la littérature contemporaine, mais de venir à la signification du fait que la littérature soit question : exposer la communication et la pensée de la communication, non pas de manière argumentative, mais par l'usage du lieu commun.

Ce paradoxe de la pertinence caractérise donc la littérature contemporaine selon son jeu de fabulation en lui-même et non pas suivant le rapport de ce jeu à une rationalité ou à contre-rationalité – il faudrait lire le récit de Tabucchi comme la démonstration de l'étrangeté à ce rapport –, ni suivant son rapport à un pouvoir de réflexion de l'esprit considéré en lui-même – il faudrait lire « Touching, the similarities » de John Ashbery comme la démonstration de l'étrangeté à ce rapport et l'énigme de Nuno Judice comme la notation de la vanité d'un tel mouvement. Cette fabulation corrélée le pensable et le présentable – toute donnée sensible, toute donnée discursive, toute donnée doxique –, contre toute analogie construite du pensable au présentable ou inversement, contre toute discontinuité de l'un à l'autre ou inversement, mais selon le réglage de la représentation qui nous tient ensemble, et qui fait de la fabulation comme l'attente commune de cette représentation. Cette attente se marque par la réduction de la représentation à un jeu de dissociation du sujet et des prédicats – ce qu'illustrent le récit de Tabucchi et l'exercice sur le nom de l'homme, que propose Queneau –, par la reprise de cette dissociation dans l'alliance variable du sujet et des prédicats, qui est indissociable de l'intuition banale de la pertinence – il faut répéter John Ashbery –, et du retour à la seule lettre – le nom de l'homme, le nom de l'agent, le nom du lieu –, lettre de cette dissociation et de cette alliance. La fabulation expose pour lui-même le jeu de la pertinence, qui peut commencer par la présentation de l'exercice de la perception et de la formation des images et, tout autant, par la présentation de l'exercice des représentations (Nathalie Sarraute, Raymond Queneau). Où il y a la justification des lieux communs, comme il y a la justification du questionné – cet objet que font les présentations pour les représentations, les représentations pour la métareprésentation –, comme il y a l'inévitable de la métareprésentation qui n'est que la poursuite de ce jeu dans l'attente de la pertinence.

Chapitre III

Littéralisme

Venir comme après le savoir de la représentation ne suppose pas une récusation de la représentation, que ce soit celle de la littérature, celle de la culture, mais de mener l'expression littéraire jusqu'à cette singularité où elle semble répondre d'elle-même, parce qu'elle se donne pour sa propre lettre, et où cette réponse, par sa singularité, n'exclut pas un rapport spécifique aux croyances et aux représentations, celui d'une dissociation, lisible dans l'œuvre, entre *praxis* et *poiesis*. Il faut comprendre : l'œuvre ne se forme pas suivant l'exposé explicite des représentations disponibles ; mais la possibilité de ces représentations fait la possibilité même de l'œuvre. Cette dissociation peut être lue, dans la poésie symboliste, comme l'échec à construire le symbole suivant l'union nécessaire de la forme et de la représentation, suivant l'union, dans une même nécessité, de la représentation de l'œuvre et de la représentation du monde – c'est-à-dire l'échec à passer de la *poiesis* à la *praxis* en un mouvement où la représentation de la *poiesis* ferait règle. Supposer que cette entreprise réussisse est supposer que la littérature peut être un exercice de communication achevé – sans aucun reste. Cette dissociation est encore paradoxale : car la lettre même est lettre commune, cela qui se lit mot à mot et qui est, par là, reconnu. Ce littéralisme entraîne que l'écriture pose doublement la question de sa pertinence. De manière autocontextuelle : il y a là la question de l'enchaînement des mots et des phrases, dans ce qui s'offre nécessairement ni entièrement codé, ni entièrement paraphrasable. De manière

91

contextuelle : lors même que n'est pas donné de contexte explicite de représentation, il y a la question de l'économie de cette pertinence minimale que porterait l'écriture – cela qui se donne de soi-même pour communicable –, et qui est encore la pertinence de ce littéralisme au regard de ce qui se sait, de ce qui se dit, des représentations. Composer la littérature suivant les équivoques d'une telle écriture qui cependant possède une présomption de pertinence, fait que le *médium* de la littéraire est porté à ses *limites*. Porter le *médium* à ses limites ne désigne ici aucun caractère transgressif de la littérature, mais indique que la littérature alimente, par ce jeu sur la limite du *médium*, le conflit de la résolution de la pertinence communicative et cognitive. Que le conflit soit ainsi alimenté indique que l'engagement littéraire, scripturaire, dès lors qu'il y a littéralisme, c'est-à-dire la certitude de la lettre et de la lecture de cette lettre, est un engagement processuel : la finalité du procès n'est pas tant d'achever une forme ou de constater son achèvement, de construire un sens ou de se tenir à une absence de sens, que de jouer de l'équivoque du littéralisme, du jeu sur la limite – procès même d'une entrée dans et d'une sortie possible de la représentation, où il y a toujours le procès d'une construction de la pertinence. Le littéralisme fait venir l'écriture littéraire à la lettre commune, à une manière de singularité, qui a ou n'a pas de caractéristiques formelles, mais qui n'est précisément que ces lettres. Par quoi il défait explicitement la commande de la *praxis*. Par quoi il n'exclut pas cependant la représentation de la littérature. Par quoi il fait de la lettre la commune mesure de tout passage de la *poiesis* à la *praxis*.

LITTÉRALISME, APORIES DU SYMBOLE, DU RÉCIT, DE L'INTERPRÉTATION, ET RÉDUCTION LYRIQUE

Pour que la littérature vienne explicitement à ces questions et à ce statut, il faut qu'elle dise tout aussi explicitement l'aporie qu'elle fait au regard d'une entreprise de symbolisation littéraire explicite, de visée réalisante, de visée irréalisante, de validation du récit, de validation de l'interprétation – de la reconnaissance expresse de la pertinence –, de validation subjective. L'intuition banale de la pertinence ne peut être le terme d'une poétique, parce que précisément elle ferait taire toute *poie-sis*. Cette intuition banale est l'épreuve, et non la récusation ou la donnée, de l'écriture. En exposant le littéralisme et sa condition, ces jeux aporétiques, la littérature de la modernité dessine l'archéologie d'une visée de la pertinence. Il n'y a plus lieu de supposer la propriété de la littérature ou de s'interroger sur la propriété de cette littérature. Cette supposition et cette interrogation ont pour présupposé que l'écrivain et l'œuvre se lisent, fassent d'abord lire le jeu du sujet et du prédicat, pour simplement noter l'incertitude des ascriptions et, en conséquence, l'incertitude de la relation du sujet, de l'action et du pré-dicat. Telle est la stratégie de Mallarmé ; telle est la stratégie de la fic-tion suprême de Wallace Stevens. Il y a lieu de revenir au monde du sujet, de l'action, du prédicat, de les donner comme dissociés, et de marquer ce que permet ou ce qu'éclaire cette dissociation en termes rhétoriques. Cette dissociation est une exacte mise en scène. L'énonciateur de l'œuvre est constant. Il marque, par cette mise en scène, l'épreuve de la pertinence, et que la rhétorique joue double-ment : suivant la disposition des lieux, qui n'est que la série des disposi-tions possibles du rapport entre sujet, action, prédicat, et des caractérisations qui peuvent être prêtées à chacun de ces termes ; sui-vant la tropique qui ne doit pas tant être lue comme un moyen de caractérisation paradoxale d'une identité que comme ce qui défait ou invente les représentations du rapport entre sujet, action, prédicat, non pour donner ce défaut ou cette invention pour eux-mêmes, mais pour suggérer l'identité sous-jacente de ce rapport défait, inventé, et qui est le lieu commun de tous ces rapports.

La dissociation de la *poiesis* et de la *praxis* traduit, dans l'œuvre, en termes de représentation, la difficulté à apparenter le sujet de l'œuvre à une représentation donnée, et la nécessité de dessiner un champ com-mun de la *poiesis* et de la *praxis*, qui ne corresponde pas à une représen-tation commune de la *poiesis* et de la *praxis*, mais au jeu d'inférence que permettent les représentations de l'une et de l'autre, et le jeu réflexif, attaché à l'une et à l'autre et ouvert par la dissociation. Cette dissociation fait donc comprendre que la *praxis* ne se calcule pas à partir de la *poiesis*, que la *poiesis* n'est pas lisible dans la *praxis*. (Où il y a certainement la récusation la plus nette, au XXᵉ siècle, de l'héritage d'Aristote – la *mimesis*, telle qu'elle est définie par Aristote, fait précisément l'articulation de la *poiesis* et de la *praxis*.) Cette dissociation fait encore comprendre : présentations de la *poiesis* et de la *praxis* sont de l'œuvre, dans l'œuvre ; l'œuvre, cette donnée objective, thématise cette dissociation et ne la sépare pas du jeu de la pertinence ; elle donne également les présentations de la *poiesis* et les présentations de la *praxis*. L'illustration, la plus aisément citable, de l'exposé de cette égalité est l'écriture quelconque. En elle-même, cette écriture est l'exposition de représentations et de croyances communes. En elle-même, elle suppose un geste poétique, certes minimal, celui qui a isolé tel discours, telle série de discours. L'illustration de cette égalité peut être de tous les types d'écriture, de tous les genres littéraires. Il peut être dit les genres qui jouent d'une exacte homologie de la *poiesis* et de la *praxis* – ainsi du roman policier – et qui font de cette homologie une manière de récusation de la *poiesis* – la représentation du mal, du bien, de la loi entraîne que la *poiesis* soit selon cette représentation, bien que l'énigme du roman policier ait pour condition un développement et un exposé propres de la *poiesis*. Il pourrait se dire la même chose du roman à thèse. L'intérêt de la dissociation réside cependant dans la pertinence qu'elle prête à chacune des présentations, *poiesis*, *praxis*, et dans la possibilité d'une ultime pertinence qui serait attachée à la dissociation et au jeu des présentations égales.

La dissociation de la *praxis* et de la *poiesis* est inscrite dans la définition que donne du symbole le premier XIXᵉ siècle. Hegel : le faire est producteur d'un objet dont la visée de la représentation reste obscure au constructeur de l'objet. Idéalisme allemand et caractérisation du roman : le roman est le genre littéraire de toute la pensée et celui qui perd toute *poiesis* spécifique, ou celui dont la *praxis* semble passer la mesure de sa *poiesis*. Réalisme et symbolisme sont effort pour maîtriser cette discordance, et pour faire de la *poiesis* le moyen d'exposer la *praxis*. Hors de ces dissociations extrêmes qui ont pour conséquence d'amoindrir les traits ou les caractéristiques de la *poiesis*, de la rendre obscure à elle-même, de rendre obscure la *praxis*, hors des impasses du réalisme et du symbolisme qui n'ont pu dessiner ce passage certain de la *poiesis* à la *praxis*, l'œuvre est les présentations de l'une et de l'autre, sans que le calcul de l'une à l'autre puisse être établi. Le propos de l'œuvre se définit aisément : la présentation de la *poiesis* est sans autre ; la présentation de la *praxis* est sans autre ; l'œuvre est cette lettre selon la pertinence qu'elle trouve dans la présentation de la *poiesis*, dans la présentation de la *praxis*, cette lettre qui fait la question de la dissociation de la *poiesis* et de la *praxis*.

Présentations de la *poiesis* et de la *praxis* marquent ainsi chacune leur limite et la limite qu'elles font mutuellement. Par là est définissable l'aporie de l'œuvre littéraire, suivant l'équivoque du symbole, du jeu narratif, du jeu du sens, du jeu de l'énonciation explicite. *Symbole* : la dissociation de la *poiesis* et de la *praxis* est, en elle-même, contre-symbolique parce qu'elle exclut aussi bien le calcul de l'allégorie que celui du chiffrage, aussi bien l'indétermination de la pensée de la forme que l'indétermination de la pensée même. En donnant les présentations égales de la *poiesis* et de la *praxis*, l'œuvre constitue cependant un nouveau type de symbole – elle est, par sa lettre, l'évidence de l'une et l'autre présentations et est la question de cette évidence. *Jeu narratif* : le récit n'est qu'à se démontrer comme récit qui n'est pas la représentation qu'il vise, bien qu'il porte cette représentation. *Jeu du sens* : l'exposé du sens se démontre partagé entre la présentation du sens que fait la *poiesis*, la présentation du sens que fait la *praxis*, sans que cette dualité fasse conclure à un non-sens. L'esthétique réaliste contemporaine peut être décrite suivant cette même dualité : la *praxis* entend être celle de la pertinence manifeste ; la *poiesis* se définit comme une non-pertinence au regard d'une telle *praxis*. *Jeu de l'énonciation* : par l'énonciation subjective explicite, il y a une contrainte spécifique de *poiesis* ; il y a la possibilité de ne pas pouvoir rapporter certaines présentations du sujet à ce jeu d'énonciation ; la pertinence de l'œuvre est par la seule commune inférence à partir de cette énonciation et de ces présentations.

Le jeu littéraire, défini à partir de ces dualités que porte l'œuvre, donne l'œuvre pour elle-même, comme ce qui suscite une pensée en

reste – cette pensée qui est un reste face au constat des deux pertinences – et ne décide pas sur le point de savoir si l'œuvre est cependant
l'écho de nos représentations. On retrouve, sous le signe de la *poiesis* et
de la *praxis*, les équivoques de la présentation de la communication et
de la pensée de la communication. La dissociation de la *poiesis* et de la
praxis fait l'œuvre. Cette œuvre est, suivant ses lettres, leur commune
question, limite au jeu d'inférences que peut suggérer la *poiesis*, limite
au jeu d'inférence que peut suggérer la *praxis*, limite de la dissociation :
toute reconnaissance de l'œuvre suivant l'une des présentations engage
l'autre présentation. Cela est la démonstration de José Angel Valente
dans *Trois leçons de Ténèbres*[1], et celle de Peter Handke dans *Voyage au
pays sonore ou l'art de la question*[2]. Cet engagement fait de la dissociation
de la *poiesis* et de la *praxis* une commune présentation – la *poiesis*
devient explicite formulation de questions, la *praxis* explicite questionnement de toute lettre, et l'une et l'autre comme leurs figurations
réciproques.

La caractérisation du jeu aporétique du symbole, c'est-à-dire de
l'exposé d'une pertinence qui reste éventuellement à poursuivre par la
lecture, peut reposer sur l'usage paradoxal de la référence temporelle. Si
la question de la pertinence du symbole est une question actuelle,
défaire cette présomption de pertinence pour conduire à l'interrogation
explicite consiste à jouer de l'actualité du symbole, de sa propriété, par
définition, transtemporelle, et à faire du poème l'histoire d'une contradiction temporelle, l'histoire d'une impossibilité de présenter le temps,
d'une impossibilité à manipuler le temps de façon contradictoire – ou
plus précisément, à rendre une telle manipulation contradictoire ou
inopérante –, de faire jouer la chronographie contre elle-même, de
procéder à un geste rhétorique paradoxal. Il suffit de dire tel poème de
Fernando Pessoa, « Le Contre-Symbole »[3] : le temps fait le présent et,

---

1. José Angel Valente, *Trois leçons de Ténèbres* suivi de *Mandorle* et de *L'Éclat*, Gallimard, « Poésie », 1998, p. 41. *Tres lecciones de tenieblas*, Barcelone, La Gaya Ciencia,
1981.
2. Peter Handke, *Voyage au pays sonore ou l'art de la question*, Gallimard, 1993. *Das
spiel vom fragen oder die reise zum sonoren land*, Francfort, Suhrkamp, 1989.
3. Fernando Pessoa, Le contre-symbole, *Cancionero*, Bourgois, 1988, p. 99.

par là, le passé – l'ombre qui fait passer le jour – et l'avenir, qui se dit par l'attente ; il fait simultanément – à ce point, commence la contradiction de la chronographie – la quasi-universalité de ce présent qui est comme un moment transtemporel et qui donne le lieu de ce présent pour le lieu d'un tel temps et, en conséquence, pour le temps d'un lieu universel : ce lieu n'est que le lieu de sa chronographie et de la conséquence de l'usage contradictoire de cette chronographie – ne reste que « l'histoire / du quai mort depuis que le bateau est parti »[1]. Cet exercice de contre-définition du temps, du lieu du sujet, laisse le poème à sa seule lettre, précisément répétable. De manière similaire, dans « Avant qu'il n'y ait le monde»[2], Yeats récuse toute évocation de la beauté suivant l'allégorie – la figure de la pérennité de la beauté – en supposant qu'une telle beauté devrait être dite d'avant le monde. L'argument implicite est typiquement paradoxal : voir (la beauté d'une femme) est une manière d'avoir, qui ne peut cependant être dite que si ce voir n'est pas trace d'une ressemblance perdue – autrement dit, si le poème est pleinement ce qu'il figure. Pour qu'il n'y ait pas trace d'une ressemblance perdue, il faut supposer un avant-monde, supposition qui n'est elle-même que la négation du présent et de l'actualité de la beauté qui est dite – la négation de la pertinence présente du poème qui évoquerait la beauté et l'amour.

De telles poésies introduisent dans l'aporie de leurs présentations, une question, indissociable de l'exercice de l'aporie : si le poème ne peut écrire la fiction de cette transtemporalité qui scellerait l'image de sa pertinence, si le poème, dès lors qu'il engage ce constat, ne peut se tenir à la simple notation du départ du bateau, de la perte possible de la beauté – notations qui ne seraient que la converse des premières –, le poème est la question de ce qu'il ne peut fixer – ce qui échappe à la tautologie de la répétition d'une histoire, à la tautologie d'une beauté actuelle qui peut être la figure d'une beauté perdue, à ce qui donnerait

---

1. *Ibid.*, p. 99.
2. W. B. Yeats, Avant qu'il n'y ait le monde, *Quarante cinq poèmes* suivis de *La Résurrection*, Gallimard, « Poésie », 1993, p. 145. *W. B. Yeats : The Poems, a New Edition*, New York, The MacMillan Company, 1983.

sens à cette évocation. Il n'est que la question du rapport du poème à cela qui est livré ainsi qu'il est, exposé et, par là, abandonné à soi-même : un port, un visage de femme. L'aporie ne dispose pas le poème, sa notation centrale comme un mystère, mais comme un présent, une scène quotidienne. Ils semblent un plan général en suspens qui se suffit et qui est la voie de la pertinence. Les voies du passé et du futur sont inadéquates qui ne peuvent être moyen de traiter ce qui amène à la présentation de ce présent : la contradiction temporelle dont joue le poème, calcul même sur la possibilité de sa pertinence, est d'abord le moyen de suggérer l'erratique ici même, à travers ce qui constitue encore un paradoxe : un port, un visage qui ne sont pas d'eux-mêmes erratiques. La réduction temporelle du symbole équivaut à marquer que l'œuvre ne porte aucun jeu rétentionnel ou protentionnel du temps : toute lettre est anachronique. En quoi elle se lit littéralement et n'importe quand. Par quoi, elle est en elle-même une chronographie, c'est-à-dire toute pertinence temporelle possible. Où il y a la précise lecture du temps commun qui est rencontré dans la banalité et qui fait la possibilité de la pertinence dans « Touching, the similarities » de John Ashbery. Les poèmes de Pessoa et de Yeats vont selon une *poiesis* qui est, par définition, sa propre actualité, selon une *praxis* qui est celle de la représentation du temps même. Défaire le symbole, qui équivaudrait à une allégorie du temps, de la beauté, revient à donner cette actualité de la *poiesis* comme la limite du jeu inférentiel relatif au temps et, paradoxalement, à faire de la présentation du temps, l'équivalent de la présentation d'un objet actuel – libre du paradoxe temporel.

De la même manière que la lettre est une chronographie parce qu'elle n'est pas une représentation suivant une intention et une protention, cette lettre ne peut acquérir une fonction représentationnelle que dans la mesure où l'alliance de l'allégorie et du trope, qui en rhétorique constitue le symbole, est défaite. C'est là l'exercice de Kafka. Il dispose et exclut la possibilité de l'allégorie, de la conclusion suivant la pertinence du thème et de l'idée. Il dispose et exclut la possibilité du symbole, compris, au-delà de l'allégorie, comme la figuration maximale de la partie qui appartient au tout qu'elle représente. Cette double exclusion renvoie à une écriture et à une lecture littérales du langage commun, de ces lieux communs – on le sait de *La colonie pénitentiaire* où la sentence n'est pas verbalement communiquée au criminel, mais lui est gravée sur le dos au moyen d'une aiguille. De manière similaire, K., dans *Le château*, qui n'a rien appris à l'école, retourne à l'école en étant logé dans une école, avec sa femme Frieda qui est étrangère à l'école – l'école ne se dit que littéralement. La réduction symbolique est encore patente dans la caractérisation du personnage de K. dans *Le procès* : la Cour représente à la fois les Pauvres et les membres de la classe dirigeante, du monde ; elle est une manière de métaphore, qui ne passe à aucun symbole ni à aucune pertinence, si ce n'est celle que font lire les personnages et qui est explicitement celle des lieux sociaux et des discours qui leur sont attachés ; le personnage de K. n'est que la reprise littérale et non métaphorique des identités que figure la Cour. La réduction symbolique est ici le moyen de dessiner une pertinence, qui peut être dite soumise à une ambiguïté ou à une ambivalence, qui, plus précisément, peut être lue comme ce qui désigne la lettre des lieux, dicible de manière seulement littérale, parce qu'elle fait jouer les attitudes vis-à-vis de choses réelles ou supposées (dans la fiction) comme des attitudes vis-à-vis de représentations. Prendre ces représentations et ces attitudes au pied de la lettre, revient à les soumettre, dans la composition des lieux, à un jeu réflexif qui ne les défait pas, mais les soumet à des intelligibilités partielles – pour cette raison même, elles sont données et ont besoin d'être complétées. Le littéralisme ferme le jeu inférentiel ; il traduit une attente de pertinence plus grande et présente la reconnaissance des lieux et discours communs comme l'occasion de l'identification d'une telle attente.

Les degrés de reconnaissance de la lettre ne sont pas les degrés, ainsi que l'enseignent les objectivismes littéraires, de la lecture possible d'un réel, mais les degrés du passage de la lettre à la reconstruction d'une pertinence, qui peut être elle-même de plusieurs degrés ou de plusieurs complexités, et qui peut encore se donner, cette reconstruction, pour un débat sur le degré de pertinence ou sur la part de faux qu'elle peut engager. Cela se traduit en faisant de la question de la pertinence et des lieux la question de la référence, pour conclure négativement. Il n'y a pas le choix explicite du seul signifiant ou d'une imagination de la lettre, mais un jeu de dénégation qui n'est que retour à la pertinence et à la question des lieux : si l'on ne peut dire ce qui est – contestation de la possibilité de la référence –, il ne s'ensuit pas que l'on puisse dire ce qui n'est pas – ce qui serait dire le faux absolument ; il peut cependant être dit ce que n'est pas ce qui est – en d'autres termes, il peut être conjecturer à partir de ce qui est, ou à partir des lieux communs, à partir des identités, et jouer que le réel et la pertinence peuvent s'y reconnaître plus ou moins.

Si le réalisme est défini comme l'évocation présente d'un réel qui est la garantie de la pertinence, et s'il entend faire droit à la singularité quelconque du réel – le réel considéré pour lui-même n'est que le tout-venant –, il entre dans le paradoxe de la fiction de la ressemblance. Cette ressemblance doit être sans archétype, elle ne doit pas être sans pertinence. Il y a un jeu sur le plus et le moins, qui peut être aussi caractéristique de la formulation fictive. Dans le cadre d'une esthétique réaliste, la notation ou l'attente de l'intuition banale de la pertinence supposent une reconnaissance de la formulation fictive, non par rapport à quelque réalité mais par rapport à ce qu'est le geste rhétorique – jeu sur le plus et le moins, par là, jeu sur l'impropriété et indication de la possible propriété : « ... mais toute mise en formules n'est-elle pas plus ou moins fictive, après tout, même s'il s'agit d'un fait réel ? *Moins*, si l'on se contente de relater ; *plus* lorsqu'on cherche les formules les plus précises ? Et c'est peut-être si l'affabulation est la plus forte que l'histoire deviendra intéressante pour quelqu'un d'autre, parce qu'on est plus enclin à s'identifier à des formulations qu'à de simples faits relatés ? »[1] Il est une hyperbole et un euphémisme de la fiction, ou, plus exactement, de toute évocation du réel, qui, par ce jeu inévitable de degré, est, de fait, une fiction qui sait son calcul par ce jeu. Ce calcul trouve son équivalent dans la pratique rhétorique de la littérature ancienne, particulièrement épique – contraster et allier l'élevé et le moyen ou le bas –, qui est un jeu avec la vérité, autrement indicible. La

---

1. Peter Handke, *Le malheur indifférent*, Gallimard, 1975, p. 32. *Wunschloses Unglück*, Salsbourg, Rezidenz Verlag, 1972.

défiguration rhétorique, contradictoire dans sa dualité, est l'en deçà de toute défiguration : « J'aimerais écrire de sorte que l'esprit le plus malveillant ne trouve plus rien à défigurer (car il y a un point où défigurer s'efface devant la vérité). »[1] Par quoi la défiguration réaliste va avec le jeu de l'ethos.

Dans ce calcul, la pensée ne peut venir complètement à elle-même, comme elle ne peut venir complètement au réel – ce qui est écrit, ce que vise ce qui est écrit sont dans une manière de décalage qui identifie l'écrit au mot à mot. Mais cela même est un engagement spécifique de la pensée, même pour celui qui écrit, ainsi que le note Peter Handke : « Mot pour mot – c'est-à-dire mot après l'autre – c'est la manière dont je pense quand je ne suis pas entièrement rempli par la pensée. »[2] Où il faut encore reconnaître le pari le plus sûr sur l'inintelligence. Où il faut, dans les termes de Peter Handke, identifier, s'agissant de la première situation, le danger de toute copie de mots, de discours, d'argument, qui manque la singularité de son objet, la singularité de cette banalité – puisqu'on est dans l'hypothèse du réalisme, qui fait taire toute question. Où il faut, dans les termes de Peter Handke à nouveau, identifier, s'agissant du lieu commun, le danger que disparaisse toute question dans le quotidien. Il y a une pensée incomplète par un trop et par un manque d'intelligibilité, comme il y a un euphémisme et une hyperbole de la fiction. Il ne se conclut pas que le discours est mensonger au regard du réel, mais qu'il est rhétoriquement impropre, au sens où il ne peut occuper le lieu du réel, au sens où il est aussi, par le jeu du stéréotype, relatif au destinataire, au sens où il sait le risque de l'inintelligence. Dans le réalisme et sa fiction, la question de la pertinence est toujours question provisoire, question de représentation qui fait que, par son impropriété, il n'y a plus rien à représenter, et que la question de la pertinence tombe : « La représentation vient se former et remarque soudain qu'il n'y a plus rien à représenter. Alors elle tombe comme un personnage de dessin animé qui s'aperçoit qu'il ne marche

1. Peter Handle, *L'histoire du crayon*, Gallimard, 1987, p. 182. *Die Geschichte des Bleistifts*, Salzbourg, Residenz Verlag, 1982.
2. *Ibid.*, p. 74.

depuis le début que sur de l'air. »[1] La fiction littéraire réaliste n'est que celle qui sait ces bornes : les bornes du trop d'intelligibilité, du trop peu d'intelligibilité ; les bornes du moins, du plus au regard du réel.

L'identification de ces bornes suppose une écriture qui reconnaisse les lieux, l'allégorie, l'image, la question de la vérité. *Les lieux :* en notant que la fiction réaliste est un objet d'évidence, Peter Handke retrouve les ambiguïtés du terme de la rhétorique antique – pas tant dire une chose, une action que les montrer, ce qui suppose peut-être l'imagination, mais pas seulement : « Rien n'est vivant d'avance, ni disponible pour la description [...]. Invente une phrase pour cela, des phrases où tout cela prendrait vie ; c'est-à-dire ne te fie à la force d'aucun mot comme tel : rien n'est poétiquement disponible – il te faut d'abord le réveiller par la pensée comme une ouvreuse qui indique les *places* ; écrivain ouvreuse. »[2] La caractérisation de l'usage du mot ne laisse pas d'être obscure. Elle fait place à un littéralisme et à un enchaînement des mots ; elle exclut le pouvoir du mot même – ce qui amoindrit le renvoi à l'imagination ; elle stipule une place des mots selon la pensée – où il faudrait reconnaître un jeu des lieux communs applicable aux mots ; elle fait l'hypothèse, par cette stipulation, d'autre chose qu'un simple passage du mot au concept : la pertinence est par cette appartenance rendue explicite du mot au langage qui se pense et qui n'est pas cependant le tout de la pensée. *L'allégorie :* « Oui il était capable de se fondre complètement à d'autres par la pensée, de les intégrer par métamorphose. Pour cela il n'avait besoin que de ce moment où ils étaient ouverts, s'offraient tranquillement avec confiance et se montraient alors comme des figures allégorique du "deuil", de la "colère", de la "joie", du "désir" : alors il les retenait pour toujours... »[3] Par allégorie, il faut comprendre que se dit le sujet parfaitement exposé, sauvé de n'être rien, le sujet pour lequel la pensée est alors hospitalité, le sujet qui est cependant pensé suivant un lieu, de manière pertinente, et sans qu'il devienne objet de la seule imagination.

1. *Ibid.*, p. 130.
2. *Ibid.*, p. 32.
3. *Ibid.*, p. 66.

Ces moyens sont indissociables de l'expérience du vrai, qui est elle-même une question et un possible récit : « Et comment puis-je savoir que j'ai fait l'expérience du vrai ? – il faut que je le raconte. »[1]

Dire comment l'on a fait l'expérience du vrai, ce n'est que revenir aux conditions qui viennent d'être dites de la fiction réaliste, en précisant que ces conditions ne peuvent faire le tout d'une pensée et qu'elles sont une objection contre leur propre pouvoir de dénomination – la fiction est soit un plus, soit un moins. Où il y a l'attente de l'intuition banale de la pertinence, qui se comprend moins par la notation de l'évidence que par celle de l'image, qui traduit une méfiance à l'égard du langage. L'image, ce qui se comprend, dans les termes de Peter Handke, comme la description qui relève d'un regard froid, ne renvoie pas tant à l'imagination qu'à ce qui va contre le pouvoir de profération du discours, et qui suggère le pur être-ainsi des choses, de ce réel, qui n'est pas autrement. L'image est le complément du calcul sur l'euphémisme et l'hyperbole. Elle ne suppose pas la correspondance du mot et de la chose ; elle suppose que le langage peut calculer ce qui est hors du calcul de la fiction, c'est-à-dire de la pensée, dans la fiction, et qui est comme la pertinence de ce calcul, de cette pensée. Il faut seulement dire *comme* : telle est l'ambivalence de l'évidence, en termes rhétoriques, qu'elle suspend la pensée dans le jeu de la pertinence achevée, et qu'elle exclut l'explicite d'une telle pensée. Par un retournement paradoxal, il faudrait caractériser l'évidence comme la fiction que produit le calcul sur l'euphémisme et sur l'hyperbole. Cette fiction se lit de manière seulement littérale ; elle suppose l'intuition banale de la pertinence, mais n'y revient pas. Cette pensée de la pertinence se formule de façon seulement indirecte – à partir de la pensée de la sous-détermination et de la surdétermination, à partir de la *poiesis* qui est le contraste de ses descriptions.

Le réalisme vient au littéralisme parce qu'il entend écrire à partir de ce qui est. Fantastique et science-fiction viennent au même littéralisme en considérant ce que n'est pas ce qui est. Cette contrainte du littéra-

---

1. *Ibid.*, p. 77.

lisme s'interprète moins comme la conséquence du jeu de négation que celle de l'exercice de la reconnaissance de la pertinence, porté à un paradoxe : dire la reconnaissance de la pertinence est dire cette pertinence de façon déplacée ; faire récit est faire l'ailleurs de la représentation. Il est usuel de noter l'irreprésentable du fantastique, l'impossibilité de faire voir exactement le monstre. Il est encore habituel de s'interroger sur la part d'imagination active que doit alors engager le lecteur. Il est plus efficace de noter que, en jouant non pas de ce qui n'est pas, mais de ce que n'est pas ce qui est, on interroge la pertinence de toute identité commune à partir d'un jeu simple : si le monstre est quasi objectivable, c'est que précisément le langage ne peut dire absolument le faux, et que dans cette impossibilité, il ne peut revenir qu'à l'interrogation de la pertinence d'une identité commune. En conséquence, dire ce qui n'est pas de ce qui est, est simplement placer ce qui est sous une pertinence paradoxale, qui n'est que la question de la représentation de ce qui est – question inachevable – qui appelle la notation des degrés de la pertinence. Il est usuel de noter que la science-fiction n'est que l'exemple parfait de ce que ferait la fiction, construire des mondes. Il se dit à partir de là la projection imaginaire que supposerait cette construction, tant en termes d'écriture que de lecture. L'hypothèse de la projection, qui est une constante des thèses herméneutiques, a deux présupposés : l'effet de réel d'un discours (de fiction) – il faut bien dire effet de réel dès lors qu'on dit projection, puisque la projection est acte d'un sujet réel – tient dans ce que pour d'autres et à d'autres il représente. Ce qui fait entendre qu'il n'y aurait plus de pensée qui, face à cet effet de réel, en partageât la puissance. Ou en d'autres termes : l'acceptation de la thèse de la projection, la pratique de la projection supposent une défaite de la pensée, un abandon de la possible pertinence. Ce n'est que marquer, à travers cette caractérisation de la science-fiction et ce privilège accordé à la projection, un possible exercice despotique de la littérature, qui peut s'interpréter : dans l'acceptation d'un monde de la fiction, il y a l'acceptation de tous les lieux de la fiction hors d'un débat – identifier, comme le fait Paul Ricœur, ces lieux à la figure anthropologique de l'homme, pâtissant et agissant, ce n'est que revenir à une manière de despotisme du discours sur l'homme, d'autant plus efficace qu'il prend le moyen d'un effet de réel. Cela porte le dessin d'une impossibilité de pertinence : l'hypothèse que la fiction fait monde et qu'elle n'est pas dissociable d'un jeu de projection, revient, *de facto*, à dire qu'elle ne peut être d'une pertinence actuelle, d'une réponse actuelle, sauf à considérer son despotisme comme une réponse.

Si l'on considère, à nouveau, l'exemple de la science-fiction, si l'on rappelle la notation qu'il peut être dit seulement ce que n'est pas ce qui est, et non pas ce qui n'est pas – la thèse de la projection revient à reconnaître que le langage peut dire ce qui n'est pas –, faire monde n'est pas littéralement faire monde, mais disposer explicitement une autre présentation qui, en jouant de ce geste : présenter ce que n'est pas ce monde (notre monde), ne peut donner cette autre présentation pour elle-même, en elle-même, mais représente les présentations de ce monde (notre monde) auprès d'un autre discours, d'autres présentations – qui, parce qu'ils sont autres de manière extrême, figurent l'équivoque de toute représentation de ce monde. La science-fiction joue ainsi exactement de l'allusion : le récit ne cesse d'être l'allusion à l'ensemble de l'univers qu'il dessine ; il est encore l'allusion aux présentations de ce monde-ci, d'une manière explicite qui est seulement locale dans la fiction. Ces deux niveaux ne dessinent pas nécessairement une cohérence ; ils jouent cependant l'un par rapport à l'autre comme le dessin réciproque d'une pertinence possible, qui n'est que le dessin de la possibilité de la pertinence que portent les représentations de ce monde (notre monde). L'autre présentation ne fait pas monde parce qu'elle n'est qu'une partie de la composition de discours qui ne représentent rien absolument, mais seulement ce monde, pour autant que ces discours le représentent les uns pour les autres au sein du nœud qu'ils font de leurs lieux communs, de leurs savoirs. Il n'y a pas de dessin de la pertinence ultime – dans l'hypothèse d'une telle pertinence, cette autre présentation serait alors la loi du monde dont elle est la contrepartie. Il n'y a pas de dessin du défaut de pertinence – ce défaut serait-il assuré que cette autre présentation, dans la science-fiction, serait *radicalement* un autre monde, ou ferait de ce monde-ci un monde soumis à l'inintelligibilité de l'autre monde. La pertinence possible se lit dans la structure de l'allusion : la présentation de ce monde (notre monde) valide l'autre présentation ; cette autre présentation offre son propre jeu de validation par le nœud de discours et de savoirs, de croyances, de représentations, qui la constitue. L'équivoque de la pertinence est là : il n'est pas montré comment une validation comprend l'autre validation. La notation d'une projection dans le monde de la fiction se réinterprète : elle n'est que l'attente d'une reconnaissance intuitive de la validation – celle-là même qui s'exerce face aux représentations de ce monde (notre monde). La fiction et la science-fiction, exemplairement, ne sont que l'attente de l'intuition banale de la pertinence. Le fantastique et la science-fiction font entendre : à les écrire mot à mot, à les lire de même, ils ne peuvent être toute ma pensée – il n'y aurait plus l'attente de l'intuition banale de la pertinence.

Cette situation du fantastique et de la science-fiction au regard de la pertinence peut encore se lire : la pertinence achevée ne peut être que de l'espace et du temps à côté, là où toute relation serait appropriée. Que cet espace et ce temps soient donnés, fictivement, dans l'ici et le maintenant de la fiction réaliste, dans la monstruosité de la fiction fantastique, dans l'autre présentation, qu'est la science-fiction, revient à indiquer que toute identité est contingente – dont le monstre est la figure –, ainsi que toute exposition explicite de la pertinence. Que cet espace et ce temps soient donnés fictivement en un autre temps, un autre lieu, équivaut à marquer que toute notation explicite de la pertinence est déplacée et certainement fictive. Où il y a l'argument – sur ce point, science-fiction et fantastique font argument – que la démonstration d'une propriété de la lettre est déplacée par la fiction. Où il y a la récusation de tout réalisme, entendu comme l'entendait le XIXᵉ siècle. En une double façon : supposer la propriété de la lettre, c'est ne plus reconnaître la fiction, mais seulement l'imagination ; reconnaître la propriété de la lettre devrait équivaloir à assumer son impropriété, à la dire commune, à identifier l'évocation du tout-venant à cette impropriété commune, à reconnaître toujours la possibilité de la représentation.

Fantastique, science-fiction, réalisme : le lieu de la pertinence est ailleurs, hors de la lettre de l'écrit ; il ne peut être d'un autre monde ; il ne peut être la propriété assurée de la pensée, livrée au mot à mot. La pensée incomplète est pensée de cette contingence que figure l'autre présentation, que figure l'image et qui n'est que la question du réel dans le jeu du moins et du plus – exercice de la représentation d'un objet auprès d'un autre discours, qui suppose les lieux communs, l'allégorie, l'explicite question de la vérité.

Le récit se dispose comme aporie par un jeu similaire. On raconte donc. On peut raconter ce qui a déjà été raconté : ce qui n'est que la répétition de ce que fait le récit – répéter ce qui est arrivé, ce qui a été fait. Il le répète maintenant – par quoi il démontre qu'il n'y a pas de présent sans mélange et que cela même fait la difficulté du récit. Car le récit en répétant ne peut répéter seulement : il surdétermine, il sous-détermine ; ce faisant, il fait s'éteindre en lui-même le répété, le passé, qui devient comme le calcul d'une chose autre. Rien ne reste qu'une interprétation nébuleuse de la répétition. Telle est la démonstration de Kafka dans « Le silence des sirènes »[1]. Le récit répète Homère, en alté-rant la conduite d'Ulysse, celle des sirènes qui deviennent ici silencieu-ses. Par le silence, il est joué d'une sous-détermination du récit répété. Il est aussi joué d'une surdétermination : le silence est la plus grande ruse des sirènes, plus grande que celle d'Ulysse. Comme le silence, pour qui s'est bouché les oreilles, n'est pas reconnaissable comme tel, faut-il voir dans le fait de répéter le récit suivant le silence des sirènes, une répétition qui, de fait, surdétermine la conduite d'Ulysse – il ruse contre les sirènes et contre les dieux mêmes ? Il y a là une caractérisa-tion du récit : de la même manière qu'une glose dirait, selon Kafka, que « la déesse du destin ne pouvait percer à jour son for intérieur [le for intérieur d'Ulysse] », de même, le « for intérieur » du récit ne peut être pénétré par le récit ou par son lecteur. Ce qui fait comprendre que le récit ne peut pas même se donner comme sa propre démonstration et que, dans son jeu de sous-détermination et de sur-détermination, atta-ché à la répétition qu'il fait, il n'est que sa propre lettre, ce qui fait s'éteindre là ce qui est répété, c'est-à-dire raconté, ou ce qui le rend comme constamment imminent. Le récit n'est que sa propre tauto-

---

1. Kafka, Le silence des sirènes, texte et commentaire dans John E. Jacskon, *Mémoire et création poétique*, Mercure de France, 1992.

logie, ou ce pouvoir de son présent. Aporétique au regard de ce qu'il répète. Contraint d'imaginer un discours qui lui fait suite. Énigme de ce à quoi il répond. Paradoxalement désignation du hors champ, ce qui passe ce récit – dans les termes de Kafka, le destin –, à quoi il est, par définition, impénétrable. Le hors champ n'est que le passé et l'avenir. La seule pertinence première est de la lettre du récit, manière d'interlude, silencieux comme le supposé silence des sirènes. Tout reste ouvert hors du récit ; le récit ne peut répéter que dans un temps et un lieu qu'il lui faut rétablir : celui de son silence. Que ce silence permette de dire à la fois, dans « Le silence des sirènes », les sirènes et le destin, enseigne : le jeu infini de renvois possibles fait qu'aucun récit ne peut raconter normalement une histoire et que son lieu singulier appelle la mémoire du tout autre. La possibilité de l'intuition banale de la pertinence a pour condition que subsiste la question des limites du récit – la question de la répétition, qui peut prendre la forme du paradoxe de la mémoire. Cela fait entendre que le récit ne peut passer sa lettre.

L'aporie de la littérature, par son littéralisme, engage une aporie de la pertinence qui appelle l'attente de l'intuition de la pertinence, ou encore une aporie de l'interprétation – aucun sens ne peut être fixé. Ce qui ne veut pas dire qu'il n'y a pas ultimement la possibilité d'une paraphrase suivant l'intuition de la pertinence. Ce qui veut dire que le mode conscient de la littérature, celui qu'illustrent Pessoa, Yeats, Kafka, n'implique pas une intelligence directe de l'œuvre, quelles que soient les interprétations que puissent porter l'œuvre elle-même, ainsi dans « Le Contre-Symbole », le constat de l'histoire répété peut être lu comme une interprétation du poème, ainsi dans « Avant qu'il n'y ait le monde », les vers conclusifs peuvent être lus comme l'interprétation du poème, ainsi dans « Le silence des sirènes », la multiplicité des interprétations peut être tenue pour un geste interprétatif du récit par lui-même. Le jeu du texte et de son auto-interprétation ou de ses auto-interprétations n'est la voie ni de la fable, comme on le sait, ni d'un jeu herméneutique qui se définirait comme l'initiative intelligible du déchiffrage de ce texte. Cela ne suppose pas que le texte soit essentiellement incohérent – aucun de ces textes ne l'est, mais aucun ne répond à un schéma propositionnel unique. Chacun joue avec la possibilité de

suivre l'écriture abstraite jusqu'à l'infini – Pessoa : « L'escale universelle », Yeats : le paradoxe du sentiment féminin se dit abstraitement et
va jusqu'à dire l'avant du monde, Kafka : le récit devient l'abstraction
de sa conjecture. Cette poursuite est impossible ; elle déferait l'écriture
même – qu'il y ait un port, une femme devant un miroir, une histoire.
Le littéralisme est la blessure de l'imaginaire de la pensée. Il fait que la
pensée atteigne comme son point zéro, et que le texte apparaisse
comme une pure peinture, que l'objet itéré revienne à son flou naturel
– cette histoire du quai mort répétée à un voyageur indéfini, cette
femme dont l'image dans le miroir, à force d'être dite elle-même, tend
à passer dans l'indéfini de l'avant-monde, ce récit d'un récit et ces
interprétations du récit qui ne sont que la figure du récit réitéré qui
vient à un flou. L'aporie est explicite : s'il est une manière de comprendre, qu'exposent ces textes, elle est imprévisible, comme une
vague sur laquelle la conscience et l'intelligence de celui qui est ici supposé parler pourraient se laisser emporter, sans figuration prématurée,
vers des phrases à l'écho si diffus qu'elles touchent à l'oubli. L'aporie
herméneutique se définit comme la récusation d'une pensée plausible
dans le texte. Celui-ci reste à sa tautologie.

L'aporie herméneutique se figure d'une seconde manière. Le
monde de la présentation reste ici explicitement vide – Pessoa : l'escale
universelle n'est que le lieu d'une chose racontée, Yeats : l'évocation
d'un avant le monde traduit la présentation vide qu'est l'évocation du
visage, Kafka : le récit est vide de la présentation de son invisible – les
sorcières en leur for intérieur, Ulysse en son for intérieur, le destin
même puisqu'Ulysse lui est inaccessible. La langue ne peut parler d'un
non-objet, autre, plus élevé que ne le sont cette langue et son objet, de
l'absence d'image que recèleraient toute image évoquée, tout nom
donné à quelque chose – Ulysse n'est que l'Ulysse qui a bouché ses
oreilles avec de la cire. Il ne peut y avoir d'imaginaire de la pensée.

Tautologie du texte, absence d'imaginaire de la pensée : l'œuvre est
comme perdue par l'esprit parce qu'il en est vide. Tautologie du texte,
absence d'imaginaire de la pensée : ces œuvres ont un jeu de représentation spécifique. Il y a à peine l'épaisseur d'un cheveu entre le sujet,
son désir, son rêve, l'horizon de ce monde ; c'est pourquoi ce person-

nage n'a pas besoin de symbole, d'un homme aimant, ni de savoir si les sirènes se sont tues ou ont appelé. L'évidence de ces œuvres, en un sens rhétorique, qui exclut l'herméneutique explicite, est par l'imprévisible qu'elles évoquent, celui de cette quasi-conciliation du sujet, de son désir, de l'horizon de ce monde. C'est pourquoi ces œuvres se donnent comme un silence – explicite avec Kafka, figuré, chez Pessoa, par la vaine répétition d'un port, chez Yeats, dans le silence de la femme face à l'autre l'homme. Ce silence qui laisse explicitement la lettre et la seule pertinence de cette lettre, qui est d'une intuition banale. Il suffit de dire la redondance que constituent les interprétations intégrées dans « Le silence des sirènes » : elles ne reviennent qu'à répéter qu'Ulysse était véritablement impénétrable. Mais il y a là même, dans cette évidence de la pertinence, la question de son silence : le débris du mystère d'Ulysse face aux sirènes, voilà ce qu'est ce récit ; et cela peut se dire avec naïveté ; mais la naïveté n'est pas le refuge de la littérature – particulièrement lorsqu'elle traite d'une ruse. Par quoi elle n'est pas encore la voie nécessaire d'une herméneutique, mais ce qui fait jouer l'évidence de son discours sur la possibilité de toute représentation.

En disant cette aporie du symbole, de la validité référentielle, du récit, cette aporie de l'herméneutique, on marque que l'œuvre constitue en elle-même un jeu de médiations libres parce qu'elles relèvent de la décision de cette œuvre et qu'elles n'exposent pas de relations privilégiées avec ce qui passerait leur jeu – la transcendance, le tout autre, l'histoire. Si de tels éléments sont retenus, ils le sont comme parties du jeu de médiations. C'est pourquoi le temps est le temps, le port seulement le port, le destin et Ulysse impénétrables, l'évidence seulement l'évidence. L'œuvre peut recueillir telles données venues de la littérature, telles données issues de tels ensembles idéologiques, symboliques, telles données issues du contexte qu'elle se désigne ; ces recueils sont autant de recueils singuliers pris dans le jeu des médiations, rendus manifestes par le jeu de l'aporie. Que le vraisemblable de la littérature soit ainsi rendu manifeste – ce que suppose la reprise de l'histoire d'Ulysse par Kafka –, que la présentation de la vie quotidienne apparaisse dans sa lettre – *Le procès* –, que les présentations du temps, de ce monde, apparaissent *pour* ce qu'elles sont, explique l'aporie herméneutique : ces présentations sont intransgressables. Qu'elles soient intransgressables ne les fait pas définir ou reconnaître comme des moyens actifs de la *poiesis*. Il est une fable constante de ces textes : aucune de ces présentations ne peut être reprise activement. Reprendre l'histoire d'Ulysse est cet aveu, comme l'est le fait de laisser le port à une image erratique, et de donner l'*évidence* du réalisme comme ce qui reste inadéquat à un discours de vérité.

La littérature joue ici d'une double dissociation. L'agent de l'œuvre, l'énonciateur dont l'hypothèse est obligée, apparaît comme un sujet qui ne peut faire de l'œuvre son propre prédicat. Ce à quoi correspond l'évidence que le narrateur ne peut prendre en charge l'évidence de ce qu'il narre. Ce à quoi correspond le fait que l'œuvre n'expose pas le rapport entre sujet, action et prédicat. Défaire la symbolique du temps, ainsi que le fait Pessoa dans « Le Contre-Symbole », défaire le jeu interlocutoire, ainsi que le fait Yeats dans « Avant qu'il n'y ait le monde », revient, chaque fois, à défaire ce qui permet la mise en place du sujet, de l'action et du prédicat, et à faire du sujet et du prédicat comme des isolats – un bateau, un départ ; un visage de femme, la beauté. Ce qu'illustre le fantastique : l'objectivité du monstre est celle d'une identité qui ne peut recevoir aucun prédicat pensable, et qui fait disposer tout prédicat comme un prédicat privé de sujet. La dissociation de la *poiesis* et de la *praxis* est traduite dans les présentations mêmes qu'offrent ces œuvres : ces présentations excluent toute pensée qui ne soit pas seulement celle de l'interrogation sur l'ascription.

La réduction lyrique, que présente la poésie contemporaine illustre cette stratégie. L'hétéronymie de Pessoa se lit littéralement comme une telle réduction ; celle-ci ne vaut pas cependant pour elle-même. Ces poètes parallèles, que donne Pessoa, qui peuvent sans doute entrer dans une typologie philosophique, poétique, font entendre que le poète est un cas de figure parmi d'autres, la figure du singulier, de la singularité de l'écriture, qui est par la singularité de la vie commune – les divers poètes hétéronymes font une vie commune. Comme si la poésie en général, la vie en général perdaient tout droit et toute possibilité de régence. Des poètes, des vies, qui sont écrites, se croisent au cours d'une vie, et qui font du poète, dans les termes de Pessoa, une manière de Sphinx commun – il est cette singularité qui ne sait pas la vie générale et qui cependant dispose la multiplicité de la vie dans les vies singulières. Le paradoxe n'est pas ici celui du masque, mais celui de la typologie impersonnelle, rapportée aux représentations de diverses vies et diverses écritures, qui supposent elles-mêmes une vie singulière, unique, qui ne s'expose pas cependant comme la source de ces représentations, données pour elles-mêmes et qui font des présentations. Il y a donc des identités, ces poètes hétéronymes, qui peuvent être des mois, des mondes, mais qui ne peuvent être explicitement des prédicats mutuels, ni prédicats de l'énonciateur, et qui excluent que celui-ci soit traité sur le mode de la première personne ou de la troisième personne – l'énonciateur s'est explicitement traité sur le mode du n'importe qui dans *Le livre de l'intranquillité*[1]. En devenant l'auteur de l'auteur, des auteurs, faudrait-il dire, Pessoa ne peut jamais aborder l'œuvre, disposée suivant les hétéronymes, que comme porte-parole, c'est-à-dire hors de tout mode personnel, ou que comme public, c'est-à-dire sous le masque de n'importe qui, hors de toute identité de l'énonciateur, toujours hors de tout jeu de prédication de l'énonciateur à l'œuvre. Pessoa dispose la poésie comme un langage public par le jeu des hétéronymes ; par ce même jeu, il empêche que la poésie soit parole. Ce langage public n'est cependant que langage singularisé et langage selon les singularités des hétéronymes. Il est construit suivant une dissymétrie : public et cependant privé. Il ne peut être pris qu'à sa lettre. Il ne peut être lu que suivant la dissociation qu'il fait de son identité et de son prédicat, en conséquence double, privé, public. La dissymétrie du langage des hétéronymes est la figure de la dissymétrie du langage de Pessoa : public par le jeu des hétéronymes et cependant langage de quiconque, parce que ce langage ne peut être attribué, selon la *poiesis* et la représentation, au poète même. En disposant ce jeu du public et du privé, Pessoa dispose la possibilité de la comparaison des discours, en même temps qu'il préserve l'aspect inchoatif de la poésie, comme le sont les vies singulières et anonymes. La comparaison des hétéronymes et des représentations qui leur sont attachées ne peut faire loi ; elle est

---

1. Fernando Pessoa, *Le livre de l'intranquillité*, Paris, Bourgois, 1988. *Livro do desas-sossego*, Lisbonne, Atica, 1982.

cependant le moyen de la lecture littérale des divers poèmes des divers hétéronymes – lecture toujours singulière qui ne restitue pas le « Je » de l'auteur. Si la comparaison des œuvres des hétéronymes est l'exercice de pertinence auquel invite la dissymétrie même du langage poétique, cette comparaison n'est pas tant la constitution d'un cadre d'interprétation que la lecture ponctuelle, à la lettre, suivant cette lettre qui peut être animée par une comparaison. La lettre, ainsi écrite et ainsi lue, de la poésie serait ce moment provisoire où s'établit un rapport de sujet à verbe et à prédicat. Dans la section XII du poème de Wallace Stevens, « Ordinary Evening in New Haven »[1], ce qui est donné pour la parole directe du poème est une parole paradoxale – radicalement singulière, interprétable littéralement, mais aussi suivant la comparaison écrite avec la citation nominale de l'objet de la présentation, avec la lettre même. La fonction de cette comparaison est également paradoxale : si le poème est son identité et l'identité de la chose, devrait être exclu le jeu de prédication et de métareprésentation qu'introduit le comme. Le comme n'est que le moyen de faire de la lettre à la fois l'indice de l'identité donnée pour elle-même et l'indice de la possibilité que la lettre entre dans un jeu propositionnel, dans une représentation. La comparaison est littérale par là ; à la fois comme l'en deçà et l'au-delà de la métareprésentation que fait le poème, comme l'en deçà et l'au-delà de toute représentation, toujours bornée par la lettre, ainsi que la représentation du temps est bornée par la lettre et par la présentation de l'actualité.

LITTÉRALISME ET PERTINENCE, *POIESIS* ET *PRAXIS*

Le littéralisme se comprend donc comme l'inévitable de prendre la littérature au pied de sa lettre. La littérature de la modernité n'interprète pas cet inévitable comme le résultat des équivoques et des impasses du réalisme et du symbolisme, mais comme le résultat de cela

---

1. Wallace Stevens, *The Collected Poems, op. cit.*

qui est la condition du réalisme et du symbolisme : sous-déterminer et surdéterminer la présentation littéraire, non pour suggérer la pertinence immédiate, non pour suggérer le passage à la pensée qui ferait retrouver le lieu commun, mais pour que devienne manifeste la présentation de la lettre. La sous-détermination se définit comme le refus de tout jeu métapoétique dans le texte ; la surdétermination comme l'explicite d'un jeu métapoétique. Ce sont là deux moyens de dessiner l'ontologie de l'œuvre : elle est suivant son sémantisme manifeste ; elle est suivant le degré de complexité et de hiérarchisation de son sémantisme. Où il y a deux bornes de l'élaboration de la métareprésentation que constitue l'œuvre. La littérature de la modernité a pour trait de procéder à la même évaluation de ces deux bornes de la métareprésentation : elles sont indissociables d'un littéralisme, qui fait que toute pensée de ces textes est une pensée en reste face à ces textes. Ou encore : ces textes ne peuvent être l'objet d'une pensée active qui en définisse la pertinence exacte ; ces textes ne peuvent être en eux-mêmes tenus pour les prédicats d'aucune représentation à laquelle la pensée puisse s'arrêter et dont elle puisse faire explicitement sont objet.

La démarche est paradoxale. Dans le cas de la sous-détermination de la présentation littéraire, cette présentation est donnée pour adéquate à ce qui serait la représentation commune de l'objet de la présentation littéraire. Dans le cas de la surdétermination de la présentation littéraire, cette présentation est selon le mouvement de la pensée qu'identifie le texte – particulièrement par le jeu tropique, exercice de la pensée et moyen de sa fable. Chaque fois cependant, le lien est comme rompu entre le savoir-faire que supposent ces présentations et les « croyances » qui vont avec ces présentations ; par exemple, celui de l'adéquation de la pensée et de la représentation que cette pensée se donne de la perception ou de son propre mouvement – Pessoa et Dylan Thomas. La *poiesis* suppose une pensée, mais ne fait affluer aucune pensée. La pensée est la condition de la *poiesis* dans la mesure où celle-ci n'est pas dissociable d'une métareprésentation ; la pensée reste comme hors de la *poiesis*. Ce mouvement pourrait se lire comme une manière de profanation à la fois de la *poiesis* et de la pensée, qui seraient mutuellement, réciproquement inopérantes. Où il y a, une fois de plus, l'exacte récusation du réalisme et du symbolisme, tels que les entendait la première modernité. Où il y a la justification de placer toute la littérature sous le signe de la fiction : généraliser le comme si revient à tenter de passer ces dualités et ces antinomies en faisant précisément comme si *poiesis* et *croyance* allaient ensemble, ou à supposer que la profanation est pertinente en ce qu'elle montre la condition de la *poiesis*, précisément une pensée qui ne peut se réaliser et qui laisse donc le discours que produit la *poiesis* comme en suspens entre pensée et représentation. Poursuivre avec la littérature équivaut à poursuivre avec cette discontinuité de la *poiesis* et des « croyances », des représentations disponibles, celles du sujet, celles d'une tradition, celles d'une communauté, à faire de cette discontinuité le moyen de la « croyance » dans la littérature, de la désigner, dans sa réalisation poétique, comme une représentation semblable à ces représentations disponibles, et ainsi à lui donner un statut commun, précisément similaire à celui de ces représentations. Le littéralisme qui est le résultat d'une contradiction du jeu de la pertinence, devient ainsi l'illustration du vraisemblable de la littérature et des représentations. Subsiste cependant ce qui est la raison d'écrire, cette dissociation entre *poiesis* et *praxis*, qui est aussi le moyen de poursuivre avec la littérature en un jeu spécifique de pensée, qui est questionnement à la fois de la *poiesis* et de la *praxis*, par le jeu du littéralisme.

La facilité que se reconnaît le poème en refusant la similitude désidentifiante, en récusant qu'il puisse écrire une manière d'au-delà de sa lettre, la difficulté qu'expose le poème en disant la vanité de sa fable possible, disposent le même dilemme : le poème indique qu'il ne peut en rester à sa lettre, fût-elle explicite, fût-elle proche d'un hermétisme. Ce qui s'interprète : la lettre tend à offrir son au-delà, comme une autre lettre invisible, parce que précisément l'esprit s'est pris dans la lettre – lorsqu'il avoue ne pas savoir ce qu'il pense, lorsqu'il dit entreprendre une fable. C'est là marquer un double mouvement : je peux reconnaître le dehors du poème, et par là, la possible pertinence, mais cela n'exclut pas que je reconnaisse le possible mouvement interne du poème. Je peux reconnaître le dedans du poème – il ne cesse de dessiner ses propres passages ; ce mouvement est une invitation au dehors et à l'exercice de la pertinence. Le poème peut rejoindre le discours banal, comme il peut ne pas le rejoindre ; il est toujours de cet énigmatique qui n'est que la figure de sa pertinence à venir. C'est là encore la figure de ce qui fait le caractère intransgressif du poème : donner la littérature comme question commune de la pertinence : ainsi décrire la lune au-dessus des branches n'est que la question de la validité de ce lieu commun que répète le poète en lui prêtant un caractère objectif ; ainsi la fable que recueillerait le poème et qui en constituerait le lieu commun, n'est qu'interrogation sur le lieu commun du poème. En d'autres termes, le défaut de la métareprésentation, que constitue le poème, participe autant d'une présentation bien formée que d'une présentation qui se choisit altérée. Mais dire ce défaut, ainsi que le font, chacun à sa manière, Pessoa et Dylan Thomas, permet de lire la fonction de la manière d'ontologie que constitue le poème : le poème est le lieu de l'intelligibilité vaine, de l'inintelligibilité, le lieu qui dispose l'intelligence et l'inintelligence, et qui est, par là, la seule solution littérale de cette dualité, l'indication de la nécessité de l'inférence − cependant hors du passage de l'évidence, hors du passage de la lettre.

Cela que traduisent le refus de poursuivre avec la difficulté ou le choix explicite de l'illisibilité, de la difficulté à lire. Qui sont autant de façons de questionner la pertinence de la littérature. Il suffit d'entendre Pessoa en son hétéronyme, Alvaro de Campos[1] :

> Le clair de lune à travers les hautes branches,
> les poètes au grand complet disent qu'il est davantage
> que le clair de lune à travers les hautes branches.
> Mais pour moi, qui ne sais pas ce que je pense,
> ce qu'est le clair de lune à travers les hautes branches,
> en plus du fait qu'il est
> le clair de lune à travers les hautes branches,
> c'est de n'être pas plus
> que le clair de lune à travers les hautes branches.

---

1. Fernando Pessoa, *Le gardeur de troupeaux*, Gallimard, « Poésie », 1987, p. 87, Lisbonne, Atica, 1946.

116

Le paradoxe de la difficulté commence avec celui de la facilité, ou de l'évidence du sémantisme, de la récusation de toute figure. L'objet et le lieu sont ici donnés, explicitement, donnés dans la négation d'une tradition figurative. Donnés singulièrement, il s'agit bien d'un clair de lune et du lieu qu'il fait ; donnés universellement précisément par cette singularité, qui fait de ce lieu un lieu exemplaire : le lieu singulier est la question même de la constitution de ce lieu – qui n'est pas plus que « le clair de lune à travers les hautes branches ». Ces notations peuvent encore se formuler : une fois qu'il est dit dans son évidence, une fois qu'il est montré comme accessible, ce lieu se retourne dans le vertige de son évidence – pourquoi ce lieu n'ouvre-t-il pas un autre lieu ? Cela fait paradoxalement une première difficulté de la facilité du poème. Il est une seconde difficulté de cette facilité : l'évidence du poème suppose, dans l'écriture, une absence de pensée, c'est-à-dire une absence de questionnement explicite, de mise en œuvre expresse de la possibilité de la pertinence. Plus précisément : la pertinence accomplie – ce que suppose l'objectivisme, ce que suppose l'assertion simple, « le clair de lune à travers les hautes branches » –, il n'est plus de pensée. Il est cependant encore la voix du poète : elle ne peut exclure de laisser les mots comme en suspens parce qu'elle ne peut aller sans le rappel de ce qui ne peut pas ne pas être, la pensée qui doit accompagner la voix, ici une pensée qui ne sait pas ce qu'elle pense. La simplicité et la facilité sont d'une difficulté paradoxale : celle-ci ne tient pas au degré plus ou moins grand, plus ou moins faible de lisibilité ; elle tient à ce que dans l'évidence de la simplicité et de la facilité, dans la possibilité même de la pertinence, la pensée, qui va avec le jeu de la pertinence, soit une méconnaissance de la pensée. Cela s'interprète de deux manières qui sont complémentaires : la présomption de pertinence suppose la question qui fait et que fait cette présomption ; cette présomption de pertinence, qui a affaire avec le discours signifiant, suppose l'avoir-lieu du langage, l'expérience de cet avoir-lieu, qui est l'expérience de son évidence et de sa propriété qui n'est formulable que par une question implicite – le défaut de pensée claire qui aille avec cette propriété. Cela est le plus exact commentaire de la notation usuelle – un poème ne doit pas signifier, mais être. Cela équivaut à identifier le poème simple à une manière de donnée ontologique. Que la pensée soit en reste ou qu'elle ne sache pas ce qu'elle pense, est façon de dire que le poète est un intrus face à son poème, ainsi que le débat de la pertinence est une intrusion au regard de la présomption de pertinence et de la question qui la suppose et qu'elle suppose. Cette récusation de l'intrusion fait la possible pertinence du poème dont la lettre est manifeste hors de toute interprétation, hors de toute élaboration, dans la lecture, de l'explicite de la pertinence.

Par un autre paradoxe, la difficulté ou l'hermétisme d'un poème conduisent aux mêmes conclusions. Tel poème de Dylan Thomas, « Parce que l'oiseau du plaisir siffle », suggère, dans les termes du poète, une manière d'allégorie, qui n'est que la substance d'une allégorie – « La personne de sel et le lieu fracassé / Je les pourvoie avec la substance d'une fable ». L'explicite de l'allégorie est exclu ; subsiste la pensée de l'allégorie ; supposer une telle pensée n'est que marquer que l'allégorie est, au moins, en partie inadéquate à la lettre du poème. La lettre du poème n'est donc que la lettre du poème ; elle n'exclut pas les métaphores qui ne sont pas précisément déchiffrables – « ... comme la langue sauvage brise ses tombes » – et qui sont données pour des comparants, auxquelles il est prêté une fonction métapoétique – dont on ne peut décider si elle renvoie à la *substance de la fable*. La possibilité de la pertinence est explicitement indiquée ; son lieu ne peut être précisé, si ce n'est à dire qu'il est dans la lettre du poème. Le poème se place expressément dans le jeu d'un ici – cette lettre – et d'un là – cette lettre qui désigne la fable et le comparant ; il est encore le seuil de cet ici et de ce là ; il est, en conséquence, la difficulté de penser ce passage et le retournement du premier au second, du second au premier – qui est encore le passage du minéral au vivant et réciproquement, « la personne de sel »[1], la nourriture substantielle, du minéral au psychique et réciproquement. Où il y a toujours le constat du deuil.

Le métapoétique est noté, et il n'est pas accompli. Il suggère certainement un enchaînement des lettres et des figures du poème. Par quoi,

---

1. Dylan Thomas, *Vision et prière et autres poèmes*, Gallimard, « Poésie », p. 75, 76.

il devient la question du texte ; par quoi, en même temps qu'il suggère la possibilité de la pertinence, il en marque la distance. Ce n'est là que confronter le sujet avec la possibilité de sa propre intelligibilité : joue un renvoi de cette question au lecteur, par la lettre même qu'il lit, et au poète, par la lettre qu'il écrit et parce qu'il se dit le porteur de la fable ; joue ainsi l'évidence du lieu du poème ; l'enchaînement que suscite la notation de la fable, fait de cet enchaînement une heuristique, et cependant dit un anachronisme du poème. La pertinence est caduque, cela ne fait que répéter le pouvoir de la distance, et l'appel de la fable, reprise de l'anachronique et du passé dans l'attente d'un sens reconnu, qui a été reconnu, qui se dit par la notation de l'ancienneté : « Sur la table ancienne, je répète ce bénédicité. » Il est cependant une actualité du poème, celle de cette répétition, celle de l'inadéquation du méta-poétique. L'explicite d'un discours signifiant est exclu ; il est simple-ment cette ouverture de la distance. Il est donc un intransgressable du poème qui fait la question de la pertinence ; la possibilité de cette perti-nence se lit seulement dans le jeu de la double distance : celle du poète, de sa fable à sa lettre et à son passé ; celle que fait l'intransgressable par lequel le poème devient une manière d'objectivité et d'ontologie.

Cette dissociation de la *poiesis* et de la *praxis* est en elle-même perti-nente si elle est présentée selon un jeu continu d'inférences qui revient constamment à la lettre et qui se formule par d'expresses questions. L'exercice littéraire achevé consiste à d'abord présenter la question, à partir de sa condition la plus manifeste, le littéralisme, sous sa forme la plus manifeste, l'interrogation. Le littéralisme ne fait pas seul la ques-tion. Il ne fait la question que s'il montre que la lettre, en elle-même, par elle-même, suppose le sujet, le verbe, le prédicat, lors même qu'elle n'expose pas qu'ils soient pensés. L'interrogation ne fait pas seule la question. La question a pour conditions que la littérature soit une manière d'oubli d'elle-même, que la présentation qu'elle fait, soit aussi un oubli d'elle-même, qu'elles s'exposent ainsi comme « un vide de questions » (Peter Handke). Que la littérature soit oubli d'elle-même fait comprendre que la littérature et la *poiesis* ne peuvent être cela qui limiterait la question, puisqu'elles en sont seulement le moyen et l'occasion. Par cela, la littérature et la représentation qu'elle fait figurent le lieu du monde, les discours de ce monde. La dissociation de la *poiesis* et de la *praxis* joue comme d'une limite mise à l'une et à l'autre, comme du moyen d'un retour obligé à l'intuition banale, cependant présentée comme l'intuition d'objets non spécifiés, et, en conséquence, intuition de n'importe quel objet, de n'importe quel lieu.

Le jeu du littéralisme – venir à l'alphabet, à la lettre, mais, par là, à tous ses usages, à tout ce qu'elle a figuré –, le travail sur la limite du médium – se tenir à l'alphabet est comme défaire la langue et le discours –, supposent que les discours représentés ne sont pas paraphrasables : la lettre est identifiable dans sa singularité scripturaire. Ce mouvement est paradoxal : revenir à la lettre équivaut à réduire l'œuvre à cette singularité scripturaire et cependant à faire de la nudité de cette lettre la possibilité de toute situation. L'œuvre se dispose comme cela qui peut être le moyen du passage d'une lettre à l'autre, de tout accompagnement d'un autre discours, d'une autre évocation du réel, d'une autre question. Venir à cette lettre, ce n'est encore que venir à l'agent qui a usé de cette lettre. Le littéralisme devient ainsi explicitement une manière de fable : celle d'un monde qui ne serait que de ces lettres, et qui serait ainsi la question de la lettre même – quels peuvent être la fonction, le pourquoi de la seule lettre ? –, celle d'un monde où les lettres figureraient des prédicats libres, celle d'un monde où ces mêmes lettres, parce qu'elles témoignent d'un usage, figureraient le sujet comme en lui-même, celle d'un monde où la question de la pertinence de la lettre est précisément celle de sa pertinence quelconque – des sujets, des prédicats – et celle de l'organisation de cette pertinence quelconque – aller des sujets aux prédicats. Le littéralisme est ici la possibilité de la pertinence libre, celle que le texte expose en suggérant la diversité des sujets, des prédicats, de leurs liaisons, et qui suppose l'idée du monde, l'idée du sujet, inaltérables. La lettre n'est pas une voix nue.

Le recueil de poèmes, *Trois leçons de Ténèbres*, de José Angel Valente joue de ce paradoxe. La littérature ne se donne à lire que selon un exposé de la lettre – littéralement, les lettres de l'alphabet hébraïque qui ouvrent les strophes des *Lamentations*. Reprendre l'alphabet hébraïque, ce n'est que reprendre des lettres considérées actuellement et dont la pertinence est par cette singularité et par cette actualité – ce que fait entendre le commentaire de José Angel Valente, « Trois leçons de Ténèbres : une autolecture », qui suit les poèmes. Cette lettre est replacée, suivant son usage, dans le rite de la messe pascale. Les poèmes de *Trois leçons de Ténèbres* peuvent se lire littéralement comme l'exposé d'une symbolique de la renaissance, indissociable de la messe pascale. Cette symbolique est cependant soumise à un double jeu d'allusion : il y a l'allusion à la messe, mais cette allusion n'est relative qu'à la lettre du poème ; elle suggère que cette lettre fait lieu par un enchaînement sémantique auquel fait allusion la symbolique de la messe. Cela s'interprète encore : la lettre est emprunt – l'alphabet hébraïque ; elle se présente seule ; se présentant seule, elle invite à lire une double pertinence, celle qu'elle tire de l'allusion, celle qu'elle tire de la pertinence intuitive qu'elle expose et qu'illustre cette même allusion : « J'ai porté l'obscure guirlande des lettres : j'ai fait une porte : pour pouvoir fermer et ouvrir, comme pupilles ou paupières, les mondes » (p. 44) ; « La main : alliance de la main et de la parole [...] ma voix n'est pas nue... »[1] (p. 53). La fable est explicite : la lettre est obscurité en elle-même ; elle est la possibilité de son enchaînement, et, par là, celle d'une prédication, en même temps qu'elle suppose un sujet ; il ne peut pas se conclure cependant à la validité certaine de ce jeu ; il peut se conclure à la certitude de l'agent de ce jeu et du monde où il y a ce jeu. Dire l'obscurité, dire que la voix n'est pas nue fait contradiction et ne laisse pas l'obscurité à elle-même. S'il est une leçon des ténèbres, celle d'une possibilité de la pertinence, elle est par la lecture littérale des ténèbres, des lettres qui deviennent leur propre passage et permettent l'exercice de la double allusion. Ce qui n'est que définir un usage pertinent du littéralisme.

Ainsi dire la fonction de l'obscurité, ce n'est que dire que la dissociation de la *poiesis* et de la *praxis* n'est que dissociation commune, celle qui fait l'interrogation quotidienne des discours, du sens. Cette interrogation a partie liée à la recherche des représentations qui permettront

---

1. José Angel Valente, *Trois leçons de Ténèbres, op. cit.*, p. 44, 53.

d'interpréter tel discours, de reconnaître tel sens ; elle a également partie liée à cela qui fait qu'elle est indissociable de la notation de l'obscurité : le tout du langage, des représentations est là impliqué, et précisément, il n'est pas représentable.

Aussi, l'interrogation, exactement considérée, joue-t-elle doublement. Elle dit, en bonne rhétorique, le point fondamental – ainsi, s'il est évoqué, comme le fait Peter Handke dans *Voyage au pays sonore ou l'art de la question*, le mariage, l'amour, ils doivent être évoqués suivant ce qui établit la difficulté. Elle se répète, se diversifie, invitation constante à se prononcer sur cela qui fait difficulté, suivant le lieu commun qu'elle suppose du mariage, de l'amour, suivant l'innombrable des exemples du mariage, de l'amour. Elle a pour condition l'hypothèse constante que le mariage peut ne pas illustrer le mariage, que l'amour peut ne pas illustrer l'amour, que l'on peut ignorer ce qu'on entend dire ou désigner par les mots de mariage et d'amour ; elle a encore pour conditions les lieux communs qui la font, et que ces lieux communs ne peuvent correspondre à aucun jeu de prédication sur le mariage et l'amour, sur les agents du mariage et de l'amour. L'interrogation devient ainsi question sur ce qui fait le rapport du lieu commun et de ses singularisations, du sujet et du prédicat, le report de la représentation sur le mariage, l'amour, et les mariages, les amours, les mariés, les amoureux, parce qu'elle ne cesse de se tenir à la lettre du lieu commun. La question est l'exercice de la pertinence, au sens où elle suppose ces agents et ces états et leur monde. Elle est encore exercice de la pertinence de la littérature qui la reprend, parce que la littérature fait ainsi de son vraisemblable et de toute représentation ce même moyen d'exposer le mouvement du sujet aux états de ce sujet.

Si toute représentation est souvenir de représentation, si tout théâtre est reprise du théâtre, si donc la littérature est dans le monde comme elle est sur la scène, chaque représentation et chaque écriture sont exercices singuliers, qui disent à la fois l'actualité de la seule parole et des choses communes. C'est pourquoi les lieux communs et la littérature sont constants et oublis – ils ne sont que des rôles. Voilà encore un lieu commun, mais qui interdit de récuser l'évidence des lieux communs et la manière d'irréalité que constitue la littérature, indissociable de ces lieux communs. Le lieu de cette ambivalence est la question. Le mouvement que fait ce lieu est la poursuite de la question. Toute question est commune, apparaît comme ce qui va avec le statut de ce qui se dit, de la présentation du lieu commun, cela qui ne vise littéralement rien de précis, et qui est cependant un mot à mot. La littérature n'est que situation singulière ; elle est cependant de tout, comme l'acteur a tout joué, comme la scène figure que l'exercice de la question est de n'importe où, de n'importe quand. Si la question est ainsi un art, une manière de lieu en elle-même, elle est la seule identité de tout ce qui se dit et se représente ; elle peut relever de l'ironie, marquer le passage à l'autre question, désigner le tout manquant des discours, des représentations, à la fois le monde et la littérature. Elle fait la pertinence de ce discours qui, comme sur la scène, ne revient qu'à son mot : l'exercice de la littérature et de tout discours est en question. Pertinence fait entendre que la question suppose l'en deçà de ce jeu, qui suscite la vision et la nomination.

LITTÉRALISME, PERTINENCE, PENSÉE EN RESTE

L'œuvre accorde un droit d'exposé égal à cette pensée singulière qu'elle fait, et à cette pensée commune à laquelle elle tend si sa métare-présentation doit être de quelque pertinence. L'œuvre exclut d'être définie soit comme l'élément d'une alternative par rapport au réel, à un savoir, à un lieu commun, soit comme ce qui va seulement avec le réel, avec sa reconnaissance, ou avec la reconnaissance de tel savoir, de tel lieu commun. Elle est déconstructrice à la fois du discours de l'alternative et du discours de la reconnaissance, en même temps qu'elle se donne pour une pensée réalisante – jeu limité de la métareprésenta-tion. Elle est la réponse aux impasses de la première modernité litté-raire : réalisme et mot juste ; symbolisme et fiction pure de l'idée. Elle instruit que la métareprésentation n'est pas pensable en elle-même. Le littéralisme correspond à une pensée de la pertinence qui ne récuse pas l'intuition banale de la pertinence, mais récuse que le symbole de la pertinence soit autre que le mot commun, tel qu'il est livré par le jeu aporétique, par le retour au littéralisme. La pensée que suppose l'œuvre est donc une pensée en reste. Elle est le mobile du retour au littéralisme, au jeu aporétique ; elle fait que l'œuvre doive se comprendre au pied de la lettre – ce qui est tout à la fois répéter l'intuition banale de la pertinence et marquer que la littéralité s'épuise à donner contenance à la vie de la pensée.

L'objet littéraire, par son littéralisme, fait supposer une propriété cognitive, d'une part ; et, d'autre part, par l'incertitude du lieu de cette propriété, il donne aussi ce littéralisme pour une manière de méconnaissance, qui cependant n'exclut pas la lecture littérale – la reconnaissance, la connaissance de la lettre et, par là même, le savoir de cette lettre, ce savoir par lequel se pose la question de la propriété de la lettre, de son application. Où il y a l'expérience d'une pensée qui réside dans l'impossibilité que la littérature choisit : celle de ne pas trancher entre si c'est son propre reflet qu'elle fait ou si c'est l'écho de ce que nous voyons, disons et entendons d'abord, et de jouer de cette impossibilité comme d'un jeu sur sa propre pensée et sur sa puissance d'interrogation. La donnée constitutive de l'œuvre est le jeu de la pensée, qui élabore librement le rapport aux données, aux significations. Le jeu aporétique montre que l'œuvre va de la pensée à son objet, et qu'elle se donne la possibilité d'inverser ce mouvement. Elle est indissociable, d'une part, du choix de toute chose qu'elle fait, et, d'autre part, du jeu de questionnement que constitue le mouvement, représenté et réversible, de la pensée à son objet. La réversion peut être toujours reprise, peut être rendue manifeste, qui n'exclut pas que l'aveu de la fabrication et les témoignages de cette fabrication, internes à l'œuvre, restent le moyen de jouer d'une pensée du réel, d'une pensée de l'imagination et de la possible intuition banale de la pertinence... Il est exclu que ce jeu devienne une donnée simplement abstraite, ou une donnée seulement de l'imagination ou de l'imaginaire.

Que l'hypothèse de la communicabilité de l'œuvre aille souvent avec la notation du performatif – de Mallarmé à John Ashbery, il est supposé une actualité du poème ; l'interrogation de Botho Strauss sur

le visage humain actualise toute mise en œuvre d'un savoir de la pertinence ; le paradoxe narratif de *Nocturne indien* se résume dans la notation que tout dire est la seule actualité de son dire – correspond à une
interrogation sur le pouvoir du mot, qui, par cette interrogation, est
ramené à une manière de littéralisme, ainsi que l'œuvre, faite par la
série des mots, est la singularité de cette série de mots. L'interrogation
et la réponse de l'œuvre peuvent être explicites – ainsi de John
Ashbery. L'explicite n'est pas cependant résolutoire. L'objectivité de
l'œuvre se définit par les mentions simultanées de cette interrogation,
de cette réponse, de la banalité qui est comme le reste de ce jeu, et par
la pertinence, qui est encore à décider, du retour de la notation de la
banalité à la métareprésentation que fait l'œuvre, et au jeu aporétique.

Il y a donc une lettre du texte qui n'est que la lettre du texte. Cette
lettre du texte est le droit du texte. Cette lettre du texte peut être une
signification, *sa* signification ; elle est encore, puisqu'elle peut participer
d'un défaut d'assertion de sa signification, ce qui se définit par la nécessité de communiquer cela – le *littéralisme* est une manière de faire sens
non pas pour faire sens, mais précisément se communiquer, en d'autres
termes, pour entrer dans le jeu des différences et des différends de signification. Cela revient à donner l'œuvre pour la négociation des conflits
de sens, tels qu'ils appartiennent à la communication en général, et tels
qu'ils font revenir au vraisemblable de la communication, et au vraisemblable de la littérature. Peu importe éventuellement l'identité formelle de l'objet littéraire, puisque sont en question son littéralisme, sa
singularité et la nécessité de les communiquer.

Dans le littéralisme, le principe de communicabilité joue pleinement et impose que la lecture se fasse suivant le jeu de la pertinence :
celui que permet le mot même ; celui que ce jeu engage par rapport à
l'hypothèse de la littérature qui est alors faite. L'implication herméneutique est là minimale. Il ne s'agit pas d'abord de déterminer certainement un sens, ni de rapporter la lettre à une tradition de sens ou à une
réponse significative. L'implication rhétorique est là forte : seules la
présomption de pertinence et celle d'effet, attachées à la communicabilité de principe de la littérature, fondent la lecture. Par ce littéralisme,
l'écrivain entend bien sûr croire à la littérature, mais il abandonne la

décision de cette croyance au lecteur, en même temps que, par ce même littéralisme, il donne son œuvre comme une manière d'objectivité. Décision abandonnée au lecteur : même si la question de la pertinence est explicitement notée et traitée comme telle, de Fernando Pessoa à Peter Handke, cette question subsiste comme question du texte et, en conséquence, comme question dont la prise en charge revient au lecteur, qui a la responsabilité d'engager sa croyance dans un tel débat. Il faut comprendre que la question est question, qu'elle ne doit pas l'être au prix de sa propre récusation par le lecteur ; elle ne l'est pas dès lors qu'elle est question suivant le lieu commun et, en conséquence, retour au lieu commun, cependant comme disposé hors de toute règle qu'il ferait.

La lecture doit donc aussi être du mot à mot. Elle est une *reconnaissance* du littéralisme et, en conséquence, de l'œuvre. Par quoi, le pouvoir du mot est le pouvoir du seul dit – pouvoir minimal qui tient à la présomption de pertinence de toute expression et à sa conséquence : on ne demande pas mieux que de prendre le mot, où il y a précisément la mise en scène du mot et sa reconnaissance. Dans le jeu du littéralisme, on ne connaît jamais tout à fait le point de cette lecture puisqu'elle est précisément littérale. C'est revenir au questionnement, qui va avec l'hypothèse de la communicabilité littéraire. La question ne va pas sans celui qui l'entend et qui peut être seulement celui qui la profère. (La question, dans les termes de Peter Handke, est inévitablement entendue.) Spectateur, auditeur, lecteur, j'obéis à la question : je poursuis avec la question. Mon obéissance (de lecteur) à cette omnipotence ne peut être vérifiée, même si j'avoue cette obéissance, car cet aveu introduit un doute sur l'efficacité même de cette souveraineté. Cela veut dire que la présomption de pertinence et la reconnaissance de la littérature sont encore indissociables d'un jeu rhétorique : il y a validation, par la reconnaissance, de la pertinence de la littérature ; il y a invalidation possible par l'explicite de cette reconnaissance même ; il y a invalidation d'une attente d'invalidation. Et la certitude du jeu de la reconnaissance de l'œuvre.

La littérature se communique comme littérature, parce qu'elle appelle cette reconnaissance, proprement cognitive et rhétorique – en quoi elle est reconnaissable comme l'expérience d'une pensée spécifique ; elle se distingue ainsi du récit commun, de la fiction, de la fabulation, qui ne supposent pas nécessairement un tel littéralisme. Il est cependant une ambivalence du jeu de la pertinence : il peut faire conclure qu'il est le propre de la littérature dans la mesure où celle-ci est une mise en scène de la banalité et du littéralisme ; il peut faire conclure que cela qui est écrit équivaut par son littéralisme à l'interrogation de la pertinence de tout mot, de tout discours, ou, plus simplement, au constat de n'importe quel mot, de n'importe quel discours. Le savoir de la littérature, cela que la littérature expose d'elle-même en termes de poétique et de tradition, irait avec la nécessité de communiquer ces ambivalences – par exemple, le savoir qui est la condition du jeu aporétique –, où se retrouve la question du droit de la littérature : que donne à lire la littérature ? Donne-t-elle à lire son propre droit, l'ambivalence de son *littéralisme*, ou une lettre commune ?

Le *littéralisme* a des conséquences qui lui sont spécifiques : il est le moyen de la reconnaissance de l'œuvre littéraire et il dispose l'inévitable d'un débat qui distingue entre les limites de la littérature – le droit de la littérature – et les procédures du littéralisme, qui, elles-mêmes, dès lors que l'on dit littéralisme, ouvrent un jeu inférentiel. Ce jeu inférentiel n'est pas séparable de la présomption de pertinence, qui va avec l'affirmation et la reconnaissance littéraires. La littérature induirait sa reconnaissance par ce discours qui expose la question de sa pertinence, la question que fait cette question au regard d'une tradition littéraire, et qui en appelle au vraisemblable de la littérature, défini comme ce qui peut répondre de ce double jeu de la pertinence.

Si par son *littéralisme*, la littérature peut être reconnue, et se reconnaître de toute propriété et de toute impropriété, s'il y a là même une fonction rhétorique qui est certitude de communication, quelles que soient les significations qui puissent ou ne puissent pas être identifiées, il est reconnu un droit de la littérature en même temps que la littérature peut être identifiée à une singularité scripturaire quelconque – par le jeu du littéralisme.

Une telle équivoque est celle de la question du droit de la littérature ou de sa récusation. Elle est indissociable de la question de la reconnaissance du jeu du littéralisme dans n'importe quel témoin scripturaire, et, en conséquence, de l'identification de la littérature à n'importe quel témoin scripturaire. Tous les débats du XXe siècle sur les marques formelles de la littérature et sur un nominalisme esthétique – tout un chacun a la même faculté de reconnaître la littérature et d'en juger –, qui serait inséparable de la reconnaissance de la littérature, ont leurs racines dans cette équivoque rhétorique, dans son illustration, le littéralisme. Cela peut encore se formuler relativement au statut du commentaire de l'œuvre et de la littérature : dans la modernité, la critique n'a peut-être plus de lieu, puisqu'à reconnaître le littéralisme, elle revient inévitablement au tourniquet du droit et du défaut de droit, et qu'elle constate le défaut de certitude et de situation rhétorique de l'œuvre et de cela qui est donné pour littéraire. Ce qui veut encore dire que la critique doit entrer dans le monde de son objet et qu'elle conserve une pertinence certaine à la condition de savoir le caractère non pertinent de certaines œuvres au regard de ce qui peut être dit littérature. Le littéralisme porte à son extrême le débat, lisible dans la vulgate critique, sur ce qui peut être le droit de la littérature.

L'équivoque rhétorique, que font la réduction du symbole, l'objectivité de la description, mais aussi le jeu métapoétique et la seule lettre, dans des textes qui se présentent comme explicitement littéraires et dont la visée n'est pas essentiellement l'objectivisme, ou la contradiction du prosaïsme de la description et de la forme poétique, peut devenir sa propre finalité, être construite pour elle-même. Il faudrait ainsi dire le prosaïsme de la poésie de Queneau et son littéralisme qui se présente comme le résidu d'un jeu métaphorique. Il faudrait souligner, dans les *Cantos* d'Ezra Pound, le choix continue, par les jeux de citations, par les évocations factuelles, d'une singularité scripturaire, indissociable cependant d'une forme, d'un droit historique reconnu à la littérature, d'un argument continu. Il faudrait rappeler l'équivoque choisie de l'*Objectivist Poetry* ou de la littérature de l'objet, suivant l'expression qui a été utilisée en France à propos du Nouveau Roman : cette littérature entend présenter l'objet en ce que l'écrivain tient compte de ce qu'il restitue comme vision et de ce qu'il n'a pas voulu, le réel, l'objet ; ce que, lecteur, je sais, ce que je suis supposé voir, c'est ce que je lis, mais je ne lis que la lettre, d'autant plus littéralement que cette lettre se donne pour objective.

L'équivoque du littéralisme peut se redéfinir suivant cette dualité : il y a là comme le dessin de la limite de toute comparaison, de tout code, que se reconnaisse la littérature, et, ainsi, comme l'inévitable de la question ; cela même suppose une manière de division, celle de l'exercice de l'esprit dans la littérature – il peut être pensée et comme vide de pensée ; il peut penser le temps et comme ne pas penser le temps, penser l'évidence et comme ne pas la penser, penser les conventions communes du discours et ne pas les penser. Cela implique une pensée de la littérature suivant le même jeu. Le littéralisme est, par là, pertinent au sein même du vraisemblable de la littérature. Parce que la littérature est à la fois sa propre convention et sa propre disparité, il y a toujours le jeu de l'alternative et du reste qui fait alternative. Le reste, ce littéralisme, fait la question qui n'est que la refiguration de la division de la littérature. Cette question est toujours pertinente relativement à la représentation et à sa division, relativement à la singularité que porte la représentation par la division.

Venir jusqu'à l'objectivisme et à la singularité scripturaire quelconque porte à son extrême et à une parfaite ambiguïté le jeu de la *praxis* et de la *poiesis*. La *poiesis*, bien qu'elle subsiste formellement dans le cas des objectivismes, de la poésie prosaïque, du Nouveau Roman, est comme effacée – elle prétend ne présenter que la *praxis*. Aussi, dans les *Cantos* de Pound, n'y a-t-il pas contradiction entre citation, une figure de la singularité scripturaire, *poiesis* et *praxis*. Ce mouvement peut tout autant s'interpréter, quel que soit le type d'exemple que l'on retienne et, plus particulièrement, dans le cas de la singularité quelconque, comme le jeu issu de la dissociation de la *poiesis* et de la *praxis*. Que donne à lire principalement *Autobiographie, Chapitre X* de Jacques Roubaud[1], transcription de discours quelconques ? La croyance dans les jours quotidiens par la citation de la lettre quotidienne ou la *poiesis* que peut faire supposer l'exercice de la singularité scripturaire ?

---

1. Jacques Roubaud, *Autobiographie, Chapitre X,* Gallimard, 1977.

L'équivoque porte sur la reconnaissance de la pertinence. La littérature de la première modernité, était la recherche de la pertinence – ou encore d'une certaine *praxis* – au moyen de la *poiesis*. En venant au littéralisme, réponse aux impasses littéraires de cette première modernité, la littérature du XXe siècle dispose la reconnaissance de la *praxis* comme l'engagement possible dans une *poiesis*. Le littéralisme achève ainsi son paradoxe. La littérature est motivée par sa lettre même ; cette lettre est motivée par l'affaiblissement ou l'effacement du rapport sujet, verbe, prédicat, identité et thématisation ; cet affaiblissement ou cet effacement ne défont ni les termes de l'identité, ni ceux de la thématisation ; ils font lire leur champ commun suivant une fiction rhétorique – par exemple, celle de l'en-commun des hétéronymes de Pessoa –, en même temps qu'ils font de tout jeu de pertinence un jeu provisoire et libre suivant les représentations disponibles.

Que, dans ce jeu, la pensée soit finalement en reste fait de la lettre une manière d'objectivité, d'altérité. Le littéralisme est son propre fait, il est lisible pour ce dont il peut être tenu pour l'exemplification ; la littérature est, par là, une altérité et, *ipso facto*, la figuration de l'altérité. Le littéralisme permet de figurer la reprise de l'œuvre sous le signe de l'altérité de la littérature dès lors qu'est maintenu le nom de littérature et qu'est constaté le littéralisme ; ou sous le signe d'une altérité commune dès lors que la littérature vient à la singularité scripturaire quelconque. Cette altérité commune est figure de l'altérité des discours communs et de leur bain d'imaginaire : le littéralisme de la singularité scripturaire quelconque témoigne de la gestion individuelle de ce bain d'imaginaire, de ces discours. Que la lettre vienne à cette manière d'objectivité et qu'elle soit indissociable d'un jeu de pertinence seulement provisoire, qu'elle constitue une fiction rhétorique, fait de la littérature une confrontation de la littérature avec la littérature et avec n'importe quel discours. Où il y a la question de l'articulation de cette objectivité et de ce littéralisme.

La tradition critique du XXe siècle approche ces constats, sans les identifier toutefois de manière explicite. En affirmant à la fois l'autonomie et la pertinence de la littérature, comme l'a fait essentiellement le XXe siècle, en privilégiant, pour assurer une telle affirmation, le défaut de référentialité, on ne donne la lettre que pour la lettre – on retrouve l'hypothèse d'une littérature qui communique son fait même. Par ce défaut équivoque de référentialité de la littérature, on rompt la possibilité d'une automaticité de réponse face au texte, la possibilité d'une lecture extensionnelle assurée, on livre une contrainte d'infé-rence, on crée une différence – le texte – en taisant la question du texte, la question, que fait par exemple l'élaboration de la rupture de l'automaticité de la réponse. Les gestes de la littérature du XXe siècle, dire à la fois la possibilité de la référence et le défaut de la référence, allier l'affirmation du sujet et la technique de l'impersonnalité, engager l'écriture d'un symbole comme un calcul sur la perte et comme une confrontation de la ressemblance avec l'absence, viennent à ce jeu. Dans son exercice de communication, la littérature ne dit que ce qu'elle dit, mais cette littéralité ne peut renvoyer seulement à elle-même puisqu'elle suppose le partage, qu'elle tait, du *hors question* et du *en question*, ou qu'elle ne figure que par l'exposé brutal de l'inconclusion de la pertinence. Où il y a l'ultime justification du débat sur le droit de la littérature. En affirmant la littérature sous l'aspect de l'écriture générale, on récuse la normativité de la littérature, on affirme son indifférenciation, mais on n'exclut pas que le geste de reconnais-sance de la littérature subsiste, précisément occasion et moyen de pré-server l'hypothèse d'un certain type de pertinence, introduite par les questions que fait cette indifférenciation.

Les thèses relatives à la dissociation de la forme et du contenu, qui voient dans cette dissociation un des traits caractéristiques de la moder-nité littéraire, sont une formulation de la dissociation de la *poiesis* et de la *praxis*, qui ne conclut pas à la fonction première de cette dissociation. Car le problème reste entier, dans l'hypothèse de cette dissociation de la forme et du contenu, de décider du statut de l'œuvre, sauf à rappor-ter l'œuvre à ce que celle-ci présente comme récusé : la représentation, alors rapportée à l'idéologie. Le problème reste encore entier de savoir, dès lors qu'il y a cette dissociation, quelle peut être une expérience esthétique qui serait sa propre expérience singulière, exclurait l'idée générale, et serait cependant un universel, et qui définirait la forme, puisqu'elle n'est plus le recueil explicite d'un contenu, comme un monde mimétique – ce monde qui permet de passer à la notation de l'universel –, en conséquence indissociable des présentations et des représentations. Paradoxalement, la littérature est alors tenue pour être sa propre lettre, pour être libérée du contenu, pour être cependant mimétique, sans que cette contradiction soit rapportée aux termes mêmes de la contradiction – la forme est encore un contenu – et sans que le rapport de ces termes soit conçu selon la définition d'une forme qui est à la fois et pleinement *poiesis* et *praxis,* suivant une dissociation.

Chapitre IV

Objectivité de la littérature :
Objet littéraire, Objet possible

Par le jeu de la pertinence et par le littéralisme, la littérature de la modernité est jeu sur la limite du médium, le médium linguistique, le médium que constitue l'œuvre même. Le travail sur la limite du médium est travail sur le paradoxe que font le jeu de la pertinence et du littéralisme. Paradoxe : le littéralisme est un appel et une limite au développement du jeu de la pertinence ; le jeu de la pertinence peut être, à partir du littéralisme, un pas au-delà du littéralisme, et, cependant, puisqu'il s'agit de pertinence, retour à l'objet littéraire même, à sa lettre, à la question de la pertinence, à l'altérité que constitue cet objet. Cela a sa fable dans un poème de Reverdy, « Quand on n'est pas de ce monde » : « Il y eut, tout le temps que dura l'orage, quelqu'un qui parla sous le couvert. Autour de la lumière que traçait son doigt sur la nappe on aurait pu voir de grosses lettres noires, en regardant bien. Bientôt ce fut un autre ton. Et la couleur du mur changea. La voix semblait venir de derrière. On ne savait pas si c'était le mur ou le paravent. Les lettres disparurent ou plutôt elles s'étaient réunifiées et formaient un nom étrange qu'on ne déchiffrait pas. »[1] La litté-

1. Reverdy, Quand on n'est pas de ce monde, *Sources du vent* précédé de *La balle au bond*, Paris, Gallimard, Poésies, 1971, p. 48. Éd. Orginale 1928.

133

rature est comme hors du monde dès lors qu'elle n'est que sa lettre – ce qui ne l'empêche pas de présenter un monde. Cette lettre bouge parce qu'elle est écrite suivant le temps. Reconnaître la lettre, c'est reconnaître cela même, et, en conséquence, caractériser le littéralisme comme le moyen de faire de l'œuvre un indéchiffrable, une exposition d'elle-même. Cet indéchiffrable figure le jeu sur la limite du médium linguistique, la métareprésentation de l'écriture – le poème même –, qui est cependant selon le vraisemblable des jours, du temps, des voix. Cet indéchiffrable est encore une manière de dire l'altérité du poème et la question qu'elle fait : cette altérité est reconnaissable par son littéralisme et par son défaut de prédiction ; elle est altérité parmi d'autres altérités, dans le vraisemblable commun de ces altérités, altérité suivant ces autres altérités. Cet indéchiffrable fait enfin entendre qu'il est une évidence minimale de la littérature : celle de la lettre qui est lue seulement pour elle-même – je ne lis que ce que je lis –, et joue de l'achèvement et de l'inachèvement de la pertinence. Où il y a la possibilité de la reconnaissance de la littérature suivant sa singularité commune. Marquer, comme le fait Reverdy, que la littérature et celui qui écrit sont comme hors de ce monde, revient à noter qu'écriture et agent de l'écriture donnent une présentation complète d'eux-mêmes, lors même qu'il y a ce jeu sur la limite du médium linguistique. Jeu sur la limite ne s'entend pas comme un jeu de transgression de la langue, ou comme un jeu de transgression de l'œuvre ou du modèle de l'œuvre, mais comme un jeu sur la possibilité d'une rhétorique de l'argumentation ou de l'effet, attachée à l'œuvre et à la façon dont elle définit ou démontre son rapport au médium linguistique. La présentation complète permet cela parce qu'elle ne démontre la pertinence qu'en démontrant l'équivoque du lieu commun. Cette démonstration est à la fois un usage du lieu commun et un argument relatif au lieu commun – moyen d'un jeu inférentiel qui est retour au lieu commun.

OBJECTIVITÉ DE LA LITTÉRATURE
ET LITTÉRALISME

Ce rapport du littéralisme, du jeu sur la limite du médium et de la reconnaissance de l'œuvre se lit comme une inversion des propositions de la première modernité sur la reconnaissance de la littérature, et comme une réponse à la crise de l'objectivité littéraire caractéristique de la littérature du XXᵉ siècle. Il suffit de répéter que, pour le réalisme et le symbolisme, il y a une évidence et, en conséquence, une reconnaissance de l'œuvre littéraire, que cette évidence est indissociable d'un modèle fictif de la littérature qui a partie liée à la légende, au mythe, et d'une systématique narrative ou d'une systématique poétique, auxquelles il est prêté un pouvoir formel et signifiant. Il peut être noté que cela est l'héritage même du romantisme. Dans cette perspective, la référence organiciste de la poésie anglaise du début du XIXᵉ siècle correspond à un usage clos de la métaphore, qui a pour fonction d'établir un tel jeu de croyance et, en conséquence, de synthèse. Ce jeu fait l'évidence de la littérature, qui est elle-même inséparable d'un jeu de langage spécifique – la métaphore. Mais c'est une hypothèse incertaine que l'exercice de la métaphore soit un exercice de clôture : la constitution et la lecture de la métaphore relève d'une interprétation qui n'a de loi que la présomption de la pertinence, d'une pertinence révisable suivant l'interprétation et qui ne fait pas conclure au relativisme de la pertinence, mais à son caractère ouvert et situationnel. Comme il est une hypothèse incertaine que, dans une œuvre, les dispositifs syntagmatiques, les indications de structuration des représentations, et, de manière générale, les organisations argumentatives explicites ou celles que portent les jeux tropiques – ainsi de Mallarmé –, passent la contrainte du littéralisme.

La crise de l'objectivité de la littérature se caractérise doublement. Par l'aporie du concept de forme : la forme littéraire n'est pas nécessairement porteuse de sens – soit parce qu'elle ne fait pas signification

(G. Lukács[1]), soit parce qu'elle suppose un principe d'immédiateté qui n'est pas une certitude de sens (P. Burger[2]) ; la littérature n'exclut pas un défaut de caractérisation formelle – le prosaïsme, la transcription de discours communs sous le signe de littérature en attestent, ainsi que le primat reconnu à l'involution linguistique a pour conséquence un tel défaut. Par l'aporie des définitions de l'objet littéraire : ces définitions sont contradictoires, perdent la notion de littérature en la rapportant à des identifications linguistiques générales – ainsi de la référence au texte, ou de l'analyse de dispositifs narratifs qui renvoie aux contraintes linguistiques du fait de narrer –, ou actualisent, sous le sceau de l'originalité, des définitions traditionnelles – ainsi de la distinction entre représentation et imitation chez Gadamer, qui répète l'unité organique de la représentation et de l'imitation, lisible chez Aristote.

Lorsque, dans un effort pour passer cette aporie de l'objectivité de la littérature, la critique contemporaine constate que la création de l'œuvre littéraire, comme celle de tout objet d'art, est création d'une *altérité*, cette critique reste prise, faute de venir à la notation du littéralisme, dans la contradiction des thèses du non-sens, de l'*antimimesis*, du performatif de l'écriture, et des thèses du sens, de la *mimesis*, de la construction de l'écriture. Ces thèses ont en commun l'hypothèse que cette altérité a pour fonction de situer le rapport des hommes au sens. Les premières thèses suggèrent que le sens est en tel lieu, à jamais extérieur à tel lieu de tels hommes, que toute affirmation de sens est illusoire ou précisément externe, et que l'altérité, que constitue l'œuvre créée, a pour fonction de suggérer cette extériorité. Les secondes thèses disposent : la production de sens nouveau est selon tel lieu et se comprend par rapport à ce lieu. Ces thèses antinomiques ont un seul présupposé : par son altérité, l'œuvre littéraire instruit que l'altérité est une création sociale ; elle figure cette altérité ; elle indique qu'il y a une action possible de toute création sociale, suivant la distance au sens que fait cette création et suivant la négociation de cette distance.

1. G. Lukács, *Théorie du roman*, Denoël-Gonthier, 1963. *Die Theorie Des Romans*, 1916.
2. Peter Burger, *Prose de la modernité*, Klincksieck, 1995. *Prose der Moderne*, Francfort, Suhrkamp, 1988.

Ces thèses prêtent à la littérature une finalité implicitement argumentative, qui, dans le premier cas, a pour condition une manière de contre-rhétorique, et qui, dans le second cas, renvoie à la diversité même de la rhétorique sociale. Cette finalité argumentative, qui ne contredit pas, par ailleurs, la notation de l'intransitivité – celle-ci est précisément un des traits de la création de l'altérité – , invite à rappeler la souveraineté ou l'omnipotence reconnues à la littérature. Que la littérature se définisse comme une contre-argumentation rhétorique, elle se donne pour l'autre de tout discours social. Que la littérature se définisse comme une argumentation rhétorique, elle se donne pour la question de l'invention sociale du discours.

La notation de la réalisation de l'écriture dispose encore que l'écriture est elle-même, mais qu'elle est aussi une manière de doublage, de *doubling* des autres écritures, des discours, et du réel en conséquence. Dans les termes de Wolfgang Iser, le *doubling* que fait l'écriture consiste en deux choses : il joue de la nature référentielle du langage pour dessiner un champ de transgression sémantique, typologique, au regard du réel, des discours ; il est, par ailleurs, le médium de l'imaginaire, et par cela même, il se déréférentialise. Le *doubling* suggère donc une extériorité de l'écriture qui utilise le médium commun de discours qui peuvent être référentiels, et de l'imaginaire, qui, par définition, n'est pas référentiel. Cela se comprend : l'autonomie de la littérature – ce qui veut dire son indépendance croissante et finalement revendiquée à l'égard de données religieuses, politiques et sociales, qui pourraient être tenues pour une commande directe de la littérature – correspond à la recherche des conditions d'exposition de la littérature même, de la littérature nue, qui sont, en conséquence, les conditions de perception et de lecture de la littérature. Cela conduit à l'assimilation de la littérature à la fiction et au rêve, sans que cette assimilation exclue que la création artistique soit considérée en elle-même[1]. La dissociation de la *poiesis* et de l'*aisthesis*, que caractérise Hans Robert Jauss, est encore une manière de suggérer cette reconnaissance

---

1. Wolfgang Iser, *Prospecting. From Reader Response to Literary Anthropology*, Baltimore et Londres, The Johns Hopkins UP, 1989, p. 239.

nue de la littérature – reconnaissance qui n'apparente plus la littérature au rêve mais la définit comme le moyen d'une expérience esthétique qui, « considérée dans sa fonction communicative se distingue aussi du discours régi par la logique en ce qu'elle présuppose uniquement que soit tenu compte de la communication universelle et non pas que soit requis le caractère raisonnable de la raison »[1]. Cela revient à dire que l'altérité de la littérature est en elle-même communication universelle.

Ces caractérisations, en ce qu'elles supposent le primat du signifiant, du performatif et de la souveraineté de l'écriture, dans un rappel de la règle linguistique – que cela soit dit par l'identification de l'écriture à l'arbitraire du langage, par la dissociation de la *poiesis* et de la présentation de la littérature – instruisent qu'il y aurait littérature sans contribution du sujet aux mots et que, là, le langage prendrait exclusivement la responsabilité de lui-même. Cela invite à conclure que ces caractérisations de la littérature seraient, au fond, d'un trop grand désespoir ou d'un trop grand espoir : s'en remettre au langage en lui-même, puisqu'il y a cette altérité du monde ; s'en remettre au langage puisqu'il peut livrer un vouloir-dire idéal, celui même du langage et de sa grammaire ; s'en remettre au langage en sachant qu'il n'est ni cet idéal ni ce qui composera avec l'altérité du monde, du monde réel, du monde identifié à l'exercice de la raison. Ces caractérisations de la littérature sont, de fait, là, des caractérisations qui définissent la littérature par le pouvoir linguistique même sans que soit examiné en quoi la visée littéraire est adéquate à ce pouvoir, et ici, des caractérisations sceptiques, non pas au regard de la littérature, mais parce qu'elles supposent une attitude sceptique : il n'est de connaissance que de la littérature et son littéralisme. Sont ignorés la présomption de pertinence et le questionnement, indissociable de cette présomption, le jeu de communicabilité alors impliqué, ce que peut être le moyen de la communication universelle, notée par Hans Robert Jauss, et qui ne peut être pensé seulement suivant la reconnaissance du principe de la communication universelle – qu'il vaut mieux reformuler par le principe de présomp-

---

1. Hans Robert Jauss, *Pour une herméneutique littéraire*, Gallimard, 1988, *passim*. *Ästhetische Erfahrung und literarische Hermeneutik*, Francfort, Suhrkamp, 1982.

tion de pertinence. Ce dernier principe permet de considérer l'exercice de la pensée en reste, indice que l'œuvre se donne comme altérité.

Les partages de la vulgate critique signifient deux choses : d'une part, que l'écriture est dans le monde, suivant un jeu de lieux et de distances avec les discours ; d'autre part, qu'elle est comme hors du monde, hors de ces lieux, à distance, dans le langage qui n'est pas un lieu, dans le rêve, ou dans la communication universelle – chaque fois est perdue la notation de la distance qui devrait aller avec la notation de l'altérité. Hors de l'hypothèse implicitement ou explicitement argumentative, ces propositions caractérisent le médium linguistique comme porté à sa limite – ne pas disposer une pertinence actuelle, ne pas être la question de cette pertinence, mais seulement être la réalisation de l'écriture. Il suffit de reformuler ces propositions. Ainsi les remarques sur littérature et rêve suggèrent : lorsque, par la notation de l'autonomie de la littérature, on entend rendre la littérature indépendante de toute question, sauf de la question que porte cette notation, la question du scepticisme, on pose la question de ce dont peut répondre la littérature, et qui ne peut être seulement d'elle-même, sauf à dire qu'elle est la mise en scène de ce que peut seul le rêve, sauf à défaire la visée littéraire même. Ainsi, dissocier *poiesis* et *aisthesis* et rapporter l'*aisthesis* à la communication universelle ne se sépare pas de ce que fait l'élaboration de l'altérité : que ce soit dans la perspective de la réalisation de l'écriture, ou dans la perspective de la lecture et de la critique, l'écriture s'écrit et se lit, dans la présomption de la pertinence, comme une altérité – précisément construite – et qui est donc une réponse à la question que fait toute altérité. Affirmer, de façon hyperbolique, le lien du langage et de l'écriture fait de la littérature ce qui contredit la notation de l'altérité, et invite à répéter la question de la pertinence : celle-ci n'est en littérature qu'une identification variable aux modes d'identification existants que propose le langage, ou suppose-t-elle le jeu de la métareprésentation qui fait explicitement la question de la pertinence ?

En d'autres termes, l'objet littéraire doit permettre de rendre compte du fait que le lecteur vienne à la littérature. Cela peut l'être suivant la notation de l'accomplissement de l'écriture : celle-ci est la reproduction, l'exhibition des discours, et la possibilité pour le lecteur de regarder ces discours. Cela n'exclut pas bien évidemment la marque de l'auteur, la construction de l'œuvre. Les thèses de la narratologie correspondent à une telle définition de l'accomplissement de l'écriture, ainsi que toutes les thèses intertextualistes ou interdiscursives. Cela peut s'analyser dans le cadre du jeu de la reconnaissance, tel qu'il est, par exemple, impliqué par le littéralisme.

ALTÉRITÉ, POÉTIQUE, LIEU COMMUN

Reprendre la définition de la fonction poétique suffira à la démonstration. Il est remarquable que cette définition dise à la fois la transmutation de la réalisation littéraire en action symbolique ou communicationnelle et la transaction de cette action symbolique ou communicationnelle en réalisation littéraire, qu'elle considère le mot, l'accent mis sur le mot – où il y a une manière de noter une puissance affirmative du mot – , et qu'elle rapporte cette insistance à la fois à un jeu d'interruption – insistance mise sur le mot, paradoxale, puisque ce jeu suppose la continuité et l'enchaînement phrastique formels, et à un jeu de sélection, le paradigme, qui recoupe, en termes de critères d'application et de pertinence, le jeu de l'interruption. Cette description reste indissociable d'une question. Qu'en est-il de ce qui fait contexte dans le texte – précisément les ordres métaphorique et métonymique – et qui se caractérise à la fois par une révélation du contexte que fait le texte et par la rupture de ce contexte dès lors que l'accent est mis sur le mot ? Identifier le poétique au fait que le langage est alors tourné vers lui-même, commande d'apporter une précision : ce tour a pour contrepartie un paysage linguistique, thématique, référentiel. Il peut se dire que le jeu sur le contexte que fait l'écriture n'est que l'*analogon* de ce que fait cette écriture avec son paysage. De la même manière que, par l'insistance mise sur le mot, l'écriture dispose en elle-même une manière d'altérité de ce mot face aux autres mots qui ne

140

seraient que de l'ordre syntagmatique, de même elle dispose l'écriture, comme elle fait de son propre contexte linguistique, thématique, en une sorte d'altérité.

Par ce jeu et cette ambivalence, un texte peut s'offrir comme la mention de la littérature, même s'il ne porte pas un tel jeu explicite de mention. Ainsi de Jacques Roubaud qui, dans *Autobiographie, Chapitre X,* constitue un recueil de poèmes et insère des moments de repos en prose (sous-titre : *poèmes avec moments de repos en prose*). La mention de la littérature, en ces repos en prose, peut être dite par le renvoi au nom de l'auteur, aux poèmes qui sont recueillis. Elle peut être dite plus directement par le jeu de contiguïté des poèmes et des repos en prose : le langage est devenu le genre de la littérature, non pas au sens du retour à l'irréductibilité linguistique, mais au sens où tout langage est langage et littérature à la fois, en allant jusqu'à la trivialité, par exemple, de l'évocation de la photographie d'un groupe d'élèves. La littérature, hors de la mention de la littérature, se définit ici : ce qui a perdu les marques de la littérature rejoint ce qui ne les a jamais eues – c'est pourquoi il est décrit une photographie, description commune de ce qui n'appartient pas au discours. Ce mouvement se comprend sur le seul fond de la littérature, qui constitue une sorte de paysage, et comme un jeu d'altérité : le langage du quotidien, sans généalogie et sans crypte, se donne ici en une manière d'*analogon* de lui-même et de son contraire, bien qu'il n'appelle pas le déchiffrement, ni l'identification de l'écriture à l'élaboration du déchiffrement de cette analogie. L'analogie peut être dite parce que l'œuvre présente en elle-même un jeu de complétude – donner à la fois, dans les mêmes mots, le langage ordinaire et le langage littéraire, c'est-à-dire exposer l'ambivalence que traduit la fonction poétique et qui a, dans ce dernier cas, des moyens formels et sémantiques.

D'une identification poétique à une identification quelconque de la littérature, l'altérité que fait l'œuvre a partie liée à une seule question : comment peut-on passer du discours non littéraire au discours littéraire ? Cela se commente aisément. Le texte qui se dit littéraire exclut tout autre prédicat définitionnel. Cela fait le départ entre un *hors-question* – précisément le texte qui se communique comme littéraire

– et un *en-question* – le texte qui n'est pas tel, qui ne dispose pas d'une définition exclusive. Cette affirmation d'une spécificité – c'est cela même que constitue le jeu prédicatif inscrit dans le fait que le texte se communique lui-même comme littéraire – ne laisse pas d'être ambiguë : le *hors-question* est ce qui entend être donné pour certain, mais ne peut être distingué, par cette division du *hors-question* et du *en-question*, de leur commune *question*, celle qui demande comment l'on passe du discours non littéraire au discours littéraire. Ou plus simplement encore : le passage dans le discours fait la littérature et la commune question, ainsi que le suggérait Ossip Mandelstam : « La qualité de la poésie se définit par la rapidité et la vigueur avec lesquelles elle impose ses projets péremptoires à la nature inerte, purement quantitative, du lexique. Il faut traverser à la course toute la largeur d'un fleuve encombré de jonques mobiles en tout sens : ainsi se constitue le sens du discours poétique. Ce n'est pas tant un itinéraire qu'on peut retracer en interrogeant les bateliers : ils ne vous diront ni comment ni pourquoi vous avez sauté de jonque en jonque. »[1] Cela traduit que, dans le jeu de l'affirmation littéraire – tel état de l'écriture –, est incluse la négation possible de l'écriture. C'est là la condition de la communicabilité que se reconnaît la littérature dès lors qu'elle fait l'hypôthèse de son identité et qu'elle la met en forme. Une forme qui ne serait pas la possibilité de ce *hors-question* et de cet *en-question* serait une forme qui ne se donnerait pas comme une altérité dans la mesure où elle ne serait pas capable d'être à la fois la mise en scène explicite de l' « oubli » du monde et de l'accompagnement du monde, comme le suggère Reverdy, par quoi l'écriture quelconque est cette singularité scripturaire qui joue de la même dualité. C'est indirectement souligner que la question d'une irréductibilité de la littérature ne conduit nécessairement ni à une caractérisation idéologique de la littérature – par quoi on expliquerait le statut du déplacement discursif que fait la littérature –, ni à une caractérisation de type sémiotique – cela fait, il y a encore à justifier de l'irréductible de la langue. Ce que la littérature de la modernité sait

1. Ossip Mandelstam, *Entretiens sur Dante*, Lausanne, L'Age d'Homme, 1977, p. 11.

parfaitement, qui revient dans son auto-affirmation à l'irréductible de la langue, ou va jusqu'à l'écriture quelconque, et qui retrouve ainsi le jeu et l'ambivalence du *hors-question* et du *en-question*.

La caractérisation de la littérature comme création d'altérité, qui suppose une *poiesis* – celle-ci peut ignorer la mention de la littérature –, l'affirmation et la possibilité de la négation de l'écriture, n'est pas dissociable d'un jeu sur la contingence même de la littérature et sur son exposition. La *contingence* : cet arrangement, chaque fois particulier, que fait des ordres syntagmatiques et paradigmatiques la littérature ; cette façon que la littérature a de commencer à partir de l'irréductible de la langue ; cette possibilité qu'elle a d'être de n'importe quel discours, chaque fois hors de toute prédiction, de toute nécessité. L'*exposition* : cette façon que la littérature a d'être une manière d'évidence, par sa dualité, par la question qu'elle fait dans le lieu commun. Considérant le roman comme une vaste description d'objets, d'actions, de temps, Mario Vargas Llosa a marqué ce partage du non-littéraire – tout discours, n'importe quel document – et du littéraire, par la notation : « Ce qui *décrit* se transforme en ce *qui est décrit*. »[1] La notation est d'une formulation étrange : le moyen, l'acte de la description deviennent ce qui est décrit. Elle n'indique pas nécessairement un jeu d'autoréférence littéraire, ou, si ce jeu doit être considéré, il n'est que second par rapport à ce que vise cette notation.

Passer de l'actif au passif revient ici à indiquer : *il n'y a pas de nécessité* à ce passage, passage libre en lui-même, libre dans les choix qu'il fait, passage qui sépare ce qui s'écrit de ses êtres autres ; le discours commun devient littérature lorsqu'il expose, au regard de lui-même, son être autre, en se donnant hors de son identité pragmatique, en exposant ses objets, ses actions, ses personnages, ses choses de telle manière qu'ils échappent à la tautologie de leur identité – ce qui ne veut pas dire qu'ils échappent à une caractérisation commune – parce qu'ils sont simplement donnés. Passage hors de leur identité fait entendre que le passage de l'actif au passif, qui est une *poiesis*, accomplit

---

1. Mario Vargas Llosa, *Contre vents et marées*, Gallimard, « Arcades », 1989, p. 296. *Contra viento y marea*, Barcelone, Seix Barral, 1983.

la dissociation de la *poiesis* et de la *praxis*. Le passage de l'actif au passif indique encore que ce geste d'écrire fait de la littérature ce qui entre dans *une manière d'exposition* : elle est cela qui est décrit, non point selon un jeu d'autoréférence mais selon l'achèvement paradoxal que marque le passif – il n'y a rien en deçà ni au-delà de ce discours, qui est une présentation sans engagement représentationnel explicite. La littérature peut sans doute être réaliste au point de donner l'impression d'une exacte réalité – c'est cette littérature que vise plus particulièrement Mario Vargas Llosa. Mais le passage de l'actif au passif suppose que la littérature soit la mise en scène de ce fait : le point où une phrase se réfère à quelque réalité pour y trouver une confirmation est très exactement le point où la phrase finit dans le silence, dans un silence qui répond d'elle et la fait taire. Le passif est cela même et l'évidence de l'altérité que constitue le discours littéraire : évidence, en un sens rhétorique, qui donne à constater la vivacité de l'expression, qui fait que l'on aurait son objet comme sous le yeux, et, par un retournement de la notation du passif, l'action même que fait ce discours, mais encore au sens où, comme ce passif n'est pas une réponse à une situation, cette évidence est tout simplement ce qui fait arrêter de chercher, de questionner, au regard de ce qui peut être autre que cet objet littéraire, sans que soit défaite la présomption de pertinence.

L'implicite rhétorique, que porte la notation de Mario Vargas Llosa apparaît. Dire l'altérité de l'œuvre par le passage du discours de l'actif au passif revient à marquer que l'évidence de l'œuvre est sa propre fin et que cette fin suppose d'aller suivant le lieu commun, lui-même donné comme une manière d'altérité, précisément à travers l'évidence. Rappeler, dans ces conditions, l'inévitable de l'intuition banale de la pertinence, ce qu'implique la transformation du *décrire* dans le *décrit*, revient à noter que la littérature est ce discours qui fait question parce qu'il n'existe que selon l'infinité des lieux communs spécifiés par la relation chaque fois spécifique où l'écriture (le langage) s'éprouve comme ce qui écrit sans contexte, dans la métareprésentation qu'elle fait alors – ce qu'implique encore la transformation du *décrire* dans le *décrit*. C'est pourquoi le procès de la ressemblance du discours à lui-même est sans fin : il n'existe que par les stases du quotidien, de la série

des phrases, de la série des mots, de l'infinité des lieux communs, singularisés chaque fois par le jeu de ressemblance qui est engagé. La littérature sur la littérature, l'exposition de la littérature même, est le mime
de ce geste, geste de la littérature lorsqu'elle ne livre plus une image
héraldique d'elle-même, de ses discours, de ses symboles, tout ce par
quoi la littérature ne dissocie pas *poiesis* et *praxis* – de l'épopée à la tra-
gédie, du réalisme au symbolisme de la première modernité –, lorsqu'elle travaille sur le médium porté à sa limite – le discours sans
contexte, le langage dont la pertinence est sa propre question parce
qu'il est une évidence et qu'il invite d'abord à arrêter de chercher, de
questionner.

L'objectivité de l'œuvre n'est donc pas celle du jeu de la forme et
du sens – la modernité répète l'aporie de la forme et du sens. Elle n'est
pas non plus, suivant les thèses de Roman Ingarden[1], de « l'objectivité
représentée », à jamais à distance de tout objet et de toute objectivité,
et un appui pour le lecteur qui reconstituerait, dans un jeu
d'interaction, une représentation plus complète de l'objectivité. (Thèses étranges : elles disposent que l'œuvre est essentiellement inachevée
et qu'elle peut être essentiellement complétée, et que la possibilité de
ce complément est cependant porté par l'œuvre ; elles supposent simultanément comme une différence essentielle du lisible et du lire, de ce
qui est lu – autrement dit de l'écriture – et de la lecture qui est comme
une puissance qui déborde le lisible. Ces thèses ont leur variante tropique : ainsi la métaphore est un voir comme qui permet d'entrevoir la
différence du visible et du voir, et fait la différence dans le visible.) Elle
n'est pas non plus une manière d'instauration des catégories du réel, ni
leur négation dans le jeu du signifiant – ou de la différence de
l'écriture – qui serait alors la seule objectivité de l'œuvre, ni la seule
réalisation expérimentale de l'œuvre, par laquelle l'expérience subjective de la réalisation de la forme réaliserait l'objectivité. Contre ces
diverses propositions qui trahissent que le jeu plénier de la forme et du
sens reste la mesure de l'objectivité de l'œuvre, l'œuvre est un achevé

---

1. Roman Ingarden, *Das literarische Kunstwerk*, Halle, M. Niemeyer, 1931.

et une objectivité parce qu'elle rend épars les indices de l'intuition de la pertinence en même temps qu'elle exclut tout ce qui ne serait pas rapportable à sa lettre.

John Ashbery a noté que, dans le monde quotidien, les mots sont toujours là, donnés. Ils peuvent apparaître sans pertinence. Ils peuvent apparaître seulement comme une partie de l'ensemble du discours social, ou encore du contexte complet, en termes de sémantique, de croyances, qu'ils supposent. Ces mots sont simplement impropres comme l'est la métaphore qui est l'attente d'une représentation formée ; ils ne défont pas les représentations. L'écriture répète cela : « Les mots sont déjà là. / Que la rivière semble couler en remontant / Ne veut pas dire que le mouvement ne signifie rien, / Qu'il est incorrect comme une métaphore. »[1] Le littéralisme peut ainsi apparaître commun sans qu'il y ait nécessairement une règle de correspondance de la littérature aux discours communs. Il désigne le lieu commun de l'impropriété, du sens, en même temps qu'il fait l'altérité et l'objectivité de l'œuvre, qui sont les conditions de la reconnaissance de l'œuvre.

Ce défaut de correspondance traduit que la littérature s'objective suivant la double possibilité qu'elle reconnaît dans le discours commun et ses lieux communs – ouverture et limite d'un jeu inférentiel, retour au lieu commun. C'est là, à la lecture, le moyen de la reconnaissance de l'œuvre pour elle-même, puisque la forme ne peut plus être critère constant de reconnaissance, puisque dire littéraire tel discours, par un jeu paratextuel, est engager la lecture de cette dualité. L'œuvre illustre cela par des traits poiétiques qui, usuellement caractérisés comme les moyens de marquer le jeu de la littérature avec elle-même, disposent le jeu du littéralisme et de la reconnaissance, et ne sont donc pas essentiellement d'abord des marques formelles.

Il peut être ainsi dit la disponibilité de la lettre par le statut de la description que Julien Gracq définit par une thématisation de la ville d'Orsenna, dans *Le Rivage des Syrtes* : « Le profond génie neutralisateur

---

1. John Ashbery, *Quelqu'un que vous avez déjà vu*, Paris, POL, p. 180. *April Galleons*, New York, Penguin, 1987.

de la ville... déchargeait les choses de tout pouvoir de suggestion trop vive... comme si tout l'effort séculaire d'Orsenna, toutes les images qu'elle s'était complu à donner de la vie eussent visé à une chute de tension presque effrayante, à une égalisation finale... »[1] L'exposition de la lettre doit être telle qu'elle ne semble pas aller au-delà d'elle-même, et qu'elle semble certainement aller avec toute lettre. Par la systématique des points de vue dans les récits, qui peut faire sans doute conclure à la pluralité des visions du monde, mais qui, plus essentiellement, traduit, de manière interne au texte, les conditions de l'exposition de la lettre et de la lecture, sans que cela soit nécessairement attaché à la représentation explicite de dispositifs d'adresse ou de lecture. Seraient-ils représentés, que cela ne changerait rien au jeu de l'exposition et à ses conséquences. La systématique des points de vue fait de toute présentation une présentation qui vaut pour elle-même, et de l'ensemble des présentations un ensemble qui ne vaut que pour lui-même. Cette systématique peut être rapportée secondairement au fait que le lecteur la prendrait en charge – cette prise en charge suppose le constat de l'exposition. Il y a là un jeu rhétorique implicite. Il n'implique pas un débat sur le lieu ou l'extériorité de l'objet du récit, du sens ; il n'engage pas, en conséquence, directement la finalité argumentative de l'objet littéraire, pour faire conclure soit à une réalisation argumentative, soit à une contre-réalisation. Ce jeu se définit par la construction d'une évidence – paradoxale puisqu'elle est selon le relativisme des points de vue – et par le report de cette évidence sur divers vraisemblables – ceux-là que supposent les points de vue. Il est la possibilité de la métareprésentation.

Il peut être ainsi dit la disponibilité de la littérature, de l'œuvre et de l'écrivain. Ainsi de l'antilittérature qui a pour condition que l'œuvre exclue une rhétorique convenue et directement identifiable, une définition « grammaticale » de la littérature. Cette exclusion est ambivalente : elle correspond à la fois à un défaut de croyance et une croyance dans la littérature ; elle entraîne que l'écrivain abandonne la croyance à

---

1. Julien Gracq, *Le rivage des Syrtes*, cité par Georges Poulet, *La pensée indéterminée*, t. 3, PUF, 1990, p. 222.

la littérature et son œuvre au public qui entre dans le jeu de la reconnaissance. Ainsi des jeux d'autoréférence, cités comme autant de témoignages de l'exhibition de l'autonomie de la littérature. Il y a dans la notation de l'autoréférence une manière de paradoxe : l'autoréférence relève d'un constructivisme, elle est cependant interprétée comme le moyen d'une auto-exposition de l'œuvre. Ce paradoxe ne renvoie pas seulement au paradoxe linguistique de la littérature. Il traduit aussi, puisqu'il y a construction de l'autoréférence, qu'à l'occasion de cette autoréférence, plus l'écrivain *écrit*, plus il se montre en tant qu'*écrivain* : par là, livré au public et au jeu de la reconnaissance. On peut reprendre les propositions usuelles relatives à l'impersonnalité de l'œuvre, à la mort de l'auteur. Toutes reposent sur l'hypothèse que l'évidence de l'œuvre exclut un retour à l'auteur, parce que l'œuvre ne porte pas les marques de l'auteur, parce qu'elle interdit, par ses contradictions temporelles, la désignation d'un énonciateur fixe. Toutes supposent que l'œuvre soit écrite suivant cette fin – effacer les marques de l'auteur, faire apparaître les contradictions temporelles. Le constat de l'évidence et cette supposition d'une finalité spécifique de l'œuvre doivent faire conclure au jeu de la métareprésentation de l'écrivain.

Altérité de l'objet littéraire veut dire extériorité de l'objet et, à la fois, impropriété et propriété de ce même objet par cette extériorité. En d'autres termes, l'objet littéraire est construit ou donné, comme dans le cas de l'objet littéraire *ready-made* qui n'est que l'illustration extrême du jeu de l'exposition, de telle manière que joue pleinement le lien de la présomption de pertinence et de l'impropriété, qui puisse lui être appliqué, suivant le principe d'économie de la pertinence, suivant un critère de ressemblance minimale, et que soit maintenue l'évidence de l'impropriété, qui n'est que l'évidence de l'altérité. Altérité de l'objet littéraire, altérité de ce qui lui est précisément autre. Cela appelle deux séries de notations. Cette altérité se caractérise par la possibilité, d'un point de vue fonctionnel, qu'elle a d'être équivalente à une autre altérité, – elle est donc une altérité quelconque –, et d'être d'une impropriété indifférente – elle relève toujours de la présomption de pertinence. Il suffit de rappeler la disponibilité de la lettre, la disponibilité de la littérature, de l'œuvre, et les moyens poétiques qui y sont attachés. Cette double notation commande de reconsidérer le moment de l'évidence et de la reconnaissance de l'objet littéraire et, par là, d'examiner à nouveau la *quaestio* et le jeu de la présomption de pertinence et de l'impropriété.

L'hypothèse du doublage, du *doubling*, se reformule. L'exposition de l'écriture, son défaut de prédiction, le silence qu'elle fait et, en conséquence, le questionnement qu'elle porte, assurent ce jeu proprement tropique de valoir pour elle-même, pour n'importe quelle représentation. Ils instruisent que la lettre de l'œuvre se donne comme ce qui n'a pas de pouvoir sur ce qu'elle dit et que ce qu'elle dit ne peut être connu que par sa lecture. Les objectivismes littéraires contemporains savent cela, qui, avant qu'on puisse les dire réalistes, enseignent que ce qu'ils disent, ce qu'ils montrent par le biais du discours, n'est connu que par ce qu'ils disent. C'est marquer que l'exposition est l'état minimal du *doubling* et qu'elle peut être, en conséquence, le *doubling* de n'importe quel discours et de n'importe quel thème du discours. Où il y a un principe de contextualisation à raison de cette exposition qui ne donne pas de règle explicite de report ou de prédiction. Il faut remarquer sur ce point : les débats sur la présence du monde dans la littérature ou sur la présence au monde de la littérature ne sont que débats seconds ; ils supposent que l'œuvre ait été reconnue, lue littéralement, constatée dans son jeu de métareprésentation, et que cette lecture, ce constat deviennent les moyens d'une autre réalisation représentative qui passe l'inférence limitée que suscitent littéralisme et métareprésentation. Il faut se tenir au constat : la littérature n'est que ce qu'elle est. Se tenir à ce constat équivaut à marquer que, par le *doubling* qu'elle fait, l'exposition scripturaire est un accompagnement des discours, de ce que disent les discours et, en conséquence, du réel. Cela est lié au défaut de prédiction de la règle de relation que peut porter l'écriture. Cela est congruent à la présomption de pertinence, attachée au principe de communicabilité de la littérature : l'hypothèse de l'accompagnement est celle de tout report possible par implication et inférence. Cela est congruent avec le jeu rhétorique spécifique qu'engagent communicabilité, pertinence et exposition : si l'écriture est seulement donnée, si donc le lecteur lit sans contrepartie, ce lecteur est devant la nudité de la lettre, qu'il interprète sans doute, mais que, plus essentiellement, il questionne non pour lui faire livrer réponse, mais pour préserver cette lettre dans sa nudité et, par là, élaborer sa propre lecture, qui n'est d'abord essentiellement ni une réponse ni une interrogation, mais une reconnaissance de l'évidence, de l'exposition de la lettre. Cela est congruent avec la caractérisation de l'écriture comme jeu sur des impasses : la lecture se fait suivant quelque pertinence, c'est-à-dire suivant un jeu de ressemblance minimale à des représentations, ainsi que la métaphore se lit suivant un jeu de ressemblance minimale qui renvoie à un principe d'économie, et laisse ouverte la possibilité d'autres jeux de pertinence, mais seconds par rapport au jeu spécifique de pertinence attaché à l'exposition de la lettre. Où il y a encore à chaque fois un exercice de ressemblance minimale qui correspond à un principe d'économie.

RECONNAISSANCE, OBJECTIVITÉ, QUAESTIO

La reconnaissance de la littérature, de l'œuvre, est une affaire de mots, de mot à mot, de *littéralisme*. Elle est plus par le jeu rhétorique qui est impliqué. Elle ne peut être seulement de l'ordre de la tautologie, même si elle doit d'abord l'être. Elle n'est pas un exercice sans opacité, parce que la tautologie qu'elle porte – cela est de la littérature, et la littérature est la littérature – ne peut exclure la position que la reconnaissance donne à l'objet littéraire.

L'écriture est pleinement monstration d'elle-même dans *L'usage de la parole* de Nathalie Sarraute[1]. La métaphore expose les lettres pour elles-mêmes puisqu'elle les prive de la pleine efficacité de leur signification littérale ; elle les prend dans un contexte, celui de la métaphore,

---

1. Voir chap. 3.

réflexif en lui-même ; elle les donne pour les représentants de tout contexte manquant, c'est-à-dire de toute représentation qui rendrait compte de la lettre et du contexte dans lequel la métaphore est placée et qu'elle fait. La lettre du poème de Queneau peut être lue suivant ces trois niveaux : le nom de l'homme, les noms des choses, les noms du monde ne sont que ces noms ; ces noms ont des parentés, suivant une tropique de nature ; ces noms, dans leurs jeux interférentiels, font supposer les contextes qui les interpréteraient ensemble, et qui sont ceux des représentations du monde. Ces représentations du monde ne sont d'abord signalables que par la lettre. Le « Je meurs » de Nathalie Sarraute est certainement une manière d'impossibilité ; il est, par là même, un signal de communication. Il suppose son propre contexte : le constat du moment de la mort ; un jeu réflexif attaché à ce contexte : le constat de la possible incrédulité de l'autre face à ce moment ; les représentations qu'engage ce performatif – la mort, la communauté –, qui sont autant d'approximations acceptables de ce que peut faire entendre la lettre. Ces changements de statut de la lettre font autant de questions. Que la littérature soit assimilée par Handke à un jeu de rôles et de questions, jusqu'au « vide de questions », instruit qu'elle est la constante prise en charge de l'intention communicationnelle, menée au terme de son paradoxe : l'intention ne peut être telle qu'en passant la seule lettre et en interdisant de se défaire de la lettre. C'est reformuler la notation de l'autonomie et l'engagement dans la reconnaissance ; par cette monstration, la littérature engage de manière spécifique son jeu de décontextualisation : notre extériorité face à l'écriture entraîne que nous connaissions à la fois l'écriture et son dehors, éventuellement l'apparence que l'écriture entend évoquer de la réalité, mais nous savons que nous ne pouvons pas établir de relation de prédiction de l'écriture à la réalité.

Il se conclut : en exposant et en cadrant sur la page les discours, la littérature expose le fait que les discours nous sont donnés ; lecteurs, nous regardons les discours donnés, nous regardons un discours dont on peut dire qu'il parle pour nous ; nous sommes partagés entre la tentation de leur être assujettis et de les assujettir à nos propres vues ; les hypothèses narratologiques et les hypothèses interdiscursives répètent cela. C'est ici placer l'écriture du côté de l'énigmatique, compris autrement que ne le comprend Nuno Judice dans son poème « Énigmes » : l'évidence qu'elle se donne, forme un nœud de questions et a des limites. Nœud de questions : celui que fait le défaut de prédiction de l'écriture par rapport à ce qui n'est pas elle. Limites : la lecture de cette évidence est, d'une part, une manière de certitude, et, d'autre part, indissociable d'une sorte de scepticisme puisque cette lecture est d'isolement et de distance. Le jeu du lecteur n'a pas de contrepartie : celui-ci lit sans être vu en train de lire. L'ultime paradoxe de l'exposition de la littérature se formule : cette exposition suppose que le lecteur soit absent à la littérature. La nécessité de cette absence résulte du jeu d'extériorité attaché à l'exposition. Il renvoie encore à ce que fait l'exposition même : présenter l'écriture comme contingente. La reconnaissance de la littérature est reconnaissance de cette contingence. Elle implique que le lecteur reconnaisse là sa contingence, comme l'écrivain sait sa propre contingence puisqu'il sait l'obligation de la reconnaissance de l'œuvre.

Ces notations appellent trois compléments. Premier complément. S'il est dit une contrainte de lecture par l'écriture, cette contrainte ne peut être, en conséquence, dite d'abord que suivant le nœud de questions ; s'il est dit une liberté (formelle, expressive) de l'écriture, cette liberté ne peut être, en conséquence, dite que relativement au jeu de reconnaissance qu'engage l'écriture. C'est pourquoi l'exercice de la pertinence, attaché à la reconnaissance et à la lecture, est jeu provisoire, du moment de cette reconnaissance et de cette lecture. Deuxième complément. C'est là répéter la contingence de l'écriture, la question qu'elle fait, et caractériser doublement son altérité : une altérité fixée puisque l'écriture est elle-même fixée, une altérité instaurée et mise en débat dans la reconnaissance. Noter l'indéchiffrable de l'écriture, comme le fait Reverdy, est noter cela et, de manière indissociable, supposer la métareprésentation identifiable à l'écriture – l'écriture est là montrée comme s'il elle s'instaurait à la fois d'elle-même et selon les discours et les représentations du monde, comme si, par cette dualité, elle devenait évidente et rendait possible l'instauration de l'altérité par la lecture. Troisième complément. Dans cette reconnaissance partagée de la contingence, il y a un principe rhétorique intersubjectif : cet objet littéraire que je lis ne peut être communiqué qu'à la condition que vous lisiez aussi cet objet, c'est-à-dire que vous entriez dans le jeu de la reconnaissance et de la contingence.

C'est pourquoi tout ce qui peut être dit, dans la critique contemporaine, à propos de la littérature contemporaine, en termes de marques ou de défauts de marques littéraires, d'implication immanente du lecteur, de dialogisme, n'est que constat second, qui dépend du constat de la structure du jeu de la reconnaissance. C'est pourquoi, dans la perspective de l'élaboration de l'œuvre, les éléments d'identification esthétique et d'adresse au lecteur, peuvent sans doute être considérés en eux-mêmes, mais ils doivent être plus essentiellement rapportés à ce qui les justifie : le jeu de la reconnaissance. Il y a ainsi quelque naïveté de la critique à considérer systématiquement que l'œuvre code le jeu de la reconnaissance. C'est supposer que l'œuvre maîtrise en quelque sorte sa présence et son exposition. Il y a une naïveté similaire dans la déconstruction à considérer, à l'inverse, un défaut d'adresse : se tenir au constat du « ne pas donner » et du « ne pas adresser » revient à ignorer que même l'exercice contingent de l'écriture participe du jeu de la reconnaissance. Là, l'interrogation, « Que peut bien vouloir dire le fait que l'on ait à lire ? », devient prégnante : le défaut de donation est une manière de mise en scène, de *staging*, de la série des mots.

Les caractérisations contemporaines de la littérature correspondent, dans leurs équivoques, à ce jeu de la contingence et de la reconnaissance, et signifient encore : l'objet littéraire contemporain ne se caractérise essentiellement ni selon l'observation, ni selon la rupture de la tradition littéraire, mais précisément selon sa contingence et ce qu'elle implique au regard du jeu de la pertinence. Cela fait la définition commune de la littérature. Ces points permettent de recaractériser la certitude de la communicabilité qui est attachée à l'hypothèse et à la reconnaissance de la littérature. Il suffit de répéter à ce propos la définition de la fonction poétique : elle renvoie, de fait, à un jeu de communication et de non-communication. Cela peut être réinterprété au regard de la pertinence provisoire, de la *quaestio* : la communicabilité même est indissociable d'une incertitude de la communication. Cette incertitude trouve ses moyens dans les traits formels de la littérature. On pourrait répéter ici tous les jeux de la versification et du rythme, qui sont jeux sur la non-coïncidence entre le mètre et la syntaxe, le rythme et le sens, tous les jeux, dans le récit, de présentation, de points de vue, de voix, qui sont jeux sur la non-coïncidence entre argument narratif, autrement dit sémantisme d'une action, et présentation de l'action – autant d'exercices paradoxaux de la communicabilité. Cette incertitude peut trouver ses moyens dans la présentation nue des discours. Ainsi des objectivismes littéraires qui n'impliquent pas nécessairement une organisation formelle, mais qui, figurant un monde où la subjectivité ne s'expose pas, montrent la toute-puissance du langage et du dehors : les objectivismes supposent deux évidences qu'ils donnent pour concomitantes. Ainsi de la singularité scripturaire quelconque : l'évidence du discours quelconque est comme l'*analogon*, sur un mode mineur, de l'objectivisme et de la monstration de la toute-puissance du langage et du dehors.

La littérature de la modernité, par le littéralisme, par le jeu sur la limite du médium, dispose une altérité paradoxale : prendre l'aspect commun du discours et donner à lire une objectivité linguistique – cela qu'illustrent les objectivismes littéraires et la singularité scripturaire quelconque, telle que la propose *Autobiographie, Chapitre X* de Jacques Roubaud, cela qui fait le mobile de l'écriture de Reverdy et de John Ashbery ; donner une limite au jeu de la pertinence par la reconnaissance de l'œuvre, qui ne désigne aucun au-delà d'elle-même, ni ne dessine aucune possibilité explicite d'interaction et ainsi faire du littéralisme, de cela qui est parfaitement lisible, l'obstacle du déchiffrement de l'œuvre ; aller sans différence en suggérant, par le littéralisme, par le jeu de pertinence qui est induit et qui suppose que la reconnaissance de l'œuvre soit reconnaissance de l'égalité de droit des discours, ce que serait l'homogénéisation de n'importe quels discours, et cependant faire revenir à un partage de ce qui serait littérature et hors littérature dès lors qu'est instaurée l'altérité.

Ce paradoxe définit une manière d'incorrection de la littérature : elle serait d'une impraticable clarté – littéralisme –, ou d'un impraticable usage – l'écriture se donne pour elle-même et figure la toute-puissance du dehors et du langage, elle joue de sa monstruosité sémantique, qui peut être par le seul littéralisme, pour exposer la banalité de son discours. La critique contemporaine, dans sa théorisation du fait littéraire, que l'on dise le signifiant, la dissociation de la *poiesis* et de l'*aisthesis*, le *doubling*, tel qu'il est défini par Wolfgang Iser, ou même l'intertextualité, lit ce paradoxe, pour l'essentiel, sous le signe d'un constat – la littérature serait ce qui, dans le monde, n'a pas accès au monde. Ce paradoxe peut également se lire de manière fonctionnelle. Par le littéralisme, par le jeu sur la limite du médium, la littérature se donne dans une proximité intangible aux discours. Cela peut se formuler encore : les discours, y compris la littérature, sont ces objets écrits, donnés, qui supposent d'autres discours, d'une proximité que figure l'altérité de l'œuvre. La littérature devient ici précis modèle d'interaction : dans la mesure où on ne peut avoir d'intelligence de l'écriture en elle-même – si l'on dit le littéralisme, le jeu équivoque de la pertinence –, mais seulement approcher son inintelligibilité grâce au lien qu'elle a avec ce par rapport à quoi elle fait singularité, et grâce à la similitude qu'elle peut présenter avec cela même – où l'on retrouve le jeu de la pertinence. Dire la littéralisation de la société et le bain d'imaginaire, ce n'est finalement que dire la coexistence de la littérature, des discours et des objets avoisinants. Il appartiendrait à la littérature, précisément parce que les mots sont déjà là, comme le note John Ashbery, de jouer explicitement de cette proximité des discours, de reprendre les mots et les présentations qu'ils disent, fût-ce dans leur apparente incorrection, fût-ce dans le bain d'imaginaire qu'ils portent.

Dès lors, dans cette reconnaissance de la banalisation de la littérature – les mots sont déjà là, la littérature n'est que ces mots qui vont avec tous les discours et le quotidien –, il y a peut-être le moyen de redire l'expérience littéraire – écriture et lecture – comme l'expérience du rapport explicite de l'humain et du linguistique, hors d'une tentation de la vérité, hors d'un choix d'expérience qui refuserait le langage : cette expérience ne peut se dissocier de l'ordinaire – de l'expérience banale de la couture de l'humain et du linguistique, ainsi que le marque John Ashbery. Cette expérience ne

155

dispose pas de règles *a priori* parce qu'elle peut être, parce qu'elle doit être celle de la proximité de tous les discours et des formes de vie parlantes qu'ils supposent. Cette expérience porte une dernière leçon : reconnaître le moindre pouvoir de la littérature, suivre les mots, n'implique pas la récusation de toute *poiesis*, mais commande que l'écrivain sache la contingence de sa place dans le monde, dans les discours, que la *poiesis* ne peut être la maîtrise des représentations, que la possibilité de lire la littérature implique les croyances communes. Ce savoir assure une possibilité de lecture des discours, des signes, sans que l'on ait à concevoir une relation de ces discours, de ces signes à leurs *relata*, puisque la présomption de pertinence engage un jeu de représentations. Ce savoir rend possible l'écriture dans l'ordinaire : il peut être donné l'écriture et l'ordinaire ; il n'y a pas de relation de prédiction de l'un et de l'autre, ils peuvent cependant être lus et reconnus simultanément. Telle est l'interaction singulière, que figure la littérature : par le littéralisme, le jeu sur la limite du médium, elle n'est plus un jeu de prédiction de ses propres *relata* et de sa référence humaine. Par ces mêmes traits, et jusqu'à la singularité scripturaire quelconque, elle est la possibilité de la lecture commune sous le signe de la *quaestio*.

La *quaestio*, indissociable de la reconnaissance de l'œuvre, est au fond débat sur les pertinences de l'œuvre, exercice d'assimilation de la différence entre mes lectures et entre mes lectures et le texte, désignation et maîtrise du caractère provisoire de la pertinence. Elle est aussi – il faut retourner ici aux termes de la rhétorique – indissociable d'une *praxis*, ce mouvement dans lequel la fin est immanente à l'action et qui est la poursuite de la représentation dissociée de la *poiesis*. La *quaestio* est sa propre finalité. Où il y a l'inévitable des diverses lectures. Le discours sur l'objet littéraire ne le dit pas littéralement, mais le figure par le jeu de l'interrogation réglée. La reconnaissance fait de son objet un objet *possible* dès lors qu'il est désigné par ce jeu des pertinences provisoires en quoi consiste la *quaestio*. Ce possible est la variation et la série des représentations qu'induisent la métareprésentation que constitue l'œuvre, et la reconnaissance. Chacune de ces représentations, qui va avec l'identification de telle pertinence, vient comme après tel savoir de la littérature, celui qui a été de telle lecture, et comme après un savoir de la représentation, celui qui a été avec cette lecture.

La modernité trouve là la justification de la littérature, qui est encore une justification rhétorique. Face à la littérature et à ce que l'on reconnaît pour littérature, et qui est le spectacle même du langage – c'est ici une reformulation de la notation de l'exposition de la littérature –, il y a le spectacle commun du langage, celui de l'échange constant, celui de l'échange marchandise, dit, par exemple, Guy Debord. Ce spectacle commun porte également sa présomption de pertinence et les limites de cette présomption. La présomption de pertinence qui fait la possibilité de l'entente commune. Les limites de cette présomption sont pragmatiques : je ne peux pas toujours faire un pas d'intelligibilité vers un monde et ces discours dont je n'ai que faire ; celles mêmes du langage : nos phrases sont, comme le dit Aldo Gargani, « autant de questions vis-à-vis de l'existence qui nous entoure et qui nous cerne de toutes parts, qui ne trouvent jamais de réponse dans d'autres phrases »[1]. Ce spectacle commun porte encore – et c'est pourquoi il est spectacle – l'hypothèse d'une communicabilité générale qui est aveuglement à la limite de la présomption de pertinence. La sphère de la communication présente de nouvelles aventures de la communication, définies comme telles, de l'usage de nouvelles techniques à la disponibilité de nouvelles images, de nouveaux discours – parmi eux, les discours littéraires. Ces nouvelles aventures se confondent avec un vaste jeu d'internement des différences, avec l'effacement de toute limite de la pertinence des méta-représentations. L'étendue de la sphère de la communication est telle que la limite de son appréhension, de la saisie d'une information, est constante : le jeu des inférences serait trop vaste. Dans cette sphère, bien des choses peuvent se dire ; tout peut se dire : cette sphère inclut toute différence. Elle ne permet pas cependant le traitement pour elles-mêmes de ces différences.

L'œuvre littéraire de la modernité, lorsqu'elle va au-delà des impasses de la première modernité, lorsqu'elle cesse de figurer la sphère lan-

---

1. Aldo G. Gargani, *Regard et destin*, Éditions du Seuil, 1990, p. 96. *Sguardo e destino*, Rome, Laterza, 1988.

gagière, la sphère de la communication en elle-même, c'est-à-dire lorsqu'elle cesse de se donner pour la figure de l'inclusion ou pour l'entreprise d'une telle figuration, – il faut répéter l'histoire littéraire de Flaubert à Wallace Stevens, de Mallarmé à Pessoa et Ashbery –, lorsqu'elle ne dissocie pas le tout qu'elle peut constituer formellement et sémantiquement du littéralisme, qui peut se réaliser au moyen de la notation ou de l'épreuve de la pensée en reste, à travers l'objectivisme, à travers la singularité scripturaire quelconque, lorsqu'elle dispose explicitement l'équivoque de l'ordinaire et de l'écriture, lorsqu'elle ne sépare pas la métareprésentation qu'elle fait, de l'intuition banale de la pertinence, cette œuvre littéraire trouve une position d'identité rhétorique caractéristique. La dissociation de la *poiesis* et de la *praxis* n'exclut pas le lieu commun, le jeu tropique ; elle empêche de les considérer seulement pour eux-mêmes ; elle entraîne que les représentations sont toujours formables et qu'elles le sont suivant une inversion de l'effet de communication, attaché au bain d'imaginaire : cette *praxis* comme donnée en elle-même est retour sur telles présentations spécifiques, portées par la singularité, qui peut être singularité commune, de la *poiesis*.

Chapitre V

Littérature contemporaine
et modalités interférentielles

La première modernité s'attachait, en termes de présentation, à tous les individus, en termes de représentation, à tous les lecteurs ; individus et lecteurs renvoyaient à une même communauté d'expérience ou la constituaient. L'œuvre pouvait ainsi se donner pour penser à la place de tout autre, cependant déterminé par la totalité, humaine, sociale, que supposait, qu'impliquait, que représentait l'œuvre. C'est l'entreprise de Mallarmé ; c'est encore celle d'Ezra Pound. A l'inverse, quand on souligne le littéralisme ou le jeu sur la limite du médium, on marque que l'œuvre ne peut pas, n'entreprend pas d'exposer un tel jeu de substitution, mais implique qu'elle se construit et qu'elle doit être reconstruite, en termes de forme, de signification, à partir des obstacles à cette reconstruction. Cela veut dire que l'œuvre va procéder doublement : suivant la déflation de ce que peut être un jeu de *pars pro toto*, suivant une figuration de l'altérité comme l'obstacle à et le moyen de la constitution de l'œuvre, suivant la réduction de toute symbolisation qui aille avec le jeu du *pars pro toto*. La conséquence rhétorique de ce changement des moyens et des visées de l'œuvre est manifeste : c'est n'importe quel individu, en termes de présentation, n'importe quel lecteur, en termes de représentation, qui sont concernés par l'entreprise littéraire. Ce nombre d'individus est indéterminé et transitoire – il n'est identifiable à aucun ensemble donné, mais à l'exercice de la pertinence et à l'exercice représentationnel. L'œuvre est la présentation de cette disposition rhétorique, qui ne suppose pas nécessairement la figuration du lecteur.

La littérature de la modernité joue d'un paradoxe au regard de la reconnaissance de la pertinence : elle défait la possibilité de la désignation purement textuelle de la pertinence ; elle cite les voies banales de l'intuition des données de la pertinence ou les désignent. Par là même, la littérature de la modernité dispose de manière encore paradoxale cette aporie de la pertinence dans le texte : l'aporie est le moyen de la question et d'une réduction symbolique que figure l'œuvre. Cette réduction symbolique n'est qu'une manière de faire jouer, dans l'œuvre, les indices d'une communicabilité commune, cependant donnée pour l'envers de l'échange linguistique aliéné. Ces paradoxes sont fonctionnels : ils marquent la rupture de toute position sceptique de la littérature. Ils invitent à relire de manière concordante, les principales thèses contemporaines sur la littérature : la littérature serait ce qui travaille à sa propre gestion – notation de la littérature pure –, mais elle est encore ce qui participe d'une homogénéisation des discours – notation de l'écriture générale –, ainsi qu'elle est encore une gestion de l'altérité, discursive et symbolique en elle-même, et de la ressemblance, discursive et symbolique, des autres discours – notation de l'interdiscursivité. En disant littéralisme, jeu sur la limite du médium, affaiblissement du système de codage de l'œuvre, on dit sans doute, une difficulté d'appropriation de l'œuvre ; on pose aussi, de manière extrême, la question de la présentation, par l'œuvre, de son autre. La pertinence paradoxale qu'exposent littéralisme, jeu sur la limite du médium, affaiblissement du codage de l'œuvre, doit être, dans cette perspective, reformulée : ils supposent que la différence maximale de l'écriture est d'une interprétation et d'une représentation constantes ; ils excluent certainement que les œuvres se donnent comme une *pars pro toto*, ce qui était la visée de la première modernité et le moyen, désigné par l'œuvre, de la contextualisation et de la possibilité d'interpréter.

L'examen du discours littéraire contemporain, ou du discours reconnu pour tel, et des modalités de la présentation de son autre caractérisent l'œuvre de trois façons, sans qu'il soit nécessaire de revenir aux partages qu'expose la critique littéraire contemporaine. 1. Il y a

une limite et une construction définissable de ce médium de la littérature – cas de l'œuvre interférentielle. 2. Il peut être fait l'hypothèse
d'une limite définissable de ce médium, mais cette limite n'est pas
fonctionnelle en tant que telle, elle acquiert une pertinence seulement
par l'hypothèse de la contingence de l'œuvre – celle-ci n'expose pas
d'elle-même sa nécessité – et par le jeu de la reconnaissance de cette
contingence. 3. Il n'y pas de limite définissable du médium de la littérature – singularité quelconque ; le médium fait cependant connaître sa
limite parce qu'il implique la comparaison avec le discours quelconque,
et reconnaître l'extériorité des discours et des présentations du monde
par rapport à lui[1].

MODALITÉS INTERFÉRENTIELLES

Dans cette perspective et hors des débuts de la modernité littéraire,
l'hypothèse de la littérature du XXᵉ siècle, relativement à la pertinence
qui peut être prêtée à l'entreprise et à la réalisation esthético-
scripturaire, se partage entre le moyen d'une thématisation formelle et
sémantique, qui assure à la fois l'autonomie de l'œuvre et la possibilité
explicite de son articulation. Par articulation, on comprend que
l'œuvre, outre ce qu'elle présente et thématise de manière interne – et
qui équivaut à une présentation – dispose la possibilité de la thématisation externe à l'œuvre. Cela caractérise le jeu interférentiel que peut
porter l'œuvre, selon divers degrés. L'œuvre, sans disposer explicitement ce par quoi les représentations peuvent faire ensemble, fait de ces
présentations et représentations la possibilité d'une représentation. Le
défaut d'une telle thématisation peut prendre deux moyens – soit celui
d'un amoindrissement de l'identification des modalités possibles du jeu
interférentiel, soit celui de l'explicite identification de l'écriture à une

---

1. Pour une approche différente de ces points, Martin Seel, *L'art de diviser. Le
concept de rationalité esthétique*, Colin, 1993, Éd. originale 1985.

singularité scripturaire quelconque. Dans l'amoindrissement de l'identification des modalités possibles du jeu interférentiel, l'œuvre présente son propre jeu formel et sémantique, mais elle ne le construit ni ne l'expose de telle manière qu'il ait une fonction intégratrice au sein de l'œuvre, ni de telle manière qu'il ait la même fonction au regard de ce qui n'est pas l'œuvre. L'explicite identification de l'écriture à une singularité scripturaire quelconque concerne un objet littéraire qui peut se présenter comme tel – il suffit de noter les indices paratextuels – ou ne pas se présenter comme tel – les indices paratextuels de l'identité littéraire font défaut. Cette identification n'est pas exclusive du fait que cet objet scripturaire puisse posséder une organisation formelle ou sémantique propre. Chaque fois, l'objet scripturaire apparaît comme une structure significative dans le discours, par rapport au discours, dont il est la copie ou la ressemblance, par ce jeu de copie ou de ressemblance. L'objet scripturaire devient, par là, expressif – et proprement littéraire. Dans les deux cas du défaut d'identification des modalités possibles du jeu interférentiel et de la singularité scripturaire quelconque, l'interrogation sur le rapport de l'objet scripturaire à tout autre et à quiconque devient une question finale : un tel objet scripturaire est, par définition, un objet terminal – il est le dernier au regard de tout jeu d'enchaînement –, et figure, par là, le signifié qui exige son dû, c'est-à-dire l'indication de sa relation de pertinence hors d'un jeu de pertinence ou de questionnement de la pertinence, qui seraient explicitement construits par l'œuvre et commanderaient la lecture.

Œuvre à modalités interférentielles marquées

C'est la caractérisation la plus fréquente du statut des œuvres. L'œuvre expose son codage interne – codage formel, codage des codes discursifs, symboliques ; elle indique explicitement l'articulation ou la possibilité de l'articulation de ce multicodage avec les codes externes à l'œuvre. Il y a là les moyens d'une contextualisation représentationnelle. Et les moyens de caractériser expressément l'œuvre comme l'objet d'une lecture suivant l'altérité que constitue l'œuvre, suivant le jeu de la pertinence provisoire que cette œuvre présente, suivant la métareprésentation explicite qu'elle suggère dès lors qu'elle dispose cette possibilité d'articulation. Il suffit de donner ici un exemple caractéristique de la création littéraire moderne et des débats critiques qui en résultent. Lorsqu'on dit les jeux des perspectives, des points de vue dans un récit, on note sans doute une technique, on indique sans doute le relativisme que reconnaît le récit. On marque plus essentiellement que perspectives et points de vue, fussent-ils incompatibles, sont composables dans le récit sans que cette composition abolisse la spécificité des perspectives et des points de vue. Cette notation technique est la notation de la condition minimale du jeu interférentiel. Le jeu des perspectives est un moyen – on a commenté ce point – de figurer l'altérité de l'œuvre. Il suffit d'un changement de perspective, de point de vue, pour suggérer la question de la pertinence des présentations du récit, à tel point du récit. Où il y a la nécessité d'enchaîner sans défaire la fonction ultime du perspectivisme – son caractère composite implique la métareprésentation par laquelle l'œuvre qui n'est qu'elle-même, est rapport à ce qui n'est pas elle, à ce à quoi elle n'est pas présente, tout monde, le lecteur, le monde du lecteur.

Ce statut de l'œuvre est spécifique. Cette absence de l'œuvre à son au-delà qu'elle désigne, n'est pas le contraire expresse de la présence, mais comme ce moment où il n'y a pas besoin de présence, ni d'être présent à quoi que ce soit pour que cette certitude d'un rapport avec l'au-delà de l'œuvre subsiste, pour que subsiste, en conséquence, la certitude que tout monde – n'importe quel monde, celui que fait l'au-delà de l'œuvre – est donné alors que l'œuvre n'est qu'elle-même, alors que ce monde ne peut être spécifié que par l'exercice de la métareprésentation. L'œuvre dispose la certitude du monde autre par l'évidence de sa transmissibilité : elle livre, en elle-même, la présentation de cette transmissibilité en donnant pour composables les diverses présentations et représentations, qui sont donc reportables les unes sur les autres. Cette évidence de la transmissibilité a pour conditions l'identification pour elles-mêmes des présentations de l'œuvre, la réduction symbolique des distances de l'œuvre, de ses présentations, à tout monde que désignent ces présentations, des représentations qu'elles suscitent. Identification pour elles-mêmes des présentations de l'œuvre veut dire qu'aucune présentation dans le récit ne se donne pour prévalante, pour développée à ce point où elle indiquerait complètement ou presque complètement les voies de la métareprésentation. Réduction symbolique des distances veut dire que l'écrit s'écrit et se lit suivant la présomption de pertinence, suivant la constitution d'une ressemblance, localisée, éventuellement faible, de ces présentations et de la pensée qui écrit et lit (ces présentations). Identification des présentations et réduction symbolique des distances ont pour moyens les jeux des perspectives et des points de vue : ils exposent les limites de ces présentations et leurs proximités mutuelles ; ils impliquent une métareprésentation qui aille suivant les limites exposées ; ils suggèrent donc la proximité des diverses présentations à une représentation – la constitution de la ressemblance est localisée, elle n'engage pas, à la lecture, des reconnaissances et des représentations qui supposent des conventions radicalement autres que celles du lecteur, ou un grand nombre de conventions de la part du lecteur, qui entraîneraient que celui-ci ne puisse pas lire le récit comme unique et un.

Le jeu interférentiel peut, au total, se caractériser ici suivant une dualité maîtrisée : offrir des présentations multiples, éventuellement contradictoires, et limiter la possibilité et la portée des inférences, attachées à ces présentations à la lecture, en excluant la généalogie des points de vue – autrement dit toute histoire des présentations – et en posant une limitation cognitive : les paradigmes qui permettraient de développer une métareprésentation systématique qui passerait l'identité des diverses représentations, restent opaques. Ainsi, dans *Sanctuaire* de Faulkner, la présentation que fait le titre – le seul monde du bien – n'est jamais actualisée dans le roman, comme elle n'y est jamais récusée. Le roman ne peut se placer sous les seules représentations du bien ou du mal, les paradigmes du bien et du mal restent opaques, bien que les présentations du bien et du mal soient, dans le roman, référables sans ambiguïté au bien, au mal. Ainsi, dans ce même roman, les jeux des perspectives et des points de vue sont donnés pour eux-mêmes et traduisent une circulation égale du bien et du mal. Le jeu interférentiel explicite dessine le champ commun des différences de l'œuvre, de l'œuvre et de son autre. Le jeu des perspectives et des points de vue permet de spécifier les variations de statut des présentations – présentations simples, présentations lisibles, puisqu'elles sont indissociables des points de vue, des attitudes interprétatives des personnages, présentations qui sont dans un rapport interprétatif les unes par rapport aux autres, présentations qui sont comme rendues égales par l'unité du récit et par le relativisme que supposent les points de vue. Dans son moment de création comme dans son moment de lecture, cette œuvre a pour condition un double jeu de liberté – de l'écrivain comme du lecteur : liberté au regard de la constitution de l'œuvre, liberté au regard de cela qui définit le champ des interférences possibles. L'œuvre, de manière interne, permet, par son multicodage, de maintenir, de varier, de suspendre la lecture et les jeux de métareprésentation. Le constat de la situation interférentielle de l'œuvre permet ces types de variation, de suspension.

Le jeu interférentiel est cependant jeu ambivalent. Il fait de l'œuvre la partie d'un face-à-face, qui se comprend comme l'œuvre face au lecteur – il faut répéter la reconnaissance de l'altérité, l'exercice de la métareprésentation qui se fait à partir des présentations de l'œuvre –, mais aussi comme celui de l'œuvre face au monde – il faut répéter l'altérité de l'œuvre, la certitude du monde qui fait l'au-delà de l'œuvre –, comme l'écrivain face à l'œuvre – il faut répéter que l'écrivain écrit suivant la constitution d'une ressemblance de sa propre pensée et des présentations de l'œuvre. Le jeu interférentiel permet de faire l'hypothèse du contexte représentationnel possible, mais il ne désigne pas précisément l'accord sur le monde qui correspond à ce contexte – il peut y avoir une intelligibilité commune de ce contexte, elle n'est que le moyen d'une manière de suspens, celui du face-à-face qu'institue l'œuvre, celui de la possibilité explicite de la métareprésentation qui n'est pas résolutrice de ce face-à-face. L'œuvre apparaît ainsi comme une œuvre qui est ses perspectives, ses figures et qui, faisant de l'objet qu'elle est, plusieurs objets – ses présentations, son organisation, son argument –, articule ses propres présentations, et comme ce qui est là, comme un supplément à toute définition triviale de ce monde, des discours de ce monde, à toute présentation de ce monde.

L'œuvre se donne, par ses jeux de simultanéisme sémantique – comparaison, métaphore, rime, rythme –, par les jeux de composition du récit, comme hétérogène en elle-même, comme ce qui offre la figuration du face-à-face avec son autre. Elle peut se construire suivant le savoir de l'interférence, ainsi que les poètes disent l'*autre voix*, qu'ils la supposent : « A certains moments, longs ou brefs, répétés ou isolés, tous les poètes entendent l'autre voix. Elle est étrangère, et c'est la leur, elle est à tous et à personne. »[1] Cela ne commande pas de définir le poète comme manifestement habité par l'altérité. L'analogie qui est établie avec l'autre voix, est ici limitée. C'est là, par exemple, l'ambiguïté constante de l'attitude et de la poésie surréalistes : le face-à-face n'appelle pas le dessin explicite de l'identification à l'autre, ou à son équivalent. Révolutionnaires, rêveurs, les surréalistes se situent et situent leurs œuvres comme face *à* la révolution, *face au* rêve, face à la présentation de la révolution, du rêve. L'équivoque du jeu interférentiel est ici manifeste. L'analogie avec l'altérité, que l'œuvre précise, peut présenter, faire lire cette œuvre dans une perspective holiste. L'œuvre et sa présentation ne se comprennent que par la représentation partagée du rêve, de la révolution, que suppose le face-à-face. Cette analogie peut aussi faire présenter et lire l'œuvre dans la perspective d'une référence au rêve, à la révolution, qui fait le jeu même du face-à-face, mais qui suppose la construction, à partir de l'œuvre, de ce que peut être un tel jeu de référence. L'œuvre ne dessine pas explicitement le champ commun des représentations, qui peuvent l'inclure.

Le jeu interférentiel devient ainsi jeu paradoxal : par l'organisation de l'œuvre, il est présentation d'une dimension temporelle, d'un espace dont la mesure peut être prise – cela que suppose le jeu interférentiel ; mais il reste exclu que le dessin de cette mesure soit exactement commun à cet espace et à celui qui mesure, puisque le jeu interférentiel est un jeu d'extériorité – le face-à-face est explicitement thématisé. Le jeu interférentiel exclut qu'une identité des différences, des présentations

1. Octavio Paz, *L'Autre voix, Poésie et fin de siècle*, Paris, Gallimard, 1992, p. 16. *La otra voz. Poesia y fin de siglo*, Barcelone, Seix Barral, 1990.

de l'œuvre, des représentations que ces présentations induisent, et de la perspective de la référence, soit notée. Il dit une transmissibilité de l'œuvre, une recevabilité de l'œuvre pour quiconque, dès lors qu'il se construit suivant la question de l'altérité, et des présentations qui ne sont pas transmissibles de manière manifeste ou certaine suivant des représentations, puisqu'il y a cette question.

La réponse de la modernité littéraire au constat de l'équivoque ou de la limite du jeu de l'interférence, consiste à faire des présentations de l'œuvre les représentations de l'internement de la différence, d'abord figurée par le rapport de celle-ci à son autre, tel que le dessinent la réduction symbolique des distances et la métareprésentation alors possible, à faire de l'hétérogénéité de l'œuvre le moyen d'apparenter ces représentations. Cet internement de la différence n'est que l'exposé explicite dans l'œuvre du lieu commun, résumé par des paradigmes interprétatifs, ou identifié à ce qui fait présenter dans l'œuvre la pertinence de l'œuvre. La métareprésentation qui peut être constituée à partir de l'œuvre est entièrement dépendante de ce jeu avec le lieu commun. Les significations des mots, des phrases de cette œuvre, dépendent explicitement de tous les mots et phrases de cette œuvre, qui sont les mots explicitement reçus des lieux communs. Les représentations que constitue ou que suggère l'œuvre à partir de ses présentations, dépendent des représentations et croyances d'une communauté, telles qu'elles sont exposées par ces lieux communs, telles qu'elles sont présentées dans une œuvre singulière, sous le signe d'un individu. Le paradoxe du jeu interférentiel se trouve porté à une manière d'extrême. D'une part, l'œuvre est l'inscription explicite des lieux communs ; d'autre part, elle les présente selon une singularisation. Le lieu commun et sa singularisation sont présentés comme égaux et comme réversibles. Ce jeu est illustré par *La Terre vaine* de T. S. Eliot, qui figure, de manière interne à l'œuvre, le face-à-face de l'œuvre et des discours communs, des représentations reçues par des citations, et le jeu interférentiel même en disposant, par des notes, un commentaire de l'œuvre ; par *Un homme qui dort* de Georges Perec où le jeu interférentiel est figurée par la composition, impossible de principe, de la présentation du sujet en extériorité et selon le monologue intérieur.

Dans *La Terre vaine*, quel que soit l'argument que suggèrent les notes du poème, quels que soient les points de reconnaissance et d'interprétation qu'elles apportent, les diverses données, représentations, citations, notes, du poème font du poème un face-à-face, en lui-même, avec la symbolique religieuse, culturelle, l'histoire, le contemporain, pour construire ce poème comme une vaste comparaison interne. L'explicite de cette comparaison n'est jamais dit. La comparaison est seulement le moyen de marquer que les diverses présentations, représentations, citations, que donne l'œuvre, peuvent aller les unes par rapport aux autres suivant un jeu paradigmatique – celui du report, interne à l'œuvre, sur cette symbolique, sur les conventions, notées, des représentations de l'histoire et du contemporain –, et que ces citations sont les moyens de faire du poème son propre miroir – manière de monde privé, congruent à la proposition du philosophe Bradley que cite en note T. S. Eliot : « En bref, considéré comme une existence qui se manifeste dans une âme, le monde entier pour chacun, est particulier et privé à cette âme. »[1] Ainsi, ce poème miroir de ce monde ; ainsi, ce monde dans le miroir de ce poème et miroir de ce poème. Dessiner l'interférence revient à dessiner son équivoque et à faire des lieux communs ce qui est réversible dans un texte. Cette réversion – il faut revenir à la citation de Bradley – n'est elle-même qu'une réversion commune. Cette réversion commune dispose encore que le monde privé possède une âme, les représentations d'un individu ne sont que présentations et représentations suivant les lieux communs. La figuration du jeu interférentiel est, de fait, figuration de la pertinence du texte.

Un homme qui dort de Georges Perec[2] démontre la limite du jeu interférentiel en montrant expressément le face-à-face. Dans ce roman, le narrateur utilise le tutoiement pour désigner l'agent de la narration. Le tutoiement figure le passage d'un dehors du monde du récit à un dedans du monde du récit – une modalité de l'interférence. Cette narration est, de fait, un monologue intérieur. Le destinataire dututoie-

---

1. T. S. Eliot, La terre vaine / The Waste Land, *Poésie*, Seuil, 1969, p. 102. Éd. originale 1922.
2. Georges Perec, *Un homme qui dort*, Paris, Denoël, 1967.

ment est donc le narrateur. Le tutoiement apparaît comme un moyen de l'autocontextualisation du récit. Il est moins le signe d'une réforme du statut du narrateur que le traitement paradoxal de l'auto-contextualisation que dessine l'œuvre, et de sa caractérisation interférentielle – la mise en évidence du dysfonctionnement possible de cette autocontextualisation et de cette caractérisation interférentielle. Le tu est identifié à un homme qui ne répond pas – c'est pourquoi il est dit un homme qui dort même si cet homme n'est pas constamment décrit dans son sommeil. Par ce défaut de réponse, le jeu interférentiel que l'œuvre figure est jeu unilatéral, jeu du maître à l'esclave – ce que traduit l'usage constant du tutoiement. Maître et esclave sont cependant un puisque l'on a affaire à un monologue intérieur. Cette superposition du monologue intérieur et de la figure du jeu interférentiel permet de thématiser le jeu interférentiel. Au monologue intérieur est attaché une expressivité propre – l'indifférence, qui est indissociable de l'égalité des données et des évocations du monologue intérieur. Dans le jeu interfé-rentiel que dispose le monologue intérieur, la relation de maître à esclave ne prête à celui qui est décrit dans son silence aucun sentiment, si ce n'est celui de l'indifférence, cela même qui caractérise l'expressivité du monologue intérieur. Une telle élaboration du jeu interférentiel entraîne que l'indifférence soit la figure de la présentation de l'œuvre. Cette présentation a pour condition une stratégie d'écriture ambivalente : l'indifférence est donnée pour elle-même, comme une thématisation interne de l'œuvre ; elle est aussi ce qui expose, met en face du lecteur l'œuvre. Un homme qui dort, un homme indifférent, est donc littéralement un homme lu, par le narrateur qui n'est que cet homme, par le lecteur. Le jeu interférentiel est le prétexte de l'organisation d'un contexte de mots, qui peut être dit indifférent puis-qu'il reste impossible de décider s'il relève de l'autocontextualisation ou de la représentation interférentielle. Le dernier paragraphe du roman note la condition du jeu interférentiel : faire de l'œuvre la pré-sentation de toute chose et de quiconque ; disposer le lieu commun indifférent, qui n'est pas séparable de l'intuition banale de la pertinence, celle qui reconnaît les données usuelles de ce monde. La transmissibilité de l'œuvre, de ses présentations, est à raison de la *propriété indifférente* de ce jeu. Mais, comme l'enseigne la lecture d'*Un homme qui dort*, figurer explicitement ce jeu de l'interférence démontre que ce jeu fait de l'œuvre comme une absence de cohérence expressive, comme une pure présentation. Significativement, l'alliance du tutoiement et du monologue intérieur referme la perception existentielle de soi et du monde sur la présentation de cette perception : il est exclu tout jeu corresponsif attaché à l'œuvre ; il est exclu – cela est la lettre d'*Un homme qui dort* – que l'œuvre se donne explicitement pour une manière de voir autre que celle qui est attachée à cette présentation et qu'elle soit autre chose que la figuration du jeu interférentiel. Cette œuvre possède, par là, la possibilité de toute pertinence, sous le signe de la représentation indifférente.

Œuvre sans modalités interférentielles marquées

L'œuvre n'expose pas explicitement le jeu des codes qui la constitue, bien qu'elle présente une forme identifiable, donnée comme littéraire – elle dispose explicitement la dissociation de la *poiesis* et de la *praxis*. Ce défaut d'exposition explicite peut procéder de deux moyens : le multicodage se confond avec un tel rappel du commun qu'il ne se donne pas pour sa propre exposition ; il est d'une telle surcharge qu'il empêche l'exposition explicite du jeu interférentiel. Il ne suffit pas de dire le commun pour que celui-ci constitue un lieu définitoire et sans reste de l'écriture. L'œuvre s'expose à la fois comme la littérature de tout possible et comme la littérature qui réduit le possible à ses circonstances les plus probables et les plus identifiables, celles du quotidien, de la banalité, du commun. Le codage, auquel procède l'œuvre, est contradictoire par sa surcharge : codage commun, mais codage illisible comme un lieu commun cohérent. La littérature du multicodage additionne les présentations du possible, précisément suivant divers codes dont les logiques ne sont pas nécessairement mutuellement cohérentes. A cette difficulté à lire le lieu commun correspondent trois traitements paradoxaux du lieu, entendu de manière rhétorique – possible et impossible, amplification et dépréciation, universel et singulier. C'est là présenter les paradoxes rhétoriques pour eux-mêmes. Jouer du possible et de l'impossible, de l'amplification et de la dépréciation revient à défaire la typologie de leur objet. Jouer sur des conduites communes et sur l'évocation de communautés d'existence exclut de dire la règle de la communauté et de lire la caractérisation commune de l'individu. Le paradoxe de l'individu peut encore se lire : dans l'exposition du commun, il n'est pas figuré la rencontre du sujet et de ce monde commun. Ce sujet n'est que la série des rôles qu'il tient. La présentation du personnage se défait dans une manière de théâtralisation des personnages – importance des dialogues et de la caractérisation paradigmatique des comportements. Le personnage est une série de représentations. Telle est la logique de *Trois vies* de Gertrude Stein.

Cette œuvre qui exclut toute indication de modalités interférentielles prévalantes ou dominantes, est en elle-même, par le jeu de l'égalité de ses présentations et représentations et par son autocontextualisation, ce qui ne cesse de donner ses propres éléments comme substituables les uns aux autres, d'autant plus aisément substituables – et tel est l'une des significations de l'intertextualité interne – que ces divers éléments jouent les uns par rapport aux autres comme des possibilités et des impossibilités de présentations, de représentations réciproques, comme des possibilités d'adhésion et des possibilités de non-adhésion de ces présentations et de ces représentations.

La thématisation du commun et l'impossibilité de dire une règle du commun font jouer une double contradiction, celle du discours littéraire et du discours commun, celle d'une codification efficace du discours littéraire et d'une inefficacité du lieu commun. Le croisement de ces perspectives fait l'énigmatique de l'œuvre qui, dans l'hypothèse du commun, livre un jeu également contradictoire des divers critères de pertinence – critères de pertinence rhétorique, de pertinence suivant l'intuition banale des données du réel. Le commun et le banal en littérature sont par ce croisement du discours littéraire et du discours commun, qui est une énigmatisation de l'un et l'autre discours. Le retournement des lieux communs, entendus de manière rhétorique, entraîne qu'une lecture de l'œuvre comme un discours purement immanent – perspective justifiée par le caractère littéraire du texte – ne peut être constante et que l'œuvre, en conséquence, peut être lue comme un discours parmi d'autres. Par l'énigmatique, l'œuvre donne à lire la figure de son autonomie ; par l'impossibilité d'une lecture constamment immanente, elle donne à reconnaître cette figure comme l'implication de « croyances » communes.

Ces caractérisations des œuvres sans modalités interférentielles marquées sont exemplairement illustrées par les œuvres qui introduisent cette difficulté à lire le commun ou le lieu commun dans les présentations réalistes ou dans les présentations de la littérature même. C'est chaque fois faire de cette difficulté le moyen de reprendre et de passer les impasses de la première modernité dans ses caractérisations du réalisme et de la littérature et placer sous une même pratique rhétorique deux illustrations de la littérature contemporaine – littérature explicitement présentationnelle, littérature de la littérature.

Faire de la représentation réaliste, comme l'ont fait les réalistes du XIXᵉ siècle, un jeu synecdochique est geste en lui-même réversible. Si l'œuvre réaliste est supposée, par ses codes, par ses présentations, être la figure d'une *pars pro toto*, elle est tout autant par cette figure même, dès lors que celle-ci est pleinement réalisée, la possibilité de lire toute représentation dans la partie qu'elle constitue. Le retournement du jeu synecdochique traduit deux limites de l'esthétique réaliste des débuts de la modernité, et de son jeu interférentiel : le texte réaliste ne peut disposer les codes de sa représentation selon un lien réglé à un système qui justifierait ces codes ; le texte réaliste apparaît comme un texte à l'identité représentationnelle irréalisable puisque la synecdoque achevée et la dénomination toujours possible du réel par l'œuvre, à partir de l'œuvre, suscitent les variations de la lecture précisément selon la prégnance des présentations. Le jeu interférentiel le plus élaboré n'est pas dissociable de la propriété *indifférente* de l'œuvre réaliste. En d'autres termes, l'œuvre réaliste n'est pas tant réaliste, c'est-à-dire référable à des codes déterminés et des présentations déterminées qui rendent possibles son articulation interférentielle, qu'elle n'est de n'importe quel code et de n'importe quelle présentation, et, en conséquence, possibilité de toute représentation à partir de ses présentations.

Le pas au-delà du jeu interférentiel de l'œuvre réaliste n'est pas nécessairement dans le choix d'une écriture qui serait sans codes, qui ne serait que la présentation de sa propre présentation – par exemple, l'écriture du rêve –, qui exclurait tout passage à une représentation formée – ainsi encore de l'écriture du rêve –, mais certainement dans le traitement de ce paradoxe et de ce retournement de l'esthétique réaliste. Ce traitement a affaire avec la contradiction rhétorique de l'œuvre réaliste : figurer le réel selon ses lieux et les présentations communes est moins élaborer une telle figuration que disposer les codes et les présentations suivant les paradoxes du lieu commun. Celui-ci peut être spécifié ; il suppose cependant que toute présentation du lieu commun aille avec les autres lieux communs, et qu'il y ait donc moins à reconnaître le réalisme et son effet rhétorique usuel qu'à noter que l'objet ou la représentation que vise la présentation réaliste sont indéterminés. C'est là mener à sa propre contradiction la logique du jeu interférentiel du réalisme : si la présentation et l'unité de signification, que fait l'œuvre, est synecdochique, la désignation du tout par la partie suppose soit que la partie soit déjà une manière de tout, soit que le tout ne se conçoive que selon ses parties, reconnaissables et illustrables comme telles. Le passage du jeu interférentiel réaliste consiste à traiter de ce paradoxe du commun pour lui-même, et à caractériser le lieu commun à la fois comme une manière d'impossibilité par les codes qu'il met en œuvre, et comme la simple présentation du commun.

Les récits de la littérature sur la littérature sont récits qui multiplient leurs codes et les jeux de référence internes à l'œuvre. Cette surcharge n'est pas cependant donnée ou lisible pour elle-même. Elle n'est pas seulement le moyen de susciter une attitude métalinguistique qui prendrait occasion du jeu d'autocontextualisation, que ferait telle œuvre par ses formes, ses styles, ses citations, ses références internes, explicites ou implicites. Identifier seulement une telle attitude n'est que venir à un ludisme métalinguistique. Hors de la notation de ce ludisme, la littérature sur la littérature peut, en elle-même, se présenter comme le moyen qu'a la littérature d'allier exposition des lieux communs et présentation du statut de la littérature. Littérature sur la littérature : l'œuvre montre la littérature héritée, s'expose par son organisation, se donne comme la figure d'un tel héritage et, par son organisation, comme la poursuite de la littérature ; elle identifie tout possible à la littérature, au possible de la littérature. Tel est le jeu rhétorique : le lieu commun du possible est entièrement reporté sur la littérature et l'objet littéraire même, capable ainsi de figurer tout possible. Placer la littérature sous le signe du lieu commun du possible revient à noter à la fois la possibilité de la littérature et qu'il est indifférent que l'œuvre présente telle ou telle forme dès lors qu'elle fait de la littérature la thématisation de tout possible. La littérature échappe ici au débat sur son identification essentielle ou occasionnelle. Le lieu commun du possible dit à la fois la possibilité du modèle littéraire, la possibilité d'une identification de la littérature suivant la série des œuvres singulières, ou suivant les discours communs reconnus comme littéraires, et le possible du commun. C'est là, de fait, passer les impasses illustrées par Mallarmé – la littérature ne peut retrouver le commun des discours, figurer ni la nécessité, ni le hasard, livrer aucune représentation qui fasse l'ensemble des présentations du probable et de l'improbable, de l'existant et de l'inexistant, c'est-à-dire qui aille selon la diversité des lieux communs. Telle est la logique du *Stade de Wimbledon* de Del Giudice.

Trois vies de Gertrude Stein[1] joue d'un multicodage qui se confond avec un tel rappel du commun qu'il ne se donne pas pour sa propre exposition. Trois vies communes : où il y a une première répétition de l'exposition commune. Chacune de ces trois vies selon la répétition des principaux moments de la vie, tels qu'ils peuvent être définis suivant une exposition commune de la vie, suivant une exposition commune de ce que sont, font, disent ces personnages – ainsi d'une servante prise dans la répétition de sa condition de domestique, d'une femme noire amoureuse, prise dans la répétition d'histoires d'amour, d'une femme caractérisée par sa situation familiale et prise dans les situations familiales typiques. Ce codage et ces représentations sont donc, pour l'essentiel, codage, représentation sociaux. Leur thématisation les présente en une manière de tautologie – types communs de la servante, de la femme amoureuse, de la jeune femme qui se marie et devient mère.

---

1. Gertrude Stein, *Trois vies*, Paris, Gallimard, 1954. *Three lives* (1909), New York, Vintage Book.

La tautologie est le moyen de l'autocontextualisation qui rend *incertaine* toute articulation interne de l'œuvre. A dire des femmes communes, on dit des femmes communes. On dit aussi, dans le jeu de cette tautologie, une chose et son contraire, une chose et l'autre, un moment et un autre, qui font série commune, précisément dans le jeu de la tautologie. Cette série commune ne dessine aucune loi de ce commun. Le commun et les types qui l'illustrent sont dits sans aucune règle de ce commun et sans autre organisation du récit que celle qui répète ce commun — de l'enfance à la mort. Ce défaut d'une règle est thématisé dans « Melanchta » par l'interrogation sur ce qu'est l'amour, ce que peut être une règle de l'amour, et, dans les trois nouvelles, par l'interrogation sur ce que peut être le lien qui unit les sujets – une servante à sa maîtresse, une femme à un homme, une femme à sa famille, à son mari, à ses enfants. Cette interrogation figure l'interrogation sur la fonction et la pertinence des présentations et représentations du commun, du banal, sur la possibilité de le rapporter à quiconque et à quoi que ce soit selon une règle, sur la loi du commun et du banal. La loi du commun n'est ici dicible que suivant la série des emplois qu'occupe la domestique, la série des amants de la femme, la série des personnages familiaux. Tous ces personnages sont les signes de la présence possible d'une communauté constituée (domesticité, amour, travail), et d'une absence représentable par cette série même. L'œuvre ne dit que le commun ; elle ne le dit que selon la perte possible de la règle qui peut faire la représentation commune, et d'un défaut de cette règle présentable par les série des références communes – personnages, actions.

Ou, en une autre formulation, l'établissement de modalités interférentielles supposerait que le lecteur adopte une attitude métalinguistique : faire jouer le retournement des lieux rhétoriques et l'irréversibilité objective que se donnent les récits – de la vie à la mort, suivant le cours des choses, ce qui est, dans *Trois vies*, la seule caractérisation du possible. Une telle lecture métalinguistique reconnaît, dans les récits, l'exercice de la répétition, qu'il touche à la nomination des personnages, aux séquences narratives, aux dialogues des personnages, aux commentaires du narrateur, comme la figure de l'irréversible, attaché à la fois aux personnages et au récit, comme le moyen d'articuler le possible qu'expose tout récit, et l'improbable, selon lequel le commun est paradoxalement présenté. La répétition fait de la redondance la seule loi possible à la fois du commun et de l'exposition du commun, par quoi le partage de l'impossible et du possible, de l'improbable et du probable ne peut plus valoir pour lui-même, ni constituer un lieu déterminant des récits. Ou encore, en une autre formulation, exposer le commun est une activité qui peut se définir comme une action en un sens rhétorique, c'est-à-dire comme une manière de performance – le récit tend à devenir la présentation d'une telle performance. L'œuvre expose ses présentations ; elle fait des codifications du commun de telles présentations. Elle suppose que l'écriture et la lecture soient suivant la reconnaissance de telles présentations, que, par ces présentations, elle soit situé dans une manière de face-à-face avec tout commun, tout lecteur, en même temps que le défaut d'exposition articulée de la codification du commun la constitue en une donnée autonome.

Il est une autre présentation du multicodage littéraire suivant ces paradoxes rhétoriques – que Daniel Del Giudice met en évidence dans *Le Stade de Wimbledon*[1]. Soit donc un récit sur un récit qui se fait sur la littérature qui s'est faite, sur quelques écrivains qui ont fait la littérature ; soit donc ce récit qui est aussi un récit sur un écrivain qui n'a pas écrit. Ce paradoxe, dont joue le récit dans sa thématisation, fait sans doute lire la thématisation usuelle du statut de la littérature, tel qu'il vient d'être noté – littérature réalisée et, par là, irréalisable, possible et, par là, impossible, et littérature qui se réalise par là même. Mais il y a plus dans ce récit, que commandent les paradoxes rhétoriques. L'argument usuel sur le statut contemporain de la littérature doit être corrigé. Ainsi dire une littérature réalisée, une littérature irréalisable et une littérature cependant poursuivie – on peut ici identifier la thématique de la littérature pure – n'est pas tant dire la maîtrise de son propre jeu par la littérature que marquer que la littérature va d'un jeu de dédéfinition à un jeu de définition parce qu'elle expose cette dédéfinition. Cela fait entendre qu'il y a un premier jeu rhétorique : la littérature n'entre pas tant dans sa

---

1. Daniel Del Giudice, *Le stade de Wimbledon*, Rivages, 1985. *Lo stadio di Wimbledon*, Turin, Einaudi, 1983.

propre réitération ou involution qu'elle n'élabore sa propre allégorie, selon le paradoxe de l'impossible et du possible, allégorie spécifique et exactement personnifiée dans *Le Stade de Wimbledon* par l'écrivain qui n'écrit pas. L'allégorie de l'écrivain qui n'écrit pas n'est pas placée sous le signe d'une ironisation du récit, mais permet le traitement rhétorique paradoxal du statut de la littérature : il y a là la dépréciation et la défense de l'écrivain et de la littérature, le brouillage de la distinction entre fait inexistant et fait existant − si l'œuvre n'existe pas, peut-elle être dite exister à travers le seul écrivain qui n'a pas écrit ? −, l'équivoque du probable et de l'improbable de la littérature puisque les circonstances de la littérature sont données à la fois pour présentes et pour absentes.

Il ne peut plus être argumenté de la littérature à partir de la littérature, de l'œuvre même, si l'on place la littérature sous le signe du lieu commun du possible. Si on ne dit plus le possible de la littérature en lui-même, selon la littérature, on ne peut plus le dire que selon le possible de n'importe quel sujet de ce monde. Ce possible que figure, dans *Le Stade de Wimbledon*, le narrateur qui entreprend de savoir qui était cet écrivain qui n'a pas écrit. Un possible qui se résume dans une vie dont il est dit qu'on ne peut pas prévoir la probabilité de ses propres événements et actions, tant cette vie est commune. Un possible qui se résume dans la reconnaissance des noms propres, des circonstances identifiées − celles du tout-venant −, un possible qui se confond avec le banal, la vie quotidienne. La vie quotidienne se caractérise comme le tout possible, comme « tout ce *avec quoi l'on écrit* »[1] (p. 57), puisque le récit n'a pour lieu que le lieu commun du possible. Le banal n'est que toute probabilité, cela qui n'a pas cependant de norme décelable. Le récit, qui va selon le possible, selon le probable, est récit qui passe par des circonstances, et sur lequel se referment toutes les autres circonstances une fois que le récit est achevé, ainsi que « l'eau se rouvre et se referme constamment, [et que] seul le passager [d'un bateau] sait qu'il est vraiment passé. L'art du simple passage est un art complexe ». Le récit est un tel passage, un tel art par la mesure qu'il doit prendre des probabilités qui vont avec les circonstances qu'il se

---

1. *Ibid.*, p. 57.

donne et qui peuvent être toutes circonstances. S'il n'y a pas de règle du lieu commun, il est deux certitudes du lieu commun : celle du passage d'une probabilité à l'autre – c'est ainsi que se calcule le lieu commun –, celle de ce qui nous échappe, puisque ce commun est tout possible.

Le récit est la nomination des circonstances dont les plus certaines sont les noms propres, identifications singulières, certaines puisqu'il y a nom propre, seulement elles-mêmes, exactement questions puisque le nom propre, exemplairement celui de l'écrivain, est cette forme secrète, illustration de tout événement et de quiconque. Il est ici une manière de tautologie : lorsque la littérature vient explicitement au lieu commun du possible, il ne reste que le commun qui défait l'exposition de la littérature.

Cela n'est que fermer, dans le récit sur la littérature, la porte de la littérature considérée en elle-même. Cela n'est inversement que marquer que toutes les portes du lieu commun du possible peuvent mener à la littérature. Fermer la porte de la littérature revient à faire de la littérature, contre la vaine allégorie d'elle-même, par cette vaine allégorie, l'allégorie d'une communication qui ne cesse pas et qui constitue une sorte de bain, – la littérature littéralise le monde de l'Italie à l'Angleterre, du passé au présent –, à la manière de la mer qui se referme et figure le lieu commun du possible, à la manière des images de la télévision qui sont l'évidence et le rythme de cette communication, de ce lieu commun du possible, et encore une manière de sphère, plus close au long du roman puisque ce roman dit les circonstances et le probable qui échappent à la littérature, plus vaste puisque la littérature se confond avec le commun et avec le parcours infini des probabilités. La littérature est ainsi l'allégorie du devenir public de quiconque, du lieu commun que constituent quiconque et tout autre. Le jeu sur le possible de la littérature est le moyen de venir au dessin de l'homogénéité du commun, du banal, ce dessin qui n'est qu'une gestion de l'altérité – l'écrivain qui n'écrit pas – à l'intérieur du commun. Le roman qui se fait est encore une telle gestion : dans le possible et les probabilités de la vie commune et banale du narrateur, il y a ces autres et l'ailleurs, d'autant plus énigmatiques qu'ils ne sont que des probabilités. Le savoir des lieux communs, que suppose, qu'expose la littérature, peut se lire comme le paradoxe que porte ce savoir : si la littérature est un tel savoir, il est vain que la littérature place sous le signe de la littérature le lieu rhétorique du possible – il n'est alors de possible que selon les circonstances communes. La littérature va suivant un paradoxe rhétorique : dire le possible de la littérature est seulement dire le possible de ce qu'elle n'est pas – de son tout autre. Les artifices – multicodage, littérature sur la littérature – de ce récit qui prend pour objet la littérature sont le dessin vain de la représentation de la littérature, et à partir duquel le récit va aux probabilités et aux circonstances erratiques qui n'engagent aucune représentation spécifique.

Singularité quelconque

Que le discours littéraire puisse être sans limite explicite et sans distinction de droit, le rend, de droit, absent. Qu'il puisse être exemplaire précisément du discours quelconque, puisqu'il est une telle singularité quelconque, en fait la figure du discours quelconque en l'absence de celui-ci. L'intelligence que l'on peut avoir de la singularité scripturaire quelconque est là même, celle d'une homonymie constante entre le discours reconnu pour littéraire et les autres discours – ce qui revient à dire que ce discours reconnu pour littéraire a un référent constant non proféré, précisément le discours quelconque et les présentations et représentations de celui-ci. La reconnaissance de la singularité scripturaire quelconque est reconnaissance des discours et de leurs représentations. En ce sens, l'objet littéraire, identifié au discours quelconque, singularité quelconque, serait comme la *figure* explicite du passage de la langue au discours : ce transit que fait le temps de la parole, de cette parole toujours exemplaire de la langue, de la même manière que le temps défait le symbole et que l'œuvre n'en conclut pas à l'imprésentable, au défaut de présentation, de représentation, mais, par le jeu temporel, au paradoxe de la singularité et de la généralité de la présentation.

Tant dans le jeu de l'écriture quelconque que dans celui de l'objectivité, l'écrit est une manière d'image terminale : le mouvement de la phrase, le mouvement de la lecture ne peut continuer au-delà de cet écrit qui n'est que lui-même, singulier et exemplaire. L'écriture est passée entièrement du côté du commun ; elle a exemplairement une possibilité de reconnaissance. L'égale transmission de l'écriture et de ses présentations, la figuration d'un lieu commun, celui du discours commun, celui de ses présentations et représentations, ne fait pas sens par elle-même, mais par l'indifférence de sa pertinence possible. La pertinence de l'écriture suivant le commun, suivant le perceptible, conduit à la question du devenir de cette écriture qui peut être seulement déclinée suivant son défaut de productivité propre – la répétition du commun, la répétition du visible suivant un jeu explicite d'extériorité. Ces écritures sont sans devenir propre, si ce n'est celui d'être remplacées par d'autres. Elles font question par cet arrêt même et, de plus, dans le cas de l'écriture quelconque, par la répétition : que peut être la finalité de cette écriture, ainsi donnée, exposée, qui suppose cependant un lire après, un voir après – lire d'abord une écriture quelconque, puis la reproduire, c'est-à-dire encore la lire, voir après avoir vu l'expression de la perception comme extérieure ? Lire après, voir après sont passages pragmatiques, indissociables du fait que l'écriture devienne ainsi une manière d'emblème simplement en concurrence, dans l'œuvre, avec les autres exemples d'écriture quelconque, d'écriture objectiviste. Cette situation de l'écriture est cependant la possibilité d'une articulation au-delà des présentations du lieu commun que livrent ces écritures, suivant les différences qu'elles font par leur arrêt et par l'attente de signification qu'induit cet arrêt. L'arrêt entraîne que les lieux communs puissent être spécifiquement repris et fassent revenir à leur présentation.

Le jeu sur la singularité scripturaire quelconque est donc jeu de copie, qui peut s'exposer comme tel, et qui suppose la répétition, à l'identique du discours quelconque, ou sa répétition suivant une forme arbitraire qui n'altère pas cependant le discours – ainsi de la répétition de ce discours, un rapport de meurtre, à l'identique, ainsi de la répétition sous la forme de vers libres de ce même rapport, dans *Autobiographie, Chapitre X*, de Jacques Roubaud[1]. Dans le cas de ce rapport,

---

1. Jacques Roubaud, *Autobiographie, Chapitre X, op. cit.*, p. 136.

l'écrivain se présente comme le simple intermédiaire d'une série de discours – ceux-là qui sont répétés –, disponibles, ou présentés comme disponibles, et qui, par leur répétition, paraissent naître tout seuls. L'intervention de l'écrivain est une intervention de type métalinguistique. L'écrivain joue un rôle d'intermédiaire : montrant, en la disposant dans la page, dans le jeu de la répétition, la singularité scripturaire quelconque. Comme il n'y a pas de raison précise à la citation et à la répétition de ce rapport, qui, bien évidemment, n'est authentifié en aucune manière, la singularité scripturaire quelconque n'est répétable et, en conséquence, comprise, significative, que parce qu'elle est reprise de manière désintéressée et sans fin précise qui soit dite – cela se figure par l'évocation que propose le rapport : celle d'un cadavre anonyme, dont l'anonymat est comme illustré par la décomposition du cadavre, et dont la singularité est elle-même illustrée par l'état singulier du cadavre. Ce désintéressement établit le pouvoir de questionnement de la singularité scripturaire quelconque et de sa reprise. La répétition, dans la forme d'une variation de sa disposition typographique, dans la forme de vers libres, est manière de constituer le contexte de la singularité scripturaire, de l'identique, – de l'indifférent, faut-il ajouter, puisque cette reprise n'est pas commentée –, et de faire de cette singularité scripturaire quelconque une manière de variation d'elle-même, qui engage la question de la représentation.

L'exposition de la singularité scripturaire n'existe que par le livre, par la fiction qu'il constitue peut-être : la répétition dispose la singularité suivant des niveaux ontologiques différents ; il y a ce rapport, il y a la reprise de ce rapport qui participe du jeu de l'autobiographie. Par là, la répétition ne peut avoir son propre achèvement explicite, ni présenter la fin du rapport. Ces jeux sont figurés par l'absence de ponctuation finale. Cette autobiographie, parce qu'elle se dit sans sources, ne peut être que le recueil de singularités scripturaires quelconques. Elle est en elle-même inachevable et quelconque ; elle justifie la répétition de la singularité quelconque, comme elle justifie que les identifications littéraires, manifestes ou possibles, d'autres répétitions de discours placent la littérature sous le signe du quelconque. Le jeu de réversibilité est ainsi remarquable entre le sujet de l'autobiographie : le passage de la langue à la parole, du commun au sujet se fait suivant l'échange constant du propre au commun.

C'est là réaliser au regard du langage ce que les objectivismes littéraires entreprennent de faire au regard du monde, de toute réalité : exprimer ce qui est vu, entendu comme *extérieur*, non comme sensation, mais comme une vision ou une audition ; ne pas faire de l'écriture le lieu d'une possible métaphore – passer comme dans cette vision, comme dans cette audition, comme dans cette sensation –, mais faire de la singularité de telle vision, de telle audition, une autre vision, une autre audition – une manière de répétition. Un poème de Robert Creeley, « Sound »[1] [« Bruit »], présente exactement ce jeu : le poète voit, entend, il écrit. Perception et écriture sont présentées de manière dissociée ; l'écriture écrit cependant la perception, l'objectivité de ce monde, dès lors que l'écriture donne la perception comme quelque chose d'extérieur. Ainsi, tout à la fois, l'œuvre et ses présentations sont transmises, parce que cette œuvre et ses présentations sont réversibles dans le commun, qui, par la singularité scripturaire quelconque, peut devenir sa propre présentation.

LITTÉRATURE, DISSOCIATION DE LA *POEISIS*
ET DE LA *PRAXIS*

Dès lors que l'on dit la relation interférentielle, dès lors que l'on dit ce statut de l'objet scripturaire terminal, on ne dissocie pas l'objet littéraire – ou le discours qui est reconnu pour tel – d'un jeu de négociation, qu'il pratiquerait, de sa distance avec les autres discours, présentations, représentations. L'hypothèse de cette négociation est inscrite dans le jeu interférentiel dans la mesure où ce jeu est une prise en compte explicite des différences que l'œuvre construit en elle-même,

---

1. Robert Creeley, *La Fin*, Gallimard, 1997, p. 214 et 215, Édition originale, *Away*, Berkeley, University of California Press, 1976.

et des différences qu'elle fait avec ce qui n'est pas elle. Cette hypothèse de la négociation de la distance est supposée dans le cas du défaut d'identification des modalités du jeu interférentiel : l'impossibilité initiale d'une intégration de l'œuvre est une impossibilité comparative, qui suppose de concevoir qu'il y a pour d'autres œuvres cette possibilité. Cette hypothèse de la négociation de la distance est implicite dans le jeu de la singularité quelconque dans la mesure où celle-ci est précisément à la fois quelconque et exemplaire du quelconque, c'est-à-dire supplément quelconque au regard du quelconque, et, en conséquence, jeu même de distance à l'intérieur du quelconque.

La littérature de la modernité a pour originalité de figurer ce jeu de la distance par le jeu, inséparable des variations de la modalité interférentielle, de la transmission de la littérature et de la transmission du sens de l'œuvre – sens veut dire : la représentation qui peut avoir pour médiations les présentations et représentations de l'œuvre. La distance se dit de façon paradoxale : l'œuvre peut toujours venir, être là ; son sens ne vient pas nécessairement. Cela se résume : la littérature de la modernité serait d'abord la question de sa transmissibilité, hors de la question de sa finalité représentationnelle. La question de cette transmissibilité, qui est élaborée selon les trois modalités de l'interférence va avec un autre paradoxe : ce qui se transmet est ce que je ne peux saisir exactement suivant sa propriété, parce que l'extériorité de cette propriété est figurée de manière composite – cas des œuvres à modalités interférentielles marquées –, parce que cette propriété est indifférente – cas des œuvres à modalités interférentielles faiblement ou non marquées –, parce que cette propriété n'est pas dissociable du constat d'un exemple indifférent – la propriété est alors quelconque. Une littérature ainsi constituée élude toute construction abstraite, toute construction symbolique explicite, parce qu'il subsiste toujours un écart entre ce qui est à transmettre et le jeu de la transmission. La question de la pertinence est à la fois question de la transmissibilité et question de ce qui est transmis. Privilège accordé au banal, prévalance du quelconque ou de l'indifférent disposent que, hors d'une symbolisation explicite du transmis, la littérature transmet le quelconque, l'indifférent, ou se transmet, suivant la pertinence qui peut aller avec cette transmissibilité, suivant la constitution, lors de la lecture, d'une ressemblance, localisée, éventuellement faible, des présentations, représentations de ces mondes et la pensée qui les écrit, les lit.

En témoigne la première modernité littéraire. Le réalisme dispose qu'on peut voir sans être vu et, en conséquence, raconter à partir de cela : un segment du monde est donné suivant la figuration d'un tout, et cela est indissociable d'un mode d'absence au monde. Cette absence du sujet, écrivant, lisant, au monde n'exclut pas que le réalisme se donne, dans ses effets, comme une illusion sans hallucination. Où il y a sans doute le jeu de la présentation, mais, plus essentiellement, dans ce jeu, indissociable de l'effet d'illusion sans hallucination, l'évidence de la contingence du réalisme, et, en conséquence, la certitude du caractère relatif de la littérature lors même qu'elle affirme son pouvoir cognitif de représenter. Cela se formule à partir de l'hypothèse de ce pouvoir – voir sans être vu et raconter à partir de cela. Faire de la représentation réaliste un jeu synecdochique est geste en lui-même réversible. L'œuvre réaliste se donne pour pleinement représentationnelle par le jeu synecdochique – son autocontextualisation est l'hypothèse de la contextualisation possible. Le réalisme consiste à élaborer un symbole du réel, sémiotiquement saturé, et à interpréter ce symbole comme ce qui est dénotable par une étiquette déterminée qui correspond à une chose donnée. Cette saturation du symbole que constitue l'œuvre, et la possibilité de dénotation étendue par des étiquetages spécifiques, inversent le jeu de la synecdoque : toute réalité, ou plus exactement, toute dénomination d'une réalité, peut apparaître comme une synecdoque de l'œuvre – cette œuvre qui est alors leur figure de la totalité. Par cette dualité, le réalisme ne s'écrit et ne se lit que tropiquement, bien qu'il soit d'abord l'hypothèse d'une vision. Il ne contredit aucune réalité puisqu'il peut apparaître comme la symbolisation du tout de la réalité qu'il se donne, et qu'il peut, en conséquence, être rapporté à l'œuvre réaliste n'importe quelle réalité de cette réalité. Que le réalisme paraisse contingent est indissociable de cette réversion du jeu synecdochique et de la fonction de ce jeu : disposer un jeu interférentiel comme toujours possible et faire, en conséquence, de l'œuvre l'accompagnement du réel.

Le retournement du jeu synecdochique traduit deux limites de l'esthétique réaliste des débuts de la modernité, et de son jeu interférentiel : le texte réaliste ne peut disposer les codes de sa représentation selon aucun lien réglé à un système qui justifierait ses codes ; le texte réaliste apparaît comme un texte à l'identité représentationnelle irréalisable puisque la symbolisation saturée et la dénomination du réel toujours possible suscitent les variations de la lecture. Le jeu interférentiel le plus élaboré n'est pas dissociable de la propriété *indifférente* de l'œuvre réaliste.

Le symbolisme, tel qu'il se constitue à la fin du XIXᵉ siècle, se lit comme la réponse à cette dualité du réalisme. Il se caractérise, de manière manifeste, comme un exercice de rupture choisie du jeu interférentiel – cela peut être noté par l'importance accordée à l'hermétisme. Il se conclut : l'objet littéraire vaut pour lui-même ; il est, par lui-même, en lui-même, présentation et thématisation. La thématisation peut se formuler, dans les termes de Mallarmé, par l'effet de la métaphore, par l'Idée, par un indicible, par une pensée, précisément hors de toute actualité, donc hors de la question de leur partage, de leur articulation. On sait cependant que la référence à l'Idée n'est pas dissociable de l'idéal de l'accomplissement rhétorique – d'un discours qui aurait des lieux communs véritablement communs. On sait encore que le symbolisme laisse subsister le jeu interférentiel sous la forme atténuée de la suggestion – c'est là indiquer qu'il y a une expérience possible du poème ainsi qu'est possible une thématisation seconde de ce poème à partir de cette expérience. Le symbolisme est par là une manière de lever l'équivoque du jeu interférentiel du réalisme.

Le calcul sur la perte de l'objet – il suffit de rappeler le sonnet en *yx* –, indissociable de l'élaboration du poème comme un poème présentationnel en lui-même, est une limite à ce jeu interférentiel second : le poème ne s'organise pas suivant un rapport à une donnée objective, qui pourrait être le mobile, la justification de sa propre organisation ; les seules justifications du poème sont la nécessité du langage, illustrée par la forme du poème, et le jeu présentationnel qui se confond avec un exercice de nomination saturée, qui n'a plus d'effet qu'indicible. Ce sont là deux fins à ce qui pourrait être la thématisation seconde. La contradiction est celle d'un poème présentationnel qui ne peut trouver ni sa thématisation interne, ni sa thématisation externe, et qui offre, en conséquence, une présentation *indifférente*.

Ces impasses du réalisme et du symbolisme caractérisent le mouvement paradoxal de la littérature de la modernité : la littérature serait, pour l'homme, l'appropriation du langage, de sa condition linguistique – telle est, du moins, la thèse de la littérature pure, lisible de Flaubert à Valéry. Cette appropriation linguistique porte un geste contradictoire : figurer l'homme comme incapable de s'approprier son monde, figurer l'homme comme capable de s'approprier n'importe quel discours, n'importe quel monde, puisque le mouvement de la littérature considéré, exercé pour lui-même, vient à l'indifférence. La figure de l'homme est ici double : par la littérature, il est comme hors de lui-même, hors de son monde, hors de la littérature, hors du monde de la littérature ; par la littérature, l'homme est encore comme hors de la littérature, du monde de la littérature, mais comme dans son monde – indifférence –, et dans la littérature si elle est supposée se dire comme les discours de ce monde, si ce monde et la littérature sont traités sous le signe de l'*exemple quelconque*. Il faudrait ici souligner une faiblesse d'imagination au regard de la littérature – cela dès les débuts de la modernité : Mallarmé peut être lu comme l'écrivain qui veut accomplir sa foi dans la littérature, mais qui n'a ni imagination, ni puissance de foi suffisantes et qui s'en remet au pouvoir de la pensée et de l'idéal du lieu commun.

Cette faiblesse est sans doute aussi le meilleur moyen de faire de la littérature. En même temps que la littérature viendrait à ses conditions linguistiques et à la conscience linguistique de sa présentation, elle viendrait à la question de la transmissibilité et à celle du transmis. Il faut répéter les divers jeux interférentiels. Cela fait encore préciser les impasses du réalisme et du symbolisme. Que le réalisme puisse se lire suivant la réversion synecdochique enseigne que la littérature ne réussit pas à faire de la vision du monde, que propose un sujet absent au monde, la vision du présent de ce monde et de son futur, qu'elle ne peut dire son histoire. Que le symbolisme puisse se lire à la fois selon le principe de la littérature pure et selon la présentation *indifférente* de l'œuvre, témoigne que la littérature ne peut accomplir la symbolique qu'elle suppose et qu'elle est donnée comme ce qui manque tout dessin d'un temps, d'une destinée, tout accomplissement de la volonté d'écrire, qui n'est plus même son propre temps, pour venir au constat que le négateur du langage commun peut être le contraire d'un négateur. La littérature continue sans qu'elle puisse faire continuer le sens de ce qu'elle transmet. Le statut ambivalent de la littérature de la première modernité correspond à une image paradoxale : l'évolution de la littérature est perpétuellement en cours et où le continuum du temps linéaire se brise sans toutefois ouvrir au passage hors de lui-même.

La littérature de la modernité ne peut s'identifier ni à ses contenus, ni à leur transmission – une telle identification supposerait que la lettre de la littérature soit une avec les représentations qu'elle choisit ou que cette lettre soit présentation sans représentation explicite ; une telle identification supposerait encore que la transmissibilité ne se résolve pas dans le dessin du faux lieu commun par l'exercice du tutoiement ou avec l'ambivalence de l'analogie et de l'ironie –, mais elle ne peut les récuser : les récuserait-elle qu'elle renverserait le présent, l'histoire, en son propre présent, sa propre histoire, qu'elle pourrait s'avancer jusqu'au seuil de l'épique et de son propre mythe. Telle est donc la contradiction qu'elle prête à l'homme qui écrit, qui lit : l'homme ne peut s'approprier sa condition linguistique, ses représentations. La propriété indifférente de la littérature, dont la généalogie se lit dans le premier modernisme, et qui est lisible dans l'organisation du jeu interférentiel, est réponse à cette contradiction et façon de désigner à l'homme qui ne peut s'approprier sa condition historique, sa condition linguistique, l'espace concret de son discours, de son action, de ses représentations. Jeu sur la limite du médium, ambivalences du jeu interférentiel : la littérature de la modernité transforme en principe poétique le principe de retard de l'homme sur son propre monde, sur sa propre histoire, sur son propre présent, et sur le monde, l'histoire, le présent de la littérature. Les principales innovations formelles de la modernité littéraire, point de vue, perspectivisme, monologue intérieur, traduisent un pouvoir d'invention, de création de la littérature, considérée selon son pouvoir ; ils traduisent encore le paradoxe d'une présence et d'une non-présence de la littérature à son propre monde – point de vue et perspectivisme portent l'implicite d'un autre monde, celui qui serait le commun des points de vue, des perspectives ; le monologue intérieur est une des techniques achevées du jeu interférentiel, et l'illustration que la littérature dessine là, par définition, sa non-présence à l'existence de l'autre puisqu'elle fait de cette existence son propre discours, sa non-présence à ce monde de l'autre qu'elle choisit cependant pour sien.

Que la littérature se dise explicitement littérature fait entendre : le statut de la littérature ne peut s'élucider que littérairement, d'une part ; d'autre part, seule cette image peut dire une sortie de la littérature, un efficace de la transmission de la littérature, une pertinence de son littéralisme – c'est-à-dire un certain mode d'appropriation de ses représentations, de cela qui, présentation indifférente, est exclusive de toute symbolisation achevée qui ne soit pas celle de la littérature, et qui cependant peut être présentation de quiconque par le jeu de cette présentation indifférente, issue pour quiconque.

Cette contradiction de la littérature de la modernité est illustrée, thématisée par le conte de Borges, « L'Alpeh »[1]. Que le monde soit toujours représenté peut se formuler : il manque toujours au monde l'acte par lequel on le représente. Cet élément, si on cherche à le saisir pour compléter le monde présenté et en faire un monde en soi, apparaît, par le fait même d'être saisi, comme un élément du monde et, de nouveau, l'acte qui le saisit, échappe à la présentation. Ce conte peut, en conséquence, se définir comme l'image de la littérature qui constitue sa propre image – ce conte, précisément –, l'image de son image idéale – l'Aleph –, et qui s'offre comme une métareprésentation de la littérature. Cette métareprésentation doit cependant être lue suivant sa démonstration propre : la littérature ne peut passer hors d'elle-même alors qu'elle entend dire l'encyclopédie de ce monde et de son quotidien. A n'être qu'elle-même, elle inclut l'image de la vision encyclopédique du quotidien, l'Aleph, qui n'est cependant que l'image

---

1. Borges, L'Aleph, *Œuvres complètes*, Gallimard, « Bibliothèque de La Pléiade », 1993. *El Aleph*, Buenos Aires, Losada, 1949.

provisoire de ce quotidien. L'Aleph est à la fois une lettre, un symbole, une vision provisoire, une présentation du quotidien, donné pour lui-même et cependant inappropriable, ainsi que le caractère provisoire de la vision marque que l'histoire de ce quotidien ne peut être appropriée. L'Aleph est à la fois symbole et manière de désymbolisation. Il ne peut y avoir qu'accidentellement le symbole de l'accomplissement de la littérature ; noté, ce symbole n'est qu'une part de l'image de la littérature, qui porte, en conséquence, l'image de la désymbolisation. Avec l'Aleph, le conte joue ainsi doublement : comme d'un choc, qui restitue un temps, le quotidien, comme d'un choc qui montre qu'il n'y a ni transmissibilité ni intelligibilité du quotidien dans le quotidien. Le conte fait de son épiphanie le chiffre de l'impossibilité de la transmission – où il y a un premier exercice de la désymbolisation.

Ce premier exercice fait un second exercice. Le monde qui n'est peut être donné qu'en notre absence – cela qu'illustre l'Aleph – ne peut être donné que selon le quotidien – cela que montre l'Aleph. Ce quotidien, ce banal des jours et de la terre ne peuvent être présentés que selon l'oubli de cette vision, selon le constat qu'il ne peut y avoir de savoir propre de la vision, de savoir exposable. Un tel savoir serait en concurrence avec les autres savoirs que portent les autres miroirs du monde. Écrire le quotidien à partir d'une vision plénière, ou faire de ce quotidien une vision plénière, serait écrire selon le mythe. Écrire selon la littérature reste impossible – parce que la littérature n'est que la fausseté de sa lettre et de son style, une fausseté qui n'est dicible que par le défaut du prosaïsme et par l'accord qu'elle suscite, accord sur sa seule fausseté, et qui suppose que la littérature ne soit pas une évidence, qu'elle ne se voie pas, ne s'entende pas comme telle, qu'elle soit, sans doute, présentable, mais qu'elle ne soit pas représentable.

Il est cependant donné un échantillon de la vision et un échantillon de l'écriture de cette vision, celle du quotidien de tous les temps, de tous les lieux. Cette écriture est l'écriture du fait de ce quotidien, du fait de cette vision. Ce fait est présenté de deux façons : comme une manière de faire sortir le quotidien vers un ailleurs, l'ailleurs que serait tout le quotidien, comme une manière d'introduire la charge esthétique du quotidien dans le quotidien. Cette double présentation est récusée : le quotidien reste le quotidien présent ; il n'est rien dit publiquement de cette charge esthétique. Retenir cette double présentation serait confondre l'écriture avec la saisie de l'immanence du visuel, suivant l'actualité du quotidien. On ne peut répondre du visuel puisque la littérature est présentation qui ne se dissocie pas du visuel. On ne peut répondre de l'écriture dans le temps ; l'écriture ne peut s'écrire que suivant le principe du retard – c'est pourquoi l'Aleph et la description de la vision du quotidien sont décrits dans la perspective de l'oubli. Récusée cette double présentation n'efface pas cependant ce qui a été écrit de l'Aleph et à partir de l'Aleph et qui est donné à lire.

Cette écriture illustre exactement l'absence de la littérature au monde, au monde actuel. Cette absence est l'occasion d'une écriture qui assemble les présentations différentes du réel, de toute réalité, hors d'une clef de l'assemblement, et l'occasion de lire littéralement l'assemblement – selon la lettre de ce qui est décrit, la série des brèves descriptions. Cela ne se confond ni avec une épiphanie du temps, ni avec une épiphanie de l'espace. Cela se confond avec la description de n'importe quel quotidien dans le temps et dans l'espace. Cela ne se dissocie pas du quotidien le plus actuel, celui de l'oubli, celui où ce qui reste est cette écriture de l'Aleph, cela même qui fait du narrateur un passant. Borges fait donc relire ce que fait lire la littérature de la modernité. Il reste cependant la question de la présentation de cette relecture. L'Aleph, la lettre, puisqu'elle permet une telle vision du quotidien hors du normal, figure une manière de tératologie de la lettre. Cette tératologie ne doit pas être glosée – le narrateur, Borges, ironise sur le savoir que l'on peut avoir de l'Aleph. Cette tératologie a cependant été dite, comme a été décrit ce quotidien de plusieurs lieux et de plusieurs temps. Cette disposition est disposition suivant la pertinence que procure l'intuition banale – il est remarquable que la vision, présentée à travers l'Aleph, reste une vision suivant une intuition banale –, suivant la question que porte cette pertinence – c'est pourquoi il est dit l'Aleph.

Le réel du récit, de la fiction, n'est que la question de la pertinence – ce qui ne peut être donné à voir puisqu'elle est la question de l'écriture ; ce qui ne peut être un point de débat puisque le récit littéraire n'est pas un argument ; ce qui exclut toute présentation épiphanique puisque la question n'est que celle de la transmissibilité du savoir d'un voir et du quotidien dans le quotidien – dans ce quotidien qui est à la fois le passage de l'événement en cours, par exemple, écrire le quotidien, le banal, et ce moment où le continuum du temps linéaire se brise sans ouvrir un passage hors de lui-même, ainsi que le figure le thème de la mort. Ce réel, le quotidien, le banal, n'est pas secret puisqu'il est écrit. Il n'est transmissible que sous le signe de sa non-transmission : l'oubli de voir ce quotidien, tous les quotidiens, tout le banal, toutes les banalités, l'oubli de l'Aleph, c'est-à-dire l'oubli de la tératologie, et l'oubli de la possibilité de la transmission. Cela fait comprendre : le réel du récit, de la fiction, n'est que son propre fait, et la figure de la question de la pertinence. Le jeu de la désymbolisation est donc ce jeu qui introduit à l'illustration de la recherche dans le texte, face au texte – ce face-à-face que figure la vision de l'Aleph –, du degré minimal de pertinence, cette pertinence qui irait selon les données intuitives les plus banales.

Cela se lit d'abord sous le signe du littéralisme. Le littéralisme, présenté suivant un codage complexe, est, pour la littérature, le moyen de réifier l'objet littéraire, et, par là, de présenter ou de susciter un jeu d'interférence. La littérature, devenue objet commun, sait se traiter comme un objet commun, sous le signe même de la littérature : le littéralisme, indissociable de l'hypercodage, est un moyen de dire une littéralisation de la société et de marquer que la littérature fait sens de cela. L'œuvre qui revient à elle-même serait ainsi l'œuvre la plus efficacement interférentielle : elle présenterait à la fois la figure du commun – en exposant la littérature comme un objet culturel commun – et serait la mesure de ce commun par le jeu de maîtrise qu'une telle exposition de la littérature suppose. Cette approche de l'objet littéraire contemporain définit, de fait, une intention et un contenu de la littérature, qui sont ultimement d'ordre argumentatif : dans un état de littéralisation de la société, cette exposition de la littérature suivant un codage complexe et interne à l'œuvre, suivant la figuration, dans l'œuvre même, du statut de l'objet littéraire, fait apparaître l'œuvre comme une œuvre qui maîtrise ce statut et cette situation culturelle, et qui doit être lue suivant une telle maîtrise.

LIMITES DE LA LITTÉRATURE, LIMITES DE LA PENSÉE, POSSIBLE DE LA LITTÉRATURE

La négociation, dans l'œuvre, par l'œuvre, de la distance avec ce qu'elle n'est pas – les autres œuvres, les discours, les présentations –, suppose donc un dessin paradoxal du lieu commun, tel qu'il dispose l'espace partagé de ces œuvres, de ces discours, de toute réalité et de ses présentations, et qui cependant laisse disponible l'évidence de la question de la transmissibilité.

L'œuvre interférentielle ne pose son identité que dans la mesure où elle marque, d'une part, sa différence esthétique – elle se donne comme l'élément d'une alternative face aux autres réalisations scripturaires et, plus généralement, face à ce qui n'est pas elle –, et, d'autre part, dans la mesure où elle suppose une unité intégratrice qui ne confond pas avec ce qui serait ou ce qui ferait la totalité de l'œuvre, dans la mesure, en conséquence, où elle suppose le lieu de cette unité, qui, par l'hypothèse des interférences, est lieu commun, le lieu de l'actualisation possible des interférences. Cette actualisation est possible par la neutralisation du jeu de la synecdoque et de son éventuelle inversion. L'œuvre de diverses perspectives ne dit ni le tout qui est la condition de ces perspectives, ni le tout qu'elle constitue au regard des perspectives qui lui sont rapportables. Que le poème s'écrive sous le signe de l'analogie et de l'ironie est même jeu. Le monologue intérieur et sa représentation équivoque par le tutoiement, ainsi dans *Un homme qui dort* de Georges Perec, traduisent que le jeu interférentiel peut toujours, sans que son exercice soit effacé, se réduire à la présentation simple de son objet – sous le signe d'un rêve. Une telle réduction, parce qu'elle a d'abord pour condition le dessin de l'interférence, se lit doublement : comme une réduction, qui fait la question de la transmissibilité ; comme l'exposé des conditions d'une présentation – celle d'un sujet que l'autre peut lire intérieurement –, comme l'exposé du savoir qui rend possible une telle présentation – le savoir de la corrélation entre le pensable et toute image du sujet et d'autrui. Ce réglage de la représentation et de sa réduction à une présentation, est la possibilité du lieu commun. Le défaut de transmissibilité du monde de l'œuvre s'interprète nouvellement : il est la condition de l'exposé de la corrélation du pensable et du tout autre, du n'importe quel autre.

Il suffit de répéter l'*Ulysse* de Joyce. Le jeu de l'interférence est ici double : celui de l'architecture épique, qui est indissolublement dessin du mythe, celui du monologue intérieur. La référence épique se lit comme le rappel que la littérature a porté à sa propre épiphanie. Le mythe n'est que façon de noter la fin du mythe et paradoxalement un lieu commun, celui du monde. C'est là faire du roman une histoire qui est notre paysage, une histoire que personne n'a inventée, qui continue d'être racontée, attend d'être reconnue, qui inclut le savoir de nous-mêmes et où nous assistons à la ronde des simulacres – précisément ces histoires mythiques et ce savoir de nous-mêmes. Le monologue intérieur est cette histoire donnée pour actuelle, qui peut être reconnue pour les mêmes raisons. Qu'il soit seulement lisible selon son autarcie, selon sa présentation des corps et des choses, des pensées présentées comme des corps et des choses, en fait comme notre paysage selon le mythe. Le monologue intérieur peut se lire comme le mythe. Le mythe peut se lire comme le monologue intérieur, selon le monde qu'il fait dans ses seuls rappels et dans les limites de ses rappels. C'est redoubler l'équivoque de l'interférence et désigner l'œuvre comme la possibilité du lieu commun, corrélation du pensable et du tout autre, ce tout autre figuré encore par la singularité d'un homme, d'un jour, d'une ville, qui ne sont cependant qu'un monde reconnaissable et attendu comme l'est le mythe qui est répété.

L'élaboration de l'œuvre interférentielle suppose que, hors du dessin explicite d'une totalité, un jeu d'intégration limité de l'œuvre et de ce qui n'est pas elle soit donné à lire. Ainsi les perspectivismes peuvent être lus comme la désignation inférentielle de leur champ commun, mais aussi comme ce qui caractérise l'œuvre selon son hospitalité à cette diversité, et la définit comme leur champ commun, figure du champ commun que peut faire cette œuvre avec d'autres œuvres, d'autres discours. Où il y a une minimisation des différences lors même que la différence de l'œuvre est marquée, lors même que l'autre – le mythe qui est n'importe quel monde – est partie de cette œuvre.

L'œuvre qui, sans relations obligées ou sans indication des moyens d'une actualisation de ces relations, n'exclut pas que cela même suppose, d'une part, un point de vue comparatif avec l'œuvre qui disposerait les moyens d'actualiser de telles relations, et, d'autre part, que, puisque l'œuvre se donne explicitement comme œuvre, elle implique sa lecture : les configurations de forme, de sens qu'elle présente, sont, en conséquence, des configurations rencontrables ailleurs, en tout ou en partie, et qui relèvent d'une situation commune, même si ce lieu n'est pas précisé.

Ce défaut a une signification précise : en tant que lecteur ou que spectateur, je ne peux pas être présent à l'œuvre, à la représentation théâtrale, aux présentations de cette œuvre, de cette représentation théâtrale. Il peut être dit, à partir de cette notation, le jeu du récit et du théâtre. Ainsi le théâtre serait ce à quoi, en tant que spectateur, je fais face, et, par là même, l'exemple de la contingence puisque la nécessité de ce spectacle et de son argument ne m'est pas accessible. Ainsi le récit serait encore ce à quoi, en tant que lecteur, je ne peux être présent – le récit est de son propre passé et de sa propre narration –, et cependant, par le jeu du narrateur personnel ou impersonnel, rien ne m'est caché puisque l'hypothèse est ici que ce qui est dit est cautionné par le jeu du narrateur. Que le narrateur puisse ne pas être fiable n'importe pas essentiellement : le constat du défaut de fiabilité renvoie encore à l'hypothèse qu'il est possible ou probable que rien ne soit caché. Les caractéristiques formelles du théâtre et du récit, tels qu'ils sont ici décrits, ne se distinguent pas des caractéristiques du théâtre et du récit qui présentent des modalités marquées de relations interférentielles. Pour que ce théâtre et ce récit soient dits sans modalités interférentielles, il faut qu'ils fassent de ce défaut d'interférence leur propre finalité. Qu'ils s'exposent comme théâtre, comme récit, donnés pour eux-mêmes. Cette exposition peut prendre le moyen du théâtre dans le théâtre, du récit dans le récit. Ce n'est pas là une caractérisation spécifique de la modernité. Il faut encore que soit thématisée cette exposition. Il suffit de répéter Gertrude Stein. La manière dont elle allie, sans cesse, l'évocation de la femme et l'appel au jugement, que ce jugement doive s'appliquer à la femme ou à quelqu'un d'autre, revient à dessiner l'œuvre comme le lieu du singulier et du général, de l'infinité des représentations dans la présentation que fait l'œuvre, du rappel des questions générales que font la vie, l'amour. Que le personnage soumis à ce jeu soit un personnage commun, fait entendre que cela même est commun. Que le personnage meure indique qu'il ne peut être dit l'exacte manière de revenir à soi-même, à la singularité du commun, au commun de la singularité. La thématisation du défaut d'interférence est ici par la récusation, dans la même œuvre, des paradigmes de la généralité et de la seule notation du singulier. On le sait par le jeu des répétitions chez Gertrude Stein, une telle œuvre ne peut poursuivre que par son littéralisme et l'exercice de la répétition.

La situation de l'œuvre est ici paradoxale. Cette œuvre rend la notation d'un contexte d'expérience inopérante, et elle n'exclut pas de se présenter comme le médium de la présentification possible d'expériences. Ainsi qu'il s'agisse de récit ou de théâtre – le même type d'argument pourrait être tenu pour la poésie –, la notation de la différence que fait l'œuvre se confond avec celle suivant laquelle il ne peut y avoir, de la part du lecteur ou du spectateur, de présence à l'œuvre, mais cela n'exclut pas que le temps de la lecture et le temps du spectacle soient le temps du présent de l'œuvre, autrement dit que la différence de l'œuvre entre dans un jeu rhétorique de la réduction de la différence, qui laisse intacte l'autonomie de l'œuvre, suppose la reconnaissance de l'œuvre comme médium d'une présentation, d'une représentation, qui savent leur pertinence et, par là même, supposent une pertinence de l'œuvre.

Où l'on retrouve le jeu sur la limite du médium de manière interne à l'œuvre : l'œuvre, qui ne présente pas de modalités interférentielles explicites, joue en elle-même, par la série des possibilités d'adhésion et de non-adhésion de ses propres éléments – adhésion et non-adhésion se comprennent en termes de cohérence et de consistance, en termes de lien de représentant à représenté, en termes d'aptitude du texte, qui est la composition de telles données, à être une manière d'équivalent du jeu de ces données. Bien que l'œuvre n'offre aucune modalité de report symbolique explicite, bien qu'elle exclue en elle-même toute configuration et hiérarchisation symboliques, elle se donne pour le fond même des jeux de substitution, et elle se caractérise par un jeu rhétorique spécifique indissociable de l'autocontextualisation : la singularité de l'œuvre revient au général, qui se définit hors d'une unité ou d'une intégration marquées, parce que cette œuvre est présentation de jeux de substitution partielle avec le général, eux-mêmes indiqués par le caractère composite et déhiérarchisé de l'œuvre.

Dire cela, c'est dire que l'œuvre à modalités interférentielles non définies peut se confondre avec le fond de tout discours, ou plus exactement avec la figure que fait le fond des discours. C'est cela la signification de l'intertextualité. C'est par cela et par le mimétisme rhétorique, qui apparente, dans le traitement de la distance et des différences, discours commun et œuvre à caractère non interférentiel, que cette œuvre est, à nouveau, un exemple de travail sur la limite du médium : de cette œuvre, nous savons donc l'autonomie et la manière de non qui la constitue dès lors qu'elle récuse le jeu interférentiel ; de cette œuvre, nous savons aussi, par son mimétisme rhétorique, qu'elle est une manière de pas au-delà d'elle-même : précisément la limite du médium ne se comprend que par la perspective que fait cette limite, qui est ici perspective sur la communauté des jeux rhétoriques. Lorsque nous disons que nous somme absents à l'œuvre et que nous reconnaissons par là même l'œuvre, lorsque nous notons qu'à cette occasion, le monde hors de l'œuvre nous est donné, nous marquons, hors du jeu interférentiel, que se rétablit un droit de la réalité parce que nous accordons un droit à l'œuvre, qui est celui de la pertinence. Ces deux droits jouent de manière concomitante. La singularité scripturaire quelconque est exactement exemplification du quelconque.

Il y a le complément au jeu sur la limite du médium, que porte l'œuvre : la reconnaissance des présentations de l'œuvre est reconnaissance, *in absentia*, des présentations du monde qui n'est pas le sien.

L'œuvre, privée de modalités interférentielles, démontre ainsi sa contingence et la possibilité de la lisibilité. Sa contingence : l'œuvre n'est que par une manière de nécessité négative – ce jeu sur la reconnaissance, *in absentia,* des présentations du monde. Sa lisibilité : elle est par le mimétisme des jeux rhétoriques qui fait des deux séries de présentations, celles de l'œuvre, celles qui sont hors de l'œuvre, des interprétants réciproques et, en conséquence, des fonds communs.

Que viennent se rencontrer là, dans la création contemporaine, la littérature de science-fiction, la littérature cybernétique et la littérature de catastrophe, dans une surcharge de symboles, qui équivaut à un jeu de désymbolisation, dans la reprise de discours factices, dans l'évocation d'objets factices, dans un jeu de facticité – facticité ne veut pas dire faux, mais que ces discours, ces présentations se donnent pour leur propre fait, ainsi qu'elles donnent leurs objets pour leurs propres faits –, qui équivaut lui-même à un jeu sur la limite du médium de la littérature, atteste que la littérature n'est pas quelque chose de donné, qu'elle n'est pas même ce qui s'élabore, dès lors qu'on choisit de l'élaborer, avec certitude, et qui, dans les méandres de ses réalisations, laisse voir l'autisme de son discours, ce discours qui suppose essentiellement que nous soyons alors absents au monde, comme nous sommes, par définition, absents aux présentations de l'œuvre. Que la science-fiction et les robots aient ici leur importance indique que ce monde de la littérature est devenu le monde de l'imitation, le monde qui n'a plus d'exceptions, donc un monde sans singularités, et qui commande une vision indifférenciée des différences. Cela est adéquat à l'autisme du discours littéraire, à son intertextualité, et à son paradoxe constitutif : il propose, en lui-même, une manière d'articulation indéfinie, qui ne porte pas de modalités explicites d'interférences. Où il y a l'extrême de la notation de la contingence de la littérature, de son discours et de ses présentations. Où il y a l'extrême du jeu rhétorique. Par le défaut de hiérarchie de ses propres symboles qu'indique l'œuvre, par l'égalité de son jeu de références internes, celle-ci marque explicitement l'égalisation des différences. Il pourrait être dit qu'il y a là l'achèvement du jeu rhétorique, en un double sens : réduction des différences ; réduction de la problématicité du texte, qui se donne ainsi pour littéral. Il peut être dit, à l'inverse, une reprise du jeu rhétorique : l'égalité des références ne peut aller sans autocontextualisation interne et sans partages des connotations internes au texte. Cela entraîne : bien que l'œuvre ne présente aucune force d'obligation d'interprétation ou de relation – c'est la conséquence du fait que nous ne puissions être présents à elle, et qu'elle constitue par elle-même l'exploration de la limite de son médium, elle est par cette autocontextualisation le modèle de toute représentation continue des présentations de notre monde.

Dès lors que la reconnaissance de la littérature est provisoire et multiple, dès lors que les objets littéraires sont équivalents par leur impropriété, dès lors que l'impropriété est le moyen de fictionnaliser les présentations de différences réelles et le spectacle de l'échange linguistique, dès lors que la présomption de pertinence ne se sépare pas de cette reconnaissance, la littérature entre spécifiquement dans la représentation d'elle-même : représentation suivant la représentation de cela qui n'est pas la littérature et qui se déduit des lieux communs. Que la modernité ait porté cela à l'extrême sans que l'on ait nécessairement ici à distinguer entre modernité et postmodernité, modernisme et postmodernisme, puisqu'est toujours en cause un jeu sur la limite du médium de la littérature, traduit que, dans la notation et la mise en œuvre du caractère relatif de la littérature, est d'abord en jeu la recherche de la généralité qui permet de penser le contexte linguistique, conceptuel, de nos présentations.

Cela se lit d'abord sous le signe du littéralisme. Le littéralisme, présenté suivant un codage complexe, est, pour la littérature, le moyen de réifier l'objet littéraire, et, par là, de présenter ou de susciter un jeu d'interférence. La littérature, devenue objet commun, sait se traiter comme un objet commun, sous le signe même de la littérature : le littéralisme, indissociable de l'hypercodage, est un moyen de dire une littéralisation de la société et de marquer que la littérature fait présentation de cela. Hors de tout jeu interférentiel explicite, hors de toute disposition intégrative de l'œuvre, qui commanderait et une unité marquée de cette œuvre et son rapport également marqué à une unité des discours, des présentations, l'œuvre singularise toute présentation discursive qu'elle désigne, par là même, comme la possible formulation d'une généralité.

La réalisation de la littérature est, au fond, une réalisation dépendante – de circonstances et de constats communs. Cette dépendance n'est pas chose nouvelle. C'est un trait de l'époque contemporaine que de l'avoir interprétée sous la forme contradictoire d'une néantisation de la littérature ou d'une totalisation de la créativité. C'est un trait de cette même époque que d'avoir là assimilé la littérature à un geste négatif de liberté et ici à un geste sommatif. Sans que soit jamais spécifiquement considéré, dans l'un et l'autre cas, le moment de la reprise de la littérature, des données culturelles, symboliques, subjectives, moment de liberté spécifique, moment de cette action – la littérature – qui se donne comme pouvant être faite, lors même que la contrainte du négatif ou celle de la totalisation créative sont reconnues. La littérature peut se caractériser comme ce choix qui sait la contrainte des artefacts – et tout ce qu'elle résume –, et que cette contrainte ne détermine pas et que le choix de faire de la littérature se fait librement, sans doute dans la dépendance à toute circonstance. Ces circonstances sont moins des contraintes que les figures de la dépendance de la littérature à tout autre et de son passage à tout autre.

La dissociation de la *poiesis* et de la *praxis* traduit ce jeu de la contrainte de l'artefact et de la reconnaissance de la circonstance. La circonstance, dès lors qu'elle est traitée de manière rhétorique, prise dans la dualité de la présentation et de la représentation, est à la fois la limite de l'œuvre et la possibilité de la lecture de l'œuvre suivant telles autres circonstances et telles autres inférences que permet cette dualité. Les modalités interférentielles, telles qu'elles sont illustrées par la littérature contemporaine, correspondent à un explicite traitement de la circonstance suivant la dualité de la présentation et de la représentation. Des œuvres à modalités interférentielles marquées à la singularité scripturaire quelconque, la littérature accentue cette reconnaissance de la circonstance et cette dualité de la *poiesis* et de la *praxis* pour finalement les traiter l'une et l'autre comme des données réversibles – et donc indifférenciées. La thématisation de l'indifférence dit à la fois, dans *Un homme qui dort*, l'interférence marquée et la condition de tout jeu interférentiel. Dans la singularité scripturaire quelconque, l'artefact et le jeu représentationnel sont du même discours. Dans « l'Aleph », Borges fait de cela le paradoxe de l'invention littéraire : cette invention ne peut être que par toutes circonstances, qui ne peuvent être alors que suggestions représentationnelles, mais cela est contradictoire qui fait des circonstances ce qui échappe à l'artefact, ce qui est de l'ordre représentationnel dans la mesure où elles ne sont plus données pour elles-mêmes ; qui fait de l'artefact le recueil des circonstances sans qu'il puisse traiter ces circonstances comme sa forme ni sa forme comme l'interprétant de ces circonstances.

Ce paradoxe exclut de conclure que l'artefact est une contrainte de représentation, comme il exclut de conclure que la constitution représentationnelle est instauratrice de l'artefact. Cette conclusion vaut bien évidemment pour la singularité scripturaire quelconque, qui est présentations et représentations quelconques et retour aux circonstances du discours quelconque repris sous un signe littéraire. Ce paradoxe déplace dans la circonstance, dans la pratique de l'artefact, l'interrogation qui faisait les énigmes du poème de Nuno Judice. Il ne s'agit plus de décider si la métareprésentation qu'implique l'œuvre réaliste peut inclure des présentations, des représentations qu'elle n'a pas initialement incluses, si la métareprésentation qu'implique l'œuvre symboliste peut inclure ce que celle-ci n'a pas explicitement entrepris de symboliser, mais de considérer que l'artefact et les données présentationnelles et représentationnelles sont exactement concomitantes et que la question n'est pas de trancher à propos du pouvoir d'instauration des unes par rapport aux autres ou inversement, mais de noter que l'énigme est précisément dans cette concordance qui commande de considérer l'artefact et les données présentationnelles, représentationnelles pour eux-mêmes, sans qu'il y ait lieu de s'attacher à d'autres jeux d'interprétation. Noter la prévalence du lieu commun, de la présentation du quotidien, de l'ordinaire revient à noter cela et à définir l'œuvre littéraire, particulièrement dans le cas de la singularité scripturaire quelconque, comme ce qui joue de l'égalité de l'exposition de l'artefact et du jeu présentationnel et représentationnel des circonstances et du lieu commun. Par quoi la présomption de pertinence et la visée métareprésentationnelle du lecteur sont pleinement engagées et retour à cette exposition de l'artefact et à ce jeu présentationnnel et représentationnel des circonstances.

Il faudrait lire là la meilleure raison qu'il y a à récuser toute entreprise herméneutique explicite, qu'elle soit réfléchie par l'œuvre, qu'elle
soit seulement donnée comme à la charge du lecteur ; la meilleure raison qu'il y a à ne pas se tenir au constat de l'insignifiant, ou de l'absence
de sens : se tenir à ce constat revient à ignorer la dissociation de la *poiesis* et de la *praxis*, et que n'est pas en jeu l'évidence de l'absence de sens,
mais le paradoxe de l'œuvre, jusqu'au paradoxe de la singularité scripturaire quelconque.

Le lieu de la littérature est donc quelconque – précisément le lieu
de quiconque et de quoi que ce soit, où elle fait singularité pour donner lieu aux circonstances et à l'autre de ces circonstances, qui est
encore circonstances. La littérature est le possible, le dessin du possible
qu'il faut entendre de façon rhétorique : si la circonstance est en elle-
même représentationnelle, elle est jeu sur le possible qu'elle expose et,
par là, est encore ainsi l'œuvre qui la recueille ; si la circonstance est
donc telle, l'œuvre est donc cette singularité qui donne droit de cité à
l'autre, à tout autre. On peut imaginer n'importe quelle fin, comprise
comme l'effacement et la finalité, de la littérature. On peut imaginer
n'importe quelle secondarisation de la littérature au regard des *média* et
autres technologies. On peut imaginer encore, dans de telles conditions, que le fait de son incalculable, cet incalculable qui est attaché à la
dissociation de la *poiesis* et de la *praxis*, au dessin du possible, est le calcul le plus certain de la singularité et, par là, de l'autre, de tout lieu, de
toute parole, de tout discours, de la représentation toujours pertinente.
Dans l'incalculable, il y a le postulat de la liberté de la littérature qui
peut donc être du discours commun et de ses représentations.

Les écrivains et la critique littéraire de la modernité n'ont donc pas
dit de façon explicite la dissociation de la *poiesis* et de la *praxis*. Ils ont
rapporté l'interrogation – ce qui se résume dans « Énigmes » de Nuno
Judice – soit à un défaut de fonction de la littérature, qui équivaut à
une perte de la littérature, soit à une extrême fonction de la littérature,
qui équivaut encore à une perte de la littérature. Il y a ainsi
l'affirmation de la littérature sous la forme de sa néantisation – Mallarmé. C'est là rendre la littérature et son artifice à ce qu'elle refuse –
précisément la nature telle qu'elle est, et la réalité telle qu'elle se fait. Il

y a eu, il y a encore, – et cela est indissociable de la notation du calcul et de l'incalculable de la littérature, et de l'utopie critique de la littérature – l'apologie de la créativité, inséparable de la totalisation de cette créativité, qui deviendrait ainsi une avec le réel, une avec une esthétisation de la réalité. La littérature est des présentations, et des représentations qui sont celles des agents de ce monde ; elle est aussi ces mêmes présentations et représentations qu'elle livre, sans que l'on puisse encore décider lequel de ces deux mondes a absorbé l'autre – il faudrait reconnaître là ce qu'entend Adorno par l'énigme de l'art et de la littérature, et le présupposé de toutes les thèses qui prêtent à la littérature et à la lecture de la littérature un caractère expérientiel. Ce n'est au fond que dire une indifférenciation de la littérature, ou une fonction commune de la littérature. Ces équivoques sont celles de la généralisation contemporaine de l'usage du mot de fiction. La littérature ne se sait, ne se conçoit et ne se perçoit plus que comme l'autre d'une réalité discursive et linguistique, dont elle est cependant le calque et le mime discursifs. Caractériser la littérature par le fait que le discours imite le discours, est soit un truisme, soit le constat de l'indifférenciation de la littérature dès lors qu'elle est dite suivant la fiction – elle est discours commun. Le défaut de fonction et le défaut de lieu sont ici patents, en même temps qu'il est supposé que la littérature est constamment la possibilité d'une irréalisation.

Ces notations sont cependant ambivalentes. La littérature se réaliserait au point de se perdre. La littérature est une évolution par son invention ; cette évolution serait la réalisation de la littérature. La fin de la littérature est indissociable d'une poursuite de la littérature. Ces ambivalences ne sont pas précisément expliquées, faut que soit examinée la dissociation de la *poiesis* et de la *praxis*. Que la littérature veuille être sa propre lettre en même temps qu'elle peut être de toute lettre, de toute présentation, de toute représentation, fait de la littérature la limite de toute pensée de la pensée de ce temps, de toute représentation de ce temps. La littérature est donc aussi la limite de toute présentation et représentation qu'elle donne d'elle-même, et particulièrement de sa fin. Cela est déjà la suggestion de l'incalculable de l'invention et du jeu représentationnel : dire cet incalculable, ce jeu équivaut à dire que, dans la littérature, par la littérature, je cesse de croire que l'acte, que constitue l'invention, que constitue la lecture, est l'œuvre achevée de mes mains – qu'il s'agisse de la composition ou de la lecture de l'œuvre. Cela ne fait pas entendre pour autant que le résultat de l'acte s'efface. L'œuvre subsiste. La lecture peut être écrite ou mémoire. Mais il n'y a plus de poids de l'œuvre, comme il n'y a plus de poids de la lecture. La présomption de pertinence n'a pas de fin ; ni les circonstances ; ni les représentations. Parce qu'elle est ses propres mots, parce qu'elle n'est pas, ne peut être le poids de ses propres actes, la littérature ne peut être le mot de sa propre fin, au double sens de son propre achèvement et de sa propre finalité. On est ici dans l'invention symbolique de l'œuvre, c'est-à-dire du temps. L'invention symbolique de l'œuvre se définit – et il suffit de considérer la dissociation de la *poiesis* et de la *praxis*, les modalités interférentielles – comme l'invention suivant le possible, compris en un sens rhétorique, suivant le constat de la lettre et l'ouverture du jeu représentationnel. En ce sens, la fonction de la littérature sera de désigner les circonstances, les autres circonstances, ces histoires, les autres histoires, cette histoire, l'autre histoire, sans même entreprendre de refigurer, de manière calculable, le passé, le présent. Le lieu de la littérature sera tout moment de l'actualité et tout endroit de ce monde puisque tout moment et tout endroit peuvent être données littérales, objets d'une telle reprise suivant le possible, et engagements de la présomption de pertinence dans leur constat et leur lettre.

Sauf à ignorer ce statut de la littérature, on ne peut interpréter les évolutions contemporaines et particulièrement les involutions linguistiques comme les résultats du seul affranchissement de la nécessité de représenter (représenter se comprend ici comme l'exercice de la *mimesis*), comme le choix « d'un art sceptique, au sens strict du terme : un art qui s'examine lui-même, qui fait fiction de cet examen, qui joue avec ses mythes, récuse sa philosophie et se récuse lui-même au nom de cette philosophie »[1]. On ne peut interpréter la littérature comme

---

1. Jacques Rancière, *La parole muette, essais sur les contradictions de la littérature*, Hachette, 1998, p. 175.

l'entreprise de livrer la fiction de sa propre limite, puisque ce qu'elle met en œuvre est la limite de toute pensée, dès lors que cette pensée entend valider ses représentations. Cette mise en œuvre n'est pas sceptique, puisque la limite de la pensée est précisément toute donnée présentationnelle et toute possibilité représentationnelle qui permet l'exercice de la présomption de pertinence – en ce sens, la littérature se donne pour la communication continue. Les variations des modalités interférentielles sont variations de cette mise en œuvre. Que la littérature vienne à la singularité scripturaire quelconque permet de lire aussi bien le statut de la littérature que celui des arts plastiques contemporains, particulièrement dans le cas du *ready-made* : le problème n'est pas de faire de l'art à tout coup de n'importe quoi, parce que tout objet peut avoir été voulu comme « une manifestation de l'art » et parce qu'il « manifeste le dédoublement par lequel toute chose se signifie elle-même »[1] ; le problème est de savoir ce qui fait la littérature et l'art, ce que font la littérature et l'art, lorsqu'ils font du jeu représentationnel leur propre question – ce jeu est à la fois reconnaissance des représentations communes et singularisation de ces représentations suivant la contrainte de la *poiesis*, suivant l'inévitable de la présomption de pertinence.

1. *Ibid.*, p. 176.

204

Chapitre VI

La littérature,
les lieux communs, le quotidien, l'ordinaire

LITTÉRATURE, EXPOSÉ DE LA PENSÉE
DE LA COMMUNICATION, ÉNIGMATIQUE

La littérature contemporaine défait explicitement les marques de sa situation par le jeu rhétorique. Cela est la conséquence du jeu de la dissociation de la *poiesis* et de la *praxis* – la littérature amoindrit ou efface les représentations qui, formables à partir des présentations, auraient un pouvoir explicitement contextualisant, en termes de représentations, de croyances. Cette indétermination contextuelle ne doit pas être seulement rapportée à ce qui est une évidence, le caractère alocal et achronique de l'écrit. Dans la littérature contemporaine, l'œuvre peut avoir pour condition que son scripteur, son énonciateur ne disposent pas explicitement des représentations et des métareprésentations immédiatement recevables. En d'autres termes, tout peut être lisible, mais la totalité de ce lisible ne l'est pas. Ce défaut de totalité n'implique pas que l'œuvre soit cryptique, qu'elle se construise comme un symbole qui ne pourrait donner son symbolisé – cela faisait l'impasse mallarméenne qui explique que l'on vienne à la dissociation de la *poiesis* et de la *praxis*. Ce défaut n'implique pas que l'œuvre se définisse cependant encore comme une *pars pro toto*, ce tout ne fût-il pas un dicible mais seulement un pensable – suivant telle notation de Michel Deguy : « Le monde peut faire monde – partout. Le tout sous différentes espèces de diminutifs valant pour le tout est médiation pour les rapprochements. C'est sa médiation qui confère de la symbolique aux "parties" : c'est en tant que parties du tout que les parties sont rapprochables. »[1] C'est là retrouver le jeu usuel de la synecdoque. De cette absence du tout aux mots, aux choses, de ce tout qui est cependant la détermination de leur présentation et de leur représentation, il se tire la conclusion que le mot, la chose sont désymbolisés[2] et, ajouterons-nous, qu'ils ne valent que pour eux-mêmes, et qu'ils sont toujours disponibles pour une resymbolisation, cela qui restituerait le rapport du mot, de la chose au tout. Le tout, indécidable, indicible, qui soutiendrait les choses, les mots, dans les termes de Michel Deguy, est une hypothèse bien para-doxale pour valider l'écriture, la métaphore, le symbole, et, plus géné-ralement, le comme. L'hypothèse de ce tout serait indispensable à l'intention de communiquer, de faire sens – faire sens se comprend comme la restauration d'une signification, par la procédure éventuelle-ment aléatoire de l'assemblement et du comme, suivant ce tout pen-sable, ou visible. Cette hypothèse entraîne cependant, – et la poésie contemporaine, dès lors qu'elle dit cet indissociable de la synecdoque et de la comparaison, prise dans la synecdoque, illustre cette conséquence – une multiplication de la possibilité des inférences à partir du mot, de la chose, telle qu'il est bien difficile d'identifier certainement une intention de communication, de maîtriser les inférences, de les valider de manière spécifique, de revenir à ce tout, pensable, qui légitimerait cette démarche poétique. Cela qui fonde, justifie l'inférence, est, tout autant, ce qui peut la rendre inutile par le nombre d'inférences impli-quées, par le défaut de validation.

Contre ces thèses, il suffit de rappeler que la dissociation de la *poiesis* et de la *praxis* laisse l'achèvement de la *praxis* libre à partir des et selon les présentations de l'œuvre. Cette liberté oblige de supposer que c'est un individu qui compose l'œuvre, un individu qui la lit : celui-ci joue de la distance de ses représentations à ces présentations ; celui-là dispose

1. Michel Deguy, *Aux heures d'affluence*, Seuil, 1993, p. 102.
2. Michel Deguy, *ibid.*, p. 125.

l'œuvre suivant une telle possibilité. N'est donc pas engagée la totalité au sens où Michel Deguy l'entend. L'œuvre est ce cadre, peut-être insuffisant, qui peut être passé, où les présentations sont assemblées pour conduire au jeu de la métareprésentation. Si l'on se tient à ce terme de « désymbolisé », ce mot et cette chose « désymbolisés » relèvent d'abord d'un questionnement proprement rhétorique dès qu'on tente de corréler les traces qu'ils constituent alors, – quoi ?, qui ?, quand ?, où ? comment ? S'ils sont d'abord donnés, puis lus dans un tel état de littéralité, – ce qui est une reformulation du « désymbolisé » que caractérise Michel Deguy –, ils ne sont pas le passage de cette littéralité mais la possibilité de l'usage de cette littéralité, de manière spécifique. Hors d'un contrôle pragmatique ou d'un contrôle d'expérience, ils sont repris dans le jeu d'interdépendance des mots, des phrases, des croyances qu'ils portent, et de ressemblance plus ou moins grande avec les représentations du lecteur. La littérature est sans doute une affaire de marques formelles, cependant ni seulement, ni nécessairement : par la dissociation de la *praxis* et de la *poiesis*, elle dépend, qu'on la considère en termes d'écriture ou en termes de lecture, d'une limite que met l'écrivain aux représentations que porte l'œuvre, et de la possibilité qu'a le lecteur de maintenir cette œuvre par la conception qu'il a de l'ordre, sémantique, représentationnel, qu'il réalise en lisant.

Il suffit de suivre les leçons littéraires de la modernité et leurs contradictions explicites, d'entendre à nouveau Proust, Joyce, Pavese. Proust : la fable de la mémoire donne, implicitement, explicitement, et fait supposer, par définition, dès le début de *A la recherche du temps perdu*, le tout de l'œuvre, et caractérise ce tout comme indissociable de la notation de la vanité d'aller du connu à l'inconnu, et de l'effort pour maintenir la digression du connu à l'inconnu. La démarche est paradoxale. Faire supposer le tout initialement contredit la forme et la finalité du récit – aller du connu à l'inconnu –, le jeu de la découverte du souvenir, auquel est prêtée une fonction métaphorique. Lier ainsi l'œuvre et la mémoire a trois fonctions : donner cela, la mémoire, sans lequel le calcul infini des inférences, des métaphores n'existerait pas ; faire de l'œuvre ce qui s'identifie à l'intention reconnaissable de procéder en elle-même à la construction et la suggestion de tels jeux d'inférence ; maintenir cependant cette mémoire dans une opacité. La mémoire ne se réalise que par les souvenirs, les souvenirs ne sont dits que par cette mémoire qu'ils ne peuvent figurer. La mémoire est le moyen de suggérer une métareprésentation, la représentation des représentations, des souvenirs, des diverses présentations, mais aussi de limiter les jeux des souvenirs et des inférences. Souvenirs et inférences ne peuvent être, en termes d'intelligibilité, d'un nombre infini ; ils ne peuvent actualiser la mémoire à ce point où, de possibilité du récit des souvenirs et de la métareprésentation, elle se confondrait avec la clarté de l'exposé des souvenirs, qui n'auraient plus alors ni limite d'énumération, ni limite d'exposition. Joyce : choisir la fable de la fiction explicite, faire apparaître la fiction comme fiction, équivaut, dans *Ulysse*, à la fois à figurer le lieu du connu et à marquer qu'il ne peut être dit où ce connu réside. Le monologue intérieur, parce qu'il présente ses données de manière manifeste et égale, est le moyen de figurer cette fiction qui figure le connu. Parce qu'il est, de principe pur solipsisme, il ne peut figurer l'exact lieu de ce connu. Il suppose un moment réflexif de la fiction : celui où l'énonciation se retourne en elle-même, et par lequel la fiction montre qu'elle joue d'elle-même, pour exposer le tout de sa propre présentation – cette fiction est celle d'une seule journée et de références à Homère, qui la disposent suivant des données paradigmatiques. Ce lieu inconnu de l'exposé du connu se saisit d'un lieu réel – Dublin –, qui n'est cependant que l'objet d'une présentation solipsistique. Le paradoxe est manifeste : donner le tout qui rend possible et limite le jeu des représentations – il est un lieu, un sujet, une œuvre de référence, l'*Odyssée* ; disposer ce lieu, ce sujet, cette œuvre de telle manière qu'ils participent d'un jeu réflexif qui illimite les rapports des présentations et qui rend opaques ce lieu, ce sujet, cette œuvre. Le paradoxe est fonctionnel : le lieu ne peut valoir, s'il doit être maintenu la possibilité d'une représentation des présentations, qu'en tant que lieu commun ; le sujet qu'en tant que sujet commun ; l'œuvre qu'en tant qu'objet d'un savoir commun. Un tel commun n'est pas spécifiable : il est la possibilité de représentations communes, limites et validations de la fiction et du monologue intérieur qui ne donne pas immédiatement l'adhérence des mots aux représentations du sujet qui utilise ces mots et ces représentations. Pavese : la poésie ne peut se confondre avec l'image-récit, parce qu'elle n'est pas commandée par la recherche d'un résidu référentiel. Elle ne peut cependant aller sans le jeu du vraisemblable, qui ne peut aller sans sa propre justification : cette justification peut être le sujet lyrique. Faire du sujet lyrique l'agent d'un vraisemblable comme riche de sa propre imagination appelle le jeu déréglé des rapports imaginaires, suivant les termes de Pavese, qui voit là la principale difficulté à poursuivre avec la poésie, et la question de l'adhésion que ces rapports peuvent susciter : le critère d'opportunité de l'exercice de l'imagination n'est pas décidable. Le sujet lyrique permet d'indiquer, par le jeu réflexif qui se trouve engagé, que l'intention littéraire est irréductible au seul rapport référentiel au monde. Il apparaît, par là même, placé sous le signe d'une contradiction – il doit être à la fois sujet du vraisemblable et sujet de l'imagination. Que le poème se donne comme poème lyrique permet de marquer l'intention de communication littéraire et de la donner comme ouverte, de faire comprendre l'inévitable de limiter les « rapports imaginaires ». Ces rapports sont doublement nécessaires : ils ouvrent et ferment, par leur opacité, le jeu inférentiel ; ils font du sujet lyrique l'illustration de la contradiction de l'exposé de la pertinence possible.

La littérature contemporaine est moins à lire sous le signe d'une propriété spécifique de l'invention littéraire, celle, par exemple, dans les termes de Michel Deguy, d'une désymbolisation qui suppose une totalité, ou sous le signe d'une déconstruction, qui donne à reconnaître les propositions converses de celles de Michel Deguy, que sous le signe d'une réversibilité du littéral. Le littéral est, lisible pour lui-même, étranger à toute somme qu'il puisse faire, lisible suivant ce dont il peut être tenu pour l'illustration : les mots, les contextes de phrases et de représentations, les croyances qui vont avec les mots. L'exercice du littéral est un exercice de communication : la lettre qui se donne pour elle-même, est une lettre qui porte comme son signal de communication. Cet exercice, dans l'œuvre qui procède d'un jeu réflexif, est explicitement défini comme la possibilité de jeux d'inférence. Cet exercice, parce qu'il est indissociable de la lettre et de ces jeux – donc, soit de la référence possible, soit d'une tropique de nature, soit du vraisemblable –, ne défait pas l'opacité qu'induisent le jeu réflexif, le jeu tropique, mais la rapporte à la possibilité d'une lecture commune, suivant les représentations communes, suivant l'intuition banale. Le vraisemblable de la littérature n'est, en conséquence, que l'exposition explicite du vraisemblable de la communication triplement compris. Un vraisemblable qui doit donner droit de cité à l'évidence de la communication. Un vraisemblable qui doit permettre le jeu inférentiel. Un vraisemblable qui doit assurer que ce jeu ne devienne pas jeu privé, jeu solipsistique. C'est pourquoi la littérature contemporaine joue triplement : de la lettre qui apparaît comme en elle-même à cause de l'opacité, à cause d'une présentation donnée pour évidente – poésie objectiviste –, et qui est comme le signal de la communication ; du jeu réflexif, implicite, explicite, qui autorise le parcours inférentiel, fait de la lettre la partie d'une intention communicationnelle dont le signe est l'ouverture de l'inférence ; des ambiguïtés de l'usage de l'opacité – mettre en évidence le mot, justifier, limiter le jeu inférentiel.

L'écriture quelconque, placée sous le signe de la littérature par des données paratextuelles ou par un contexte littéraire, est l'illustration extrême de ce calcul du vraisemblable littéraire. Reprise littérale d'un discours quelconque, l'écriture quelconque peut être lue comme une simple reprise du signal de la communication ; à cause des données paratextuelles, du contexte littéraire dans lequel elle est placée, elle a pour condition un jeu réflexif de composition et d'écriture, qui énigmatise à la fois la littérature et le discours quelconque ; parce qu'elle est toujours lisible comme quelconque, elle est une borne au jeu inférentiel.

Marquer que l'exercice littéraire change le statut de la lettre est marquer cela même. La métaphore expose les lettres pour elles-mêmes puisqu'elle les prive de la pleine efficacité de leur signification littérale ; elle les prend dans un contexte, celui de la métaphore, réflexif en lui-même ; elle les donne pour les représentants de tout contexte manquant, c'est-à-dire de toute représentation qui rendrait compte de la lettre et du contexte dans lequel la métaphore est placée et qu'elle fait. La lettre du poème de Raymond Queneau, « L'explication des métaphores », peut être lue suivant ces trois niveaux : le nom de l'homme, les noms des choses, les noms du monde ne sont que ces noms ; ces noms ont des parentés, suivant une tropique de nature ; ces noms, dans leurs jeux interférentiels, font supposer les contextes qui les interpréteraient ensemble, et qui sont ceux des représentations du monde. Ces représentations du monde ne sont d'abord signalables que par la lettre. Le « Je meurs » de Nathalie Sarraute est certainement une manière d'impossibilité ; il est, par là même, un signal de communication. Il suppose son propre contexte : le constat du moment de la mort ; un jeu réflexif attaché à ce contexte : le constat de la possible incrédulité de l'autre face à ce moment ; les représentations qu'engage ce performatif – la mort, la communauté –, qui sont autant d'approximations acceptables de ce que peut faire entendre la lettre. Ces changements de statut de la lettre font autant de questions. Que la littérature soit assimilée par Handke à un jeu de rôles et de questions, jusqu'au « vide de questions », instruit qu'elle est la constante prise en charge de l'intention communicationnelle, menée au terme de son paradoxe : l'intention ne peut être telle qu'en passant la seule lettre et en interdisant de se défaire de la lettre – ce qui n'est que poursuivre avec les questions.

Ainsi la littérature, telle qu'elle s'expose dans la modernité après qu'ont été reconnues les impasses de la première modernité, peut-elle être dite selon son objet : exposer la pensée suivant laquelle se pense la communication qui se fait, dès lors que cette communication entend se donner pour une communication intentionnelle. La communication se pense suivant l'absence d'autre fin qu'elle-même, suivant le vraisemblable, suivant la limite qu'elle trouve dans l'impossible – ce que fait comprendre la limite du jeu inférentiel, qui est à la fois une limite mise à la possible inintelligibilité et une limite mise à une pensée de la communication qui serait une pensée de l'impossible comme tel. La littérature serait ainsi l'exposition de la communication réalisée et pensée, et soumise, par cette exposition, à un jeu de lecture qui va suivant la même absence de fin autre qu'en lui-même, suivant le vraisemblable qui se dit alors doublement, selon le vraisemblable de la littérature, selon le vraisemblable que portent les représentations du lecteur, selon la limite mise à une pensée de l'impossible. Dire une communication réalisée, une exposition réalisée de la pensée de la communication, revient à formuler, d'une autre façon, le constat du littéral : la littérature est littéralement cette pensée de la communication[1].

Dire cette communication et cette exposition réalisées est enfin marquer deux choses : cette communication, cette exposition sont leur propre fait, ainsi que la lettre, dans le littéralisme, est son propre fait. Cela traduit qu'au-delà des jeux référentiels qu'elle peut explicitement porter, la littérature, parce qu'elle est cette illustration de la pensée de la communication considérée pour elle-même, n'est qu'elle-même, ses lettres, et ce que celles-ci engagent – exposé des présentations, du jeu réflexif, du jeu inférentiel, de la limite du jeu inférentiel. La littérature de la modernité fait du lecteur le lecteur de cette exposition complète. Faire du lecteur le lecteur de cette exposition complète se comprend de la manière suivante : il n'y a pas, dans l'œuvre, de contraintes de lecture spécifique – on le sait par les modalités du jeu interférentiel. Il y a dans l'œuvre ce qui est manifeste à tout exercice interprétatif – la lettre, l'opacité, la limite à l'opacité, qui est l'indication d'une possibilité de lecture commune. Cela ne fait une obligation ni de l'hypothèse d'un sens, ni de la récusation de l'hypothèse d'un sens. Cela ne fait une obligation ni du constat d'un jeu avec le faux, ni de l'identification d'une vérité. Cela ne fait une obligation ni de considérer les présentations que propose l'œuvre comme celles d'objets existants, ni de les considérer comme celles d'objets inexistants. Retiendrait-on une des ces obligations que le jeu de l'exposition de la communication et de la pensée de la communication serait défait, puisque chacune de ces obligations équivaudrait à ne pas reconnaître pour lui-même ce jeu d'exposition et à le traiter suivant ce que peuvent être les résultats et l'interprétation de la communication. Si l'on se tient au constat du signal communicationnel, du moment réflexif, implicite, explicite, de la possibilité inférentielle qu'il ouvre, de l'indication de la limite de cette possibilité, l'œuvre se caractérise comme l'en-deçà de telles hypothèses, comme ce qui présente de manière complète la communication et la pensée de la

---

1. Pour ce type d'analyse appliqué à la communication non littéraire, voir Pierre Livet, Limitations cognitives et communication collective, dans Daniel Andler, *Introductions aux sciences cognitives*, Gallimard, « Folio », 1992, p. 447-471.

communication. Présentation fait entendre qu'écrivain, j'élabore, que lecteur, je lis cette présentation dont je me fais le spectateur. Les procédures de composition et de lectures, dès lors qu'elles ne passent pas l'ambivalence fonctionnelle de l'opacité de l'œuvre, sont traitement de cela dont je deviens le spectateur.

Cette présentation fait caractériser spécifiquement le moment rhétorique de la littérature contemporaine et la motivation de l'œuvre. Le moment rhétorique se définit doublement. Suivant l'exclusion d'un jeu argumentatif global et explicite qui ferait passer la seule présentation de la communication et de la pensée de la communication. Suivant la reprise des contraintes du jeu argumentatif en une interrogation, par les jeux tropiques considérés comme des données microstructurales et des données macrostructurales, de la pertinence qui doit cependant être exposée, en une notation du vraisemblable, indispensable au jeu de présentation à représentation que peut porter l'œuvre et qu'implique la lecture.

Les caractéristiques linguistiques et stylistiques de la littérature de la modernité – littéralisme, affaiblissement du codage littéraire, médium linguistique porté à sa limite – sont autant de moyens d'élaborer ce moment rhétorique. Le littéralisme identifie l'œuvre à un signal de communication et engage l'interrogation de la pertinence. L'affaiblissement des codages littéraires, qui peut résulter d'une surcharge de codages ou de l'approche ou de la réalisation scripturaire quelconque, traduit que la littérature ne s'expose pas nécessairement comme telle – par quoi elle devient plus adéquate à la présentation de la communication et de la pensée de la communication ; il fait encore le jeu réflexif, qu'il le réalise explicitement d'une manière formelle, qu'il l'implique par le jeu de la pensée en reste, ou qu'il l'induise par la réalisation et la reconnaissance de la singularité scripturaire quelconque. Le jeu du médium porté à sa limite – qu'il s'agisse de poésie objectiviste où la limite est par le fait que l'objectivité traduise à la fois la toute-puissance du langage et celle du dehors, qu'il s'agisse de l'indifférenciation du discours littéraire, par laquelle la réalisation linguistique que constitue la littérature ne se donne plus comme une réalisation spécifique, qu'il s'agisse des mots du récit de rêve ou de textes incohérents lexicalement et, en conséquence, sémantiquement, où la commande langagière ne semble plus relever du calcul linguistique – est jeu sur les possibilités d'inférences : au regard de la caractérisation de la littérature, qui, à pouvoir être altérée, suppose la limite à cette altération, au regard de la reconnaissance et de l'intelligibilité commune du langage dont l'exposé de la toute-puissance défait l'énigmatique mais suppose, pour que ne se fasse pas le passage au tout du langage, que cette toute-puissance soit lue suivant une limite, de même que l'effacement du calcul linguistique suppose la mesure et la limite que porte le calcul.

La motivation du discours littéraire ne redouble pas ainsi la motivation du signe, telle qu'elle est entendue usuellement. Cette motivation du discours littéraire est ici par les trois niveaux de la communication qui sont exposés, et qui font l'indissociable du jeu sur la littéralisme et de la variation sur le lieu commun. Jeu sur le littéralisme : signal de communication et jeu réflexif dans la mesure où le littéralisme ne peut être exposé et reconnu comme tel que par le défaut explicite de représentation, que porte le texte littéraire. Variation sur le lieu commun : il est à la fois ce que défait le littéralisme et ce qui rend possible le jeu réflexif du littéralisme. L'assimilation du discours littéraire à une contre-motivation – le discours littéraire identifié au jeu du signifiant – manque la motivation que porte la pratique littéraire du signifiant : le signifiant, parce qu'il est présenté comme tel, est un signal de communication ; parce qu'il suppose, tant au moment de l'écriture qu'au moment de la lecture, la contrepartie de la motivation, il suppose également un moment réflexif ; parce qu'il est très exactement le médium linguistique porté à sa limite, à ce point où le statut du signe se défait, il est à la fois la possibilité d'aller selon tous les signifiants, et la clôture que fait cette possibilité puisque celle-ci, sauf à ce que soit défait le texte, contraint à reconnaître le jeu des signifiants comme un jeu particularisé dans ce texte, et, en conséquence, rapportable à l'appréhension commune du jeu du signifiant – le signifiant appréhendé comme un signal de communication, le signifiant considéré suivant le jeu réflexif qui est induit avec la pensée du signe, l'équivoque du signifiant, qui en résulte.

Cet exercice de la motivation et de la limite commande de relire les impasses de la première modernité littéraire. Réalisme : passage de la présentation à l'argument, à l'hallucination – chaque fois, est passé, par ces conclusions, l'exposé de la communication et de la pensée de la communication ; prévalence de la constitution de l'œuvre suivant une organisation, une imagination de la synecdoque – l'œuvre donne ses présentations pour le tout de la représentation et, en conséquence, pour l'achevé de l'intelligibilité, et n'expose pas la limite que suppose la reconnaissance de la présentation de la communication. Art pour l'art : la littérature, sous le signe du seul choix artistique, est, de fait, une argumentation sur le pouvoir de l'art, qui suppose que soit dit ce pouvoir – la littérature s'expose, sans doute, formellement, mais également, et ceci est l'essentiel, suivant la clôture de son sens, de ce en quoi elle fait sens. Symbolisme : il y a, dans le symbolisme, la récusation de ces deux approches de la littérature. L'entreprise de placer l'écriture sous le signe de la présentation de la nécessité, du négatif, même si cette entreprise conclut à son propre échec, définit cependant la littérature comme l'exposé de sa propre limite, et non pas comme un jeu sur la limite que porte l'exposé de la communication et de la pensée de la communication – l'obscurité mallarméenne, parce qu'elle est un exercice sur la maîtrise du langage, diffère essentiellement de l'opacité que caractérisent, par exemple, la clarté explicite, l'inadéquation du méta-poétique, et, plus généralement, la dissociation de la *poiesis* et de la *praxis*, et qui est jeu sur l'infini des inférences et la limite que constitue cependant tout passage de la présentation à la représentation. La première modernité littéraire fait ainsi une manière de loi de ses propres présentations et ne les donne pas pour elles-mêmes.

La littérature contemporaine expose l'impossibilité de ce passage. Il suffit de répéter Perros et Del Giudice. Perros : présenter à la fois la vie quotidienne et l'écrivain exclut que l'une de ces présentations fasse loi pour l'autre, que l'une et l'autre soient indications du passage à leur comparaison et à l'au-delà de cette comparaison. La composition de l'une et de l'autre fait le jeu réflexif, en même temps que la reconnaissance des lieux communs que constituent les présentations de la vie quotidienne et de l'écrivain, forment une limite aux rapports de l'une à l'autre que peut dessiner, suggérer cette composition. Del Giudice : reprendre l'histoire disponible sur le *web* est jeu réflexif qui induit sa propre limite – celle de la reconnaissance et de la présentation de cette histoire. Exposant l'impossibilité de ce passage, la littérature contemporaine fait de ses présentations leur propre ensemble – par quoi il y a la question que font ces ensembles par rapport aux présentations qui ne font pas de tels ensembles parce qu'elles ne sont pas données explicitement suivant un tel jeu réflexif et un tel jeu de limite. Faisant de ces présentations leur propre ensemble, la littérature contemporaine les donne comme une manière de présentation complète, celle qui m'est donnée à lire. Dans « Mimique », Mallarmé dit une présentation complète, celle du mime, complète par ce qu'elle n'est qu'elle-même, parce qu'elle est un ensemble temporel – « ici devançant, la remémorant, au futur, au passé, *sous une apparence fausse de présent* » –, et l'identifie à l'*illustration de l'idée* et à un « milieu, pur, de fiction »[1]. L'idée est, de fait, la possible représentation, le possible lieu commun, que porte la présentation. Qu'il soit conclu à « un milieu, pur, de fiction » a moins affaire aux équivoques d'une *mimesis* sans antécédents qu'au fait que cette présentation soit donnée complètement à un spectateur, qu'elle fasse, par sa complétude, de celui qui la voit un spectateur.

La fiction peut ainsi se définir : la présentation complète de présentations, qui me fait spectateur, lecteur, précisément parce qu'elle est complète et qu'elle exclut tout passage hors d'elle-même et qu'elle se voit, se lit suivant sa complétude, son lieu commun, son jeu réflexif – dans ce cas, celui du mime, reprise du temps ce qu'il montre, reprise de ce qu'il montre. La fiction peut certes être encore dite feinte. La feinte fait encore une présentation qui n'acquiert de caractère fictionnel que par sa complétude et par le fait que cette complétude soit reconnue. La fiction ne suppose donc pas le comme si – la modalité de la comparaison et du conditionnel définit, de fait, la fiction non pas comme un discours ou une présentation, mais comme une irréalisation, qui prend appui sur un discours indissociable de la formulation ou de

---

1. Stéphane Mallarmé, « Mimique », *Œuvres complètes, op. cit.*, p. 310.

l'hypothèse du comme si ; elle n'est pas nécessairement identifiable à l'élément d'une dualité ou d'une alternative – cela qui ferait dualité ou alternative avec précisément ce qu'elle feint, ou avec ce avec quoi elle constituerait, dans la terminologie de Wolfgang Iser, un *doubling*, et qui suppose aussi que le discours soit l'appui d'un mouvement de l'imagination. La fiction ne doit pas être identifiée à ce qui constitue ou projette un monde – la présentation cesse d'être reconnue pour elle-même et se caractérise comme l'appui de l'imagination de cette projection. En disposant explicitement le jeu des présentations et de l'ensemble qu'elles font, en rapportant ce jeu à la présentation de la communication et de la pensée de la communication, c'est-à-dire en faisant expressément de ces présentations cela qui engage leur organisation réflexive et la limitation des inférences qui conduisent à la possibilité de la métareprésentation, en posant ainsi la question de la pertinence, la littérature contemporaine n'engage pas les voies de l'imaginaire ni l'exercice de la projection. Par l'ambivalence de l'opacité ou de l'énigmatique, elle valide le jeu inférentiel et le rapporte à la représentation, à ce qui permet de lire ces présentations dans les représentations d'une communauté, et elle exclut, sauf à ce que soit passée, à la lecture, cette disposition même de l'œuvre, que l'œuvre soit essentiellement considérée sous le signe du sens qu'elle révélerait, ou de la vérité.

A dire cela, on dit que la fiction du réalisme et du symbolisme faisait bien fiction par un jeu de présentations, par un jeu de complétude de ces présentations. Mais par la prévalence de la synecdoque qui, dans l'esthétique réaliste, donne l'œuvre comme la figure explicite du tout, et par la loi que font, dans le symbolisme, l'idée ou le lieu commun, cette complétude était indissociable de ce par quoi elle pouvait faire système, passer hors du seul jeu de la complétude dans celui de la représentation qui explique – fût-ce l'échec de l'entreprise poétique, ainsi que l'illustre Mallarmé. En ne dissociant pas explicite du lieu commun, énigmatique et question de la pertinence, la littérature contemporaine ne passe pas la fiction qui est la complétude et la question de ses présentations précisément au regard du lieu commun et de l'intuition banale de la pertinence. C'est pourquoi il ne faut pas lire tels traits dominants de la littérature contemporaine – par exemple, le jeu réflexif du récit, du roman, illustré par Antonio Tabucchi, le correspondant de ce jeu réflexif dans la poésie, l'exposé de l'expression tropique et de l'expression directe, illustré par John Ashbery – comme des caractérisations formelles ou sémantiques et stylistiques, qui suffiraient à définir cette littérature. Ces caractérisations désignent, de fait, les moyens que se donne l'œuvre pour entrer dans le jeu des présentations complètes, les soumettre à un jeu inférentiel et limiter ce jeu pour nous faire lecteur des seules présentations, alors lisibles suivant une pertinence commune. On a noté, à propos de la poésie contemporaine que « le langage, et surtout le langage poétique, apparaît comme un moyen qui divise pour définir »[1]. Il faut comprendre que toute présentation de ce monde, si elle doit avoir quelque pertinence, doit être présentation sous « la forme d'un processus à travers lequel les éléments du monde perdent leur unité ou leur univocité sémantique », et que ce processus est le moyen d'une définition, c'est-à-dire, ajoutons-nous, d'une présentation pertinente.

S'il doit être repris les termes de Michel Deguy, *choses et mots désymbolisés, tenir ensemble,* ils ne peuvent être repris que pour marquer que la littérature contemporaine n'est pas le traitement de ce qui fait symbole – passer la limite des mots, aller à la suggestion – au sens où le comprend le symbolisme, de ce qui fait symbole en faisant monde, au sens où le fait entendre le réalisme, ni l'exposition d'une présentation qui peut valoir pour la totalité de ce monde. Les présentations de la littérature contemporaine sont les exposés de ce qui *peut* faire représentation, de ce qui fait fiction par son ensemble. La spécificité du discours littéraire par rapport au discours non littéraire n'est pas une spécificité de forme – bien que le discours littéraire puisse présenter une forme propre –, mais une spécificité de fonction : exposer les trois niveaux de la communication et supposer une lecture qui ira suivant ces trois niveaux. La littérature contemporaine ne peut donc se définir ni par la seule visée symbolique, ni par la seule visée formelle, ni par le seul report sur les discours communs. Elle se définit par le fait que le discours qu'elle livre s'offre comme

---

1. John E. Jackson, *La poésie et son autre, essai sur la modernité,* Paris, Corti, 1998, p. 97.

complet – aucun discours, fût-ce celui du commentaire, ne peut lui être ajouté. Il suffit qu'elle figure cette complétude par les limites matérielles de son discours. Dès lors que le discours, quelles que soient, par ailleurs, ses organisations formelles, sémantiques, est considéré suivant cet achèvement, il est l'exposition de la communication – il suffit de rappeler la singularité scripturaire quelconque. Le littéral – le discours qui s'expose ainsi, est d'abord l'exposition de ses mots – définit un lieu commun paradoxal : il fait passer au lieu commun et à la représentation ; le lieu commun et la représentation font revenir à la lettre, suivant le mouvement qu'illustre John Ashbery.

L'œuvre est donc le moment de deux jeux réflexifs : celui qui ouvre à la possibilité inférentielle ; celui qui caractérise l'usage du lieu commun et qui se définit comme le dessin de la possible métareprésentation et comme celui de l'intuition banale de la pertinence. L'aporie temporelle, décrite à propos de Pessoa, l'aporie narrative décrite à propos de Kafka, la réduction du sujet lyrique, décrite à propos des hétéronymes de Pessoa, s'interprètent suivant ces deux jeux[1].

Aporie temporelle : la ligne temporelle est moins figurée et refigurée qu'elle n'est présentée suivant le paradoxe que fait le présent – présent et apparence du passé et du futur – pour placer cette présentation du temps sous le signe d'une complétude – le présent qui est présent et cette apparence de passé et futur –, sous le signe d'une réflexion – la ligne temporelle se réfléchit dans le présent, le présent réfléchit la ligne temporelle –, et pour donner toute actualité comme la limite de la figuration du temps et comme ce qui fait revenir à la figuration du temps. Aporie narrative : le récit peut être lu comme la répétition de cela qu'il ne peut, par définition, attester, et qu'il altère nécessairement. Il montre l'ouverture inférentielle que fait la présentation du passé en disposant les divers possibles du récit. Parce qu'il ne peut attester ce passé, il donne sa présentation pour la limite de cette ouverture et, en conséquence, pour la possible répétition. La réduction lyrique de la poésie dissocie toute présentation du sujet de la parole du sujet – la présentation du sujet ne peut faire une avec la désignation et la présenta-

---

1. Voir chap. 3, *supra*.

tion de l'énonciateur. Le sujet parlant ne peut être explicitement thématisé ; les prédicats qui peuvent lui être attachés sont les prédicats d'autres sujets, et ces prédicats ne lui sont pas explicitement rapportés. La poésie est cependant d'un énonciateur unique. Le jeu réflexif dispose le sujet énonciateur comme le moyen de diversifier les sujets présentés, de les traiter suivant des parcours inférentiels, et de les donner comme un ensemble par la référence à l'énonciateur unique, figuré par le nom de l'auteur. Le sujet s'écrit ; il se présente également comme une donnée en laquelle s'inscrivent d'autres sujets et, par là, tout-venant du monde. L'aporie herméneutique, caractérisée à partir de l'exemple de Kafka, peut être, dans ces conditions, lue plus généralement. Cette aporie n'est que le constat de l'impossibilité de passer le jeu de la présentation littéraire, sauf à ignorer la dualité et la fonction du jeu réflexif et du lieu commun. Elle fait définir l'œuvre comme ce qui ne constitue pas un univers spécifique – cela n'exclut pas que l'œuvre offre des références à des univers spécifiques, ces références sont parties de la présentation. Elle fait comprendre que les notations, dans la littérature contemporaine, de l'inintelligible, du silence, de la communauté perdue, sont moyens de figurer les ambivalences constitutives de l'œuvre qui ont été dites. Le littéralisme n'est pas la récusation du sens puisque, dans le littéralisme, n'est pas en question le sens, mais l'usage de la présentation et de l'ouverture inférentielle. Le défaut de finalité de l'œuvre, qu'il fasse conclure usuellement à l'intransitivité, à l'esthétique, est là : exposer un jeu de communication et de connaissance, sans aller jusqu'à la résolution de ce jeu.

Ces apories supposent que l'œuvre n'expose pas le lieu commun comme donné mais le reconstitue explicitement. Il suffit de répéter John Ashbery et T. S. Eliot. John Ashbery : si les mots et l'ordinaire sont donnés, suivant leur impropriété, suivant les diverses strates temporelles qu'ils retiennent, si, par là, ils sont lieux communs, moyens de la division sémantique, de la définition, de l'exposé de la division temporelle et de la complétude du présent, ils ne peuvent apparaître tels que s'ils sont d'abord traités comme des traces. Le lieu commun bavard serait la loi de l'œuvre. Le lieu commun reconstitué va selon les conditions qui font l'œuvre, réunir les témoins des lieux communs, ces mots, ces choses, ces scènes ordinaires, est faire lieu de cet assemblement, un lieu commun des lieux communs, faire que le poème montre son propre lieu commun, en une manière d'intervention dans les lieux communs, et qu'il constitue, par là, la scène de ces lieux, scène de retour aux mots communs, à l'ordinaire, scène d'ouverture selon leur impropriété. Dans *La Terre vaine* de T. S. Eliot la référence à la symbolique rituelle de la renaissance et au mythe du roi pêcheur a un statut contradictoire. Référence explicative. Référence cependant littéralement reconstruite par le jeu des présentations du poème et des notes qui font de ce qui se veut explicatif une dépendance des présentations. Le symbolique et le mythique deviennent partie du jeu inférentiel. Ils valent sans doute pour eux-mêmes. Ils sont seulement ces témoins littéraux, assemblés et moyens de l'ambivalence du jeu inférentiel. Écrire et lire la symbolique de la renaissance et le mythe du roi pêcheur, ce n'est les écrire et les lire que selon le retour sur les présentations, selon leur ouverture suivant ses présentations.

Cette reconstitution du lieu commun commande de définir paradoxalement la littérature. Elle ne peut se figurer suivant le lieu commun puisqu'elle est reconstitution du lieu commun. Elle ne peut se donner pour autre chose que ce qui hérite des lieux communs, leur appartient. La dissociation de la *poiesis* et de la *praxis* se réinterprète. Elle permet de jouer de cette dualité, de faire du littéralisme ce qui dit le lieu commun de l'impropriété. Le littéralisme est la possibilité de la lecture de la lettre pour elle-même, de la lecture commune des sujets et des réalités. Ce que fait entendre Georges Perros dans *Une vie ordinaire*. Dire littéralement une vie d'écrivain, une vie d'homme, c'est venir à l'ordinaire de ces vies. Le jeu des présentations et des représentations est donc deux jeux. Un premier jeu : celui que font l'ouverture inférentielle et la limite mise aux inférences. Ce jeu se comprend par rapport aux représentations, aux critères qu'elles portent, qui font la forme du quotidien. Le quotidien est la possibilité de changer ces représentations et ces critères suivant l'héritage de leurs témoins, suivant les limites de la communication collective ; il est une impropriété commune. Héritage du lieu commun, reconstitution du lieu commun : la littérature se définirait comme un moyen de reconnaître, d'accepter, de modifier – par le jeu tropique, par exemple –, bref d'extérioriser ces critères : d'entreprendre de savoir jusqu'où on peut les dire, les lire, jusqu'à quel point on peut en faire son deuil et on ne doit pas en faire son deuil. La littérature serait un moyen de formuler où nous nous trouvons – précisément dans ce jeu d'alternative au regard des représentations et des critères qui forment notre quotidien. Si la littérature joue sur les représentations et les critères qui forment notre quotidien, en faisant des lieux communs des lieux communs paradoxaux, elle est encore ce qui joue de l'ordinaire, dès lors que l'ordinaire est défini comme le commun du commun, le lieu commun des lieux communs, leur pratique et leur mesure. L'ordinaire est, dans l'œuvre – il suffit de rappeler Georges Perros, John Ashbery –, ce qui caractérise le lieu commun une fois qu'il a été soumis à un jeu réflexif, à un jeu d'opacité, et que l'œuvre vient à la seule intuition de la pertinence.

LITTÉRATURE, LIEU COMMUN
ET ESTHÉTISATION DE LA RHÉTORIQUE

Il y a là l'hypothèse que le discours littéraire, reconnu pour littéraire, se caractérise de manière essentiellement fonctionnelle : il est ce discours qui, singularisé d'une manière ou d'une autre, par la simple attention – par exemple –, ne dissocie pas cette singularisation du passage de la présentation à la représentation, de la notation de la pertinence, et invite à poser la question d'une communication optimale, en un retour paradoxal sur le doxique. Cette question procède d'une double interrogation – celle que fait, l'objet littéraire, l'objet reconnu pour littéraire, singularité quelconque ; celle que porte le passage du littéralisme aux interrogations communes. Suivre les mots, c'est simplement reconnaître que ces mots sont, dans leur banalité, communs et singuliers, et, par là, capables de figurer la communication et la pensée de la communication.

La littérature est, en conséquence, sa propre réalisation intentionnelle en quelque discours que ce soit, et inaliénable. Elle peut soumettre tout discours, toute présentation, toute représentation à son intention, qui peut appeler une réalisation formelle marquée, et à la figuration de la communication et de la pensée de la communication. Ce choix est celui d'une possibilité maximale de présentation et de négociation de la représentation de la littérature, de la culture. A la littérature, correspond alors une transaction spécifique : le discours littéraire, reconnu pour littéraire, est ce discours qui, dans sa facticité, – cette facticité qui a pour moyens l'aporie de la symbolisation, l'aporie narrative, la réduction du sujet lyrique –, engage la reconnaissance limitée du jeu de la pertinence de tout discours et le questionnement, qui reste sans réponse, du bain d'imaginaire, continuum de présentations et possibilité de diverses représentations. La littérature, ce qui est reconnu pour littéraire, joue explicitement dans ces présentations qui préexistent ; elle devient ainsi – le temps de l'écriture, le temps de la lecture – l'horizon de cela qui est préexistant. Tel discours singularisé fait fond au doxique, aux représentations qu'engage le continuum des présentations. Le discours littéraire, ou ce qui est tenu pour tel, met à jour les possibilités de relation non actualisées dans les discours, et, devenant le fond du doxique, fait du doxique à la fois une présentation, la possibilité d'une représentation, et cela qui est, dans l'œuvre, dans le discours reconnu pour littéraire, soumis à un jeu inférentiel et figure la clôture de ce jeu.

Aussi faudrait-il lire dans la littérature contemporaine, telle qu'elle se dit, et aussi disparates que soient les objets littéraires, sans exclure de noter l'autonomie de la littérature, les caractères contre-doxiques de la littérature, un paradoxe proprement rhétorique : la littérature est écrite, dite, lue, suivant un double jeu de lieu commun – celui qu'elle constituerait en elle-même et qui se résumerait dans la représentation de la littérature et dans son littéralisme ; celui qu'elle constituerait avec la représentation de la culture et qui se résumerait dans la disparité de la littérature, confondue avec la disparité des discours. Dire ainsi un double lieu commun de la littérature, ce n'est pas encore dire la façon dont la littérature s'exerce, que l'on comprenne l'exercice de l'écrivain ou l'exercice du lecteur. L'engagement rhétorique premier se confond avec la reconnaissance de ces deux représentations, avec un travail sur ces deux représentations. Pratiquer, lire la littérature revient donc à engager une stratégie spécifique au regard de la vraisemblance que se reconnaît la littérature, de la vraisemblance que se reconnaît la culture, par la reconnaissance, dans l'œuvre de ce vraisemblable. Retenir un tel jeu suppose que l'œuvre expose ce vraisemblable comme dilemmatique – cela que fait la littérature en ouvrant et en limitant les inférences données comme possibles à partir des présentations. Cela suppose encore que ces représentations ne constituent pas des matrices unitaires. Cela suppose enfin que le moyen de ce jeu, l'œuvre, soit lui-même dilemmatique – il suffit de dire l'alliance de la pertinence et l'inachevé de la métareprésentation, de Pessoa à Georges Perros.

Dans cette perspective, dire une esthétisation de la rhétorique, attestée au XIXe siècle, prévalante au XXe siècle, se réinterprète. Cette esthétisation, qui consiste à réduire le champ de la rhétorique à celui des tropes, n'est possible qu'à l'intérieur du lieu commun de la littérature. Bien que les tropes soient, dans le cadre d'une telle esthétisation, rapportées à la mise en œuvre de ruptures sémantiques, il ne se conclut pas nécessairement que la rhétorique soit identifiable au jeu du différent, ou, plus banalement, au jeu de l'écart sémantique, stylistique. L'esthétisation de la rhétorique ne peut exclure que la tropologie participe d'un jeu plus vaste que celui de la transgression sémantique ou d'un jeu sémantique qui reposerait sur une topique – la liste paradigmatique des significations qui permettrait d'interpréter la variation sémantique atypique qu'élabore le trope. La réduction de la rhétorique à la tropologie ne doit pas empêcher de considérer que cette tropologie soit le moyen et la mesure du jeu avec les jeux des représentations. Il suffit de souligner qu'une telle analyse ne peut aller sans le rappel du tout du lexique, du tout de l'énonciation, et, même selon la remarque de I. A. Richards[1], suivant le tout du contexte manquant. Le contexte manquant reste, par définition, hypothétique. Parce qu'il est hypothé-

---

1. I. A. Richards, *The Philosophy of Rhetoric*, New York, Oxford University Press, 1936.

tique, il renvoie à l'ensemble de la représentation de la littérature et de la représentation de la culture. La tropologie, par le jeu des ambivalences sémantiques qu'elle construit, par jeu des pluralités contextuelles qu'elle engage, n'est ultimement que la figure discursive, textuelle, de ce que fait l'exercice littéraire, qu'il s'agisse de l'œuvre ou de la lecture : cet exercice ne va pas sans le rappel, explicite, implicite, de la représentation littéraire, de la représentation culturelle, et, parce que cet exercice est exercice singulier – qui justifie qu'il soit mené tropologiquement –, exercice selon des variations et des pluralités contextuelles, qui sont autant de jeux dans les deux représentations. Le rapport avec ces deux représentations se pratique, se lit suivant la différence de cet exercice et les diverses identités de ces représentations. Toute différence est ainsi différence avec une identité et proximité à une autre identité. La singularité que se reconnaît l'exercice littéraire, n'est pas séparable d'une topique – celle de chacune de ces représentations. Ce lien a pour condition que celles-ci supposent le pluralisme de l'identité et de la différence – toute représentation peut être lue suivant les trois niveaux de la communication.

Que la modernité ait placé l'exercice littéraire sous le signe de la « rupture inaugurale », un geste qui semble exclure tout ce qui vient d'être dit sur la double *doxa*, ne place pas cependant l'exercice littéraire hors de la représentation de la littérature, hors de la représentation de la culture. Ce geste comporte, au moins, quelques croyances communes dans la littérature, quelque intensionalité (littéraire), faute que, dans un premier temps, cette « rupture inaugurale » puisse être exactement catégorisée. Ce défaut de catégorisation traduit encore que ce geste peut être interprété, reçu de manière déceptive – ce qui est aussi un jeu dans les jeux des deux représentations et une négociation sur ce qui peut être une place dans ces représentations. Aussi différentes, différentielles que se veulent les pratiques et les idéologies littéraires de la modernité, elles ne peuvent être la récusation de leurs propres lieux communs. La critique contemporaine le dit à sa manière lorsqu'elle souligne l'importance du *monde de l'art*, lorsqu'elle précise que ce monde de l'art (ou de la littérature) a pour condition un principe de coopérativité protégée. Cela équivaut à dire que la représentation de la culture est inclusive de la représentation de la littérature, et que, parmi les topiques de la culture, se trouve ce thème qui régit la reconnaissance du monde de l'art (de la littérature) : la coopérativité correspond, en termes de pratique de l'exercice littéraire, au constat du jeu de la différence et des identités et de la question que fait ce jeu.

LITTÉRATURE, LIEU COMMUN, BAIN D'IMAGINAIRE

La littéralisation de la société est indissociable de deux constats. Les écrivains, les lecteurs ont l'usage de l'objet littérature. Cet objet est reçu, en termes de culture, de manière suffisamment générale ou large, c'est-à-dire toléré et, en conséquence, célébré de manière indifférente. Le paradoxe du constat de la littéralisation de la société et de l'assimilation de la littérature à l'enveloppe de la culture se précise : la littérature est tenue pour scriptible, recevable, et cependant pour incertaine dans sa caractérisation et dans son projet dans la mesure où elle est un objet qui ne cesse d'acquérir de la valeur culturelle par l'horizon dans lequel elle baigne, dans la mesure où elle est exactement tolérée. C'est d'abord, là, noter que la littérature appartient à cette culture qui, par son système de communication, par son bain d'imaginaire, ne cesse d'offrir une multiplicité de présentations, et de leur prêter pertinence, de les offrir comme constituants des représentations collectives. La littérature n'est que jeux et présentations parmi ces jeux et présentations. Il peut se dire : le bain d'imaginaire, la littérature travaillent d'une même façon, suivant une même finalité – l'internement des différences dans le tissu de cet imaginaire que font les présentations et représentations. La littérature et l'image qu'elle fait, n'inventent plus aucune distance humaine. Dans cette enveloppe que constitue la culture, la littérature subsiste donc comme croyance ; elle s'inscrit dans la propriété interactive prêtée à la culture – celle-ci doit être communiquée à tous et le public souscrit à cet impératif. La littéralisation de la société fait ainsi de l'expression littéraire une singularité quelconque. L'exercice qui s'applique à cette singularité quelconque est un exercice singulier et quelconque, exacte partie de ce bain d'imaginaire.

La littérature est cependant, dans notre culture, une décision individuelle d'un écrivain, d'un lecteur, qui s'exerce dans le cadre de la croyance à la littérature, dans l'enveloppe de la culture. Le geste littéraire, qu'il soit de l'écrivain, qu'il soit du lecteur, reste geste de choix – de telle écriture, de telle lecture, de tel discours littéraire, de tel discours comme cela qui peut être littéraire. Et, par là, exercice d'alternative au regard des singularités littéraires, et même exercice au regard de la disparité des représentations et des critères qui forment notre quotidien. Dans ce qui est ce bain d'imaginaire, ce passage de la communication, cette enveloppe de la culture, l'exercice de la littérature, de la part de l'écrivain, de la part du lecteur deviendrait le moyen de gérer l'altérité, cette singularité formelle ou quelconque, au sein du même, dans l'hypothèse ou le constat que la sphère culturelle peut être inclusive de toute chose et le bain d'imaginaire inclusif de toute présentation. Il faut dire plus généralement : altérité de la littérature, dès lors qu'est maintenu le nom de littérature ; altérité que porte ce bain d'imaginaire dès lors qu'il est soumis à une gestion *individuelle* parce qu'il suppose l'indifférenciation de la littérature ou la littéralisation de la société. Il n'y pas là ce qui pourrait être défini comme un ludisme, mais, par l'exercice du paradoxe du statut prêté à la littérature, la pratique d'une singularité – cette singularité quelconque qu'est tout lecteur –, qui prend pour objet une singularité quelconque.

C'est là un retournement de la notation du bain d'imaginaire et du continuum de la communication. Il y a bien ce continuum, mais le sujet, la littérature, tout autre sujet, toute autre présentation apparaissent comme singuliers parmi d'autres présentations. Ou encore : la littérature ne pourrait se justifier ni par le sujet, ni par son autre, ce bain d'imaginaire, les autres présentations. Elle fait cependant ce que ne peut faire le bain d'imaginaire – présenter le discours qu'elle constitue, qu'elle retient, le donner comme complet par cette présentation. Elle introduit, parce qu'il y a le bain d'imaginaire, la possibilité de la référence aux présentations communes et à la représentation ; elle fait inévitablement un jeu réflexif et la figuration de la communication et de sa pensée. Elle va avec le défaut de différence fonctionnelle des modes d'expression contemporains, dès lors qu'il est dit le bain d'imaginaire. Elle est la gestion individuelle de ce défaut dès lors que l'écriture expose, par le jeu de la pensée en reste, un défaut d'intelligibilité et qu'elle se donne ainsi pour partie du continuum des discours, du bain d'imaginaire, dès lors qu'est simultanément reconnu que ce défaut d'intelligibilité permet de prêter aux représentations communes les propriétés d'ouvrir et de limiter le parcours des présentations, de faire considérer les présentations pour elles-mêmes, et de faire du vraisemblable et du temps sociaux les moyens de la question du vraisemblable et de l'attente d'une pertinence.

Ainsi poursuivre avec les récits, avec n'importe quel récit, c'est répéter les récits, narrer ce qui passe, est passé, et qui, justement parce qu'il passe, est passé, disparaît, excepté dans les mots du narrateur. Que cela subsiste dans les mots du narrateur est la forme d'une certaine vanité. Les récits peuvent être dits la poursuite de cette vanité et l'entrée dans le bain de l'imaginaire. Mais le récit suppose que ce qui passe, est passé, soit advenu, et que ce qui est narré, dès lors que l'on dit ce qui passe, ce qui est passé, advient comme fait d'être narré. Poursuivre avec les récits est moins figurer la reconstruction de l'identité de l'agent de l'action ou de la narration dans le temps que la rapporter au fait du récit, que constitue chaque récit par le jeu entre ce qui est advenu et l'advenir du récit. La présentation du récit devient le moyen de présenter le discours qui ouvre les inférences relatives au passé et les limite au fait qu'est ce récit. Celui-ci joue, de même, au regard de la multiplicité des récits, que produit la poursuite des récits. Par quoi le récit est constamment sa propre possibilité, et, en conséquence, le dessin du possible non pas identifié à quelque futur, mais à ce moment où l'exprimé n'a pas encore d'existence pour nous hors de ce qui l'exprime.

Que la poésie contemporaine se partage entre la conviction qu'elle n'est que ses mots, qu'elle ne dit rien, et la conviction qu'elle dit plus qu'elle ne dit, n'est que revenir au débat du littéralisme, et, de plus, caractériser la poésie par une dualité similaire à celle qui vient d'être notée à propos du récit : là, le poème serait cette singularité qui perdrait la généralité de la communication ; ici, il la trouverait et risquerait de la perdre parce qu'il l'accroîtrait. Comme le récit, le poème ouvre et limite un surcroît d'inférences. Il faut répéter : par quoi, le poème est, en conséquence, le dessin d'une signification, attaché non pas à quelque sens, mais à ce mot où l'exprimé n'a pas encore d'existence pour nous hors de ce qui l'exprime.

Si la fiction est ce discours, donné pour complet, qui me fait, écrivain, lecteur, comme l'observateur de ce discours, le statut du récit et de la poésie, tels qu'ils viennent d'être dits, engagent la fiction, en conséquence, en une définition et une pratique qui sont à la fois le retournement de la fiction caractérisée comme ce qui exerce une manière de droit de préemption de tout discours, qui ne peut être validé, sur moi, et celui de la fiction définie comme ce qui m'arrive imaginairement à partir de présentations et comme ce qui me permet toutes les identifications. C'est encore venir à ces mots où l'exprimé n'a pas encore d'existence pour nous hors de ce qui l'exprime.

La littérature : multiplier notre monde en le peuplant de tous ces exprimés qui n'existent pas hors de leur expression. C'est là répéter, en une nouvelle manière, la gestion de l'altérité au sein du même. Si la littérature joue sur les représentations et les critères qui forment notre quotidien, en faisant des lieux communs des lieux communs paradoxaux, elle est encore ce qui joue de l'ordinaire, dès lors que l'ordinaire est défini comme le commun du commun, le lieu commun des lieux communs, leur pratique et leur mesure. L'ordinaire est, dans l'œuvre – il suffit de rappeler Georges Perros, John Ashbery –, ce qui caractérise le lieu commun une fois qu'il a été soumis à un jeu réflexif, à un jeu d'opacité, et que l'œuvre vient à seule intuition de la pertinence. Cette seule intuition de la pertinence n'exclut pas que les simples mots soient encore lisibles pour eux-mêmes, selon cet exprimé qui n'a pas d'existence hors de ce qui l'exprime. La littérature contemporaine : cette reconnaissance de l'ordinaire, ce désaveu de l'ordinaire, par ce jeu de la singularité, ce réinvestissement de l'ordinaire par ce simple suivi des mots, par la reconnaissance de la contingence des mots – cette contingence qui leur vient de pouvoir participer de plusieurs lieux communs. La littérature est les mots et la limite qu'ils forment dans l'ordinaire, en même temps qu'ils exposent l'ordinaire. Elle ne dispose pas nécessairement de règles *a priori* parce qu'elle peut être, parce qu'elle doit être celle de la proximité de tous les discours et des formes de vie parlantes qu'ils supposent. Suivre les mots – reconnaître le moindre pouvoir de la littérature – n'implique pas la récusation de toute *poiesis*, mais commande que l'écrivain sache la contingence de sa place dans le monde, dans les discours. Cela est la leçon de John Ashbery. Ce savoir assure une possibilité de lecture des discours, des signes, sans que l'on ait à concevoir une relation de ces discours, de ces signes à leurs *relata*. Ce savoir rend possible l'écriture dans l'ordinaire : il peut être donné l'écriture et l'ordinaire ; les deux peuvent être connus ; il n'y a pas de relation de prédiction de l'un et de l'autre, ils peuvent cependant être lus et reconnus simultanément.

Il peut y avoir une pratique topologique de ces pratiques de la littérature – littérature et lecture sur le *web*, comme le narre Del Giudice : une pratique de transfert, de réformes des textes. Cette pratique place l'héritage de la littérature sous le signe de sa communicabilité, du moment réflexif, et de sa réforme constante qui n'est que le jeu de la représentation de la littérature, traitée comme est traité le lieu commun, suivant un paradoxe. La littérature se dessine comme son propre présent, sa propre fin dans ce jeu de déplacement et de topologie – sa propre fin puisque chacun de ces témoignages peut être dit un témoignage final dès lors que tout témoin littéraire est réformable et recomposable. Par là même, elle est la possibilité de faire de l'ordinaire, le lieu commun du *web*, du personnage qui perçoit et raconte suivant le *web*, de l'écrivain. Le paradoxe de l'ordinaire est précisément ce lieu commun et ce moment où le récit du *web*, le récit du récit du *web*, où ce lieu commun et ces récits sont donnés pour complets.

Il suffit d'ajouter qu'il y a là encore le jeu exemplaire de la littérature contemporaine. Donner tel discours, telle série de discours comme complets, les lire comme complets n'excluent pas qu'ils fassent question par cette complétude – détailler une fiction n'est que la défaire. La question n'est à nouveau que l'engagement de la pertinence. Par quoi les énigmes de Nuno Judice se reformulent : la présentation littéraire peut ne pas être dissociée de la représentation qu'elle induit, cette représentation peut être commune ; ces seuls constats sont soit une fin de la littérature puisqu'il n'y a alors plus d'interrogation sur la pertinence qui est ici donnée, soit sa poursuite puisque supposer que la pertinence soit donnée revient à supposer que la présentation et la pensée de la communication pourraient être sans jeu inférentiel.

Index des noms

Index thématique

235

L'interrogation philosophique

Collection dirigée par Michel Meyer

Imprimé en France
Imprimerie des Presses Universitaires de France
73, avenue Ronsard, 41100 Vendôme
Novembre 1999 — N° 46 413